Jahrbuch
für Wirtschaftsprüfung, Interne Revision und Unternehmensberatung
2010

Herausgegeben von

Prof. (em.) Dr. Prof. h.c. Dr. h.c. Wolfgang Lück

Wirtschaftsprüfer

Oldenbourg Verlag München

Bibliografische Information der Deutschen Nationalbibliothek

Die Deutsche Nationalbibliothek verzeichnet diese Publikation in der Deutschen
Nationalbibliografie; detaillierte bibliografische Daten sind im Internet über
<http://dnb.d-nb.de> abrufbar.

© 2010 Oldenbourg Wissenschaftsverlag GmbH
Rosenheimer Straße 145, D-81671 München
Telefon: (089) 45051-0
oldenbourg.de

Lektorat: Wirtschafts- und Sozialwissenschaften, wiso@oldenbourg.de
Herstellung: Anna Grosser
Coverentwurf: Kochan & Partner, München
Cover-Bild: iStockphoto.de
Gedruckt auf säure- und chlorfreiem Papier
Gesamtherstellung: Grafik + Druck GmbH, München

ISBN 978-3-486-59160-6

Vorwort des Herausgebers

Nichts in der Welt ist so gefürchtet
wie der Einfluss von Männern, die
geistig unabhängig sind.

Albert Einstein

Der Herausgeber hatte nach intensiven Diskussionen mit zahlreichen Praktikern und Wissenschaftlern über die Vor- und Nachteile der deutschen betriebswirtschaftlichen Literaturlandschaft die Idee, ein Jahrbuch für Wirtschaftsprüfung, Interne Revision und Unternehmensberatung zu veröffentlichen. Das Konzept dieses Jahrbuchs ist in Fachkreisen sehr positiv aufgenommen worden. Jährlich werden Beiträge von grundsätzlicher und aktueller Bedeutung für die Wissenschaft und für die Praxis veröffentlicht.

Diese Veröffentlichungen sollen Informationen und Lösungsvorschläge zu den Fragen und Problemen der betriebswirtschaftlichen Disziplinen liefern und Entwicklungstendenzen aufzeigen. Die fachbezogenen Themen werden durch fächerübergreifende Beiträge ergänzt.

Das Jahrbuch ist unabhängig, das heißt, es ist weder Organisationen, Vereinen, Instanzen oder Institutionen verpflichtet. Eine Verpflichtung besteht gegenüber der Wissenschaft.

Das Jahrbuch ist nicht nur für Fachleute geschrieben, sondern auch für Studenten, Auszubildende und Schüler der verschiedensten Fachrichtungen – und nicht zuletzt für Politiker.

Die Autoren des Jahrbuchs 2010 haben gerne ihre Mitarbeit zugesagt, wofür ich mich herzlich bedanke. Für die Mitarbeit am Jahrbuch 2011 haben sich ebenfalls namhafte Autoren bereiterklärt.

Ich danke dem Oldenbourg Wissenschaftsverlag und insbesondere Herrn Dr. Jürgen Schechler für die Unterstützung und für die verständnisvolle und harmonische Zusammenarbeit.

München und Weimar im Januar 2010
Wolfgang Lück

Inhaltsverzeichnis

Das Zerrbild vom Neoliberalismus und der Sozialen Marktwirtschaft

Prof. Dr. Helmut Leipold

1   Einleitung: Einige Schlaglichter zur aktuellen Neoliberalismuskritik

Der Neoliberalismus ist in jüngster Zeit weltweit zunehmend in Verruf geraten. Er wird von Politikern sowohl linker als auch wertkonservativer Provenienz, von Intellektuellen und Kirchenvertretern und von einem breiten Teil der Bevölkerung als eigentlicher Sündenbock der aktuellen Finanz- und Wirtschaftskrise ausgemacht. Schlaglichtartig formuliert, wird er für die ungezügelte Profitgier der Manager, für die weltweit entfesselnde Macht der Finanz- und Gütermärkte, für die zunehmende Ökonomisierung aller Lebensbereiche, damit für die sich ausweitende Ungleichheit zwischen Reich und Arm und die zunehmende Erosion sozialer und ökologischer Standards verantwortlich gemacht.[1] Obwohl diese Schuldzuweisung eine

---

[1]   Zu geläufigen Kritikpunkten am Neoliberalismus vgl. Butterwege, Lösch und Ptak (2008).

längere Tradition hat, überrascht doch ihre verbreitete Akzeptanz gerade in
Deutschland. Denn hier erfreute sich der Neo- oder Ordoliberalismus als geistiger
Wegbereiter der Sozialen Marktwirtschaft in der Nachkriegszeit des Wirtschaft-
wunders einer breiten Wertschätzung in Politik und Gesellschaft. Wenn auch der
Einfluss der ordnungspolitischen Prinzipien auf die praktische Wirtschafts- und
Sozialpolitik seit Mitte der 1960er Jahre an Bedeutung verloren hat, behielt das
Leitbild der Sozialen Marktwirtschaft dennoch einen hohen Akzeptanzwert. Der
aktuell beobachtbare Meinungsumschwung lässt sich deshalb nur durch ein verzerrtes Verständnis des Neoliberalismus erklären, das ihn mit seiner angloamerika-
nischen Variante identifiziert.[2] Als einflussreichster Repräsentant dieser Variante
gelten Milton Friedmann und die weiteren Vertreter der Chicago-Schule. Deren
neoliberales Programm lässt sich stichwortartig mit den wirtschaftspolitischen Postulaten der Liberalisierung, Deregulierung, Privatisierung und Stabilisierung cha-
rakterisieren. Liberalisierung steht für den Abbau von Handelsschranken und den
freien Verkehr und Austausch von Gütern und Kapital, Deregulierung für die
Beseitigung von Marktzutrittsschranken und Sonderregelungen für spezifische
Branchen, damit für die Öffnung von Märkten, Privatisierung für die Überführung
öffentlich-staatlicher Unternehmen in Privateigentum und Stabilisierung für das
Postulat eines stabilen Geldwertes durch die Geldpolitik und ausgeglichener
Staatsbudgets durch die Begrenzung der Staatsverschuldung. Diese Postulate, die
in den frühen 1980er Jahren in systematischer Form zuerst in den USA („Reago-
nomics") und in Großbritannien („Thatcherismus"), danach dann in industriell
aufstrebenden Ländern sowie in den sozialistischen Transformationsländern umgesetzt wurden, bildeten den Anstoß und zugleich das Leitbild für die rasante Entfaltung der weltweiten Verflechtung der Güter- und Kapitalmärkte.

Die mit der Globalisierung verbundenen oder befürchteten wirtschaftlichen, sozialen, ökologischen und kulturellen Folgewirkungen mussten eine kritische Gegen-
bewegung auf den Plan rufen, die ihre Einwände und Forderungen mehr oder
weniger lautstark in den Medien zum Ausdruck brachte. Der engere Kreis der Glo-
balisierungskritiker blieb jedoch begrenzt. Mit dem Beginn der weltweiten Finanz-
und Wirtschaftskrise haben sich die Verhältnisse dramatisch verändert. Die aktuelle
Kritik am Neoliberalismus nahm nahtlos die früher formulierten Kritikpunkte auf
und versteht sich als Fortsetzung der Globalisierungskritik mit leicht modifizierten
Argumenten. Auffallend ist die Gleichheit der Schlagworte, mit denen die Kritik
vorgetragen wird. Hier wie dort ist die Rede vom Marktradikalismus, vom Turbo-
oder Kasinokapitalismus, von der Abzockermentalität der Bankmanager, vom rui-
nösen Wettbewerb der Staaten und Standorte um Direktinvestitionen, wodurch der
Abbau sozialer Leistungen, der Steuereinnahmen, der Löhne und der ökologischen
Standards begünstigt, ja erzwungen werde und die Regierungen zum reinen Hand-
langer der Großkonzerne und der spekulativen Kapitalinteressen degenerierten.
Schließlich ist die Rede von der Ökonomisierung aller Lebensbereiche und damit
von deren zunehmender Amerikanisierung oder „Mc-Donaldisierung". Wie ange-

---

[2]   Zu den Unterschieden zwischen dem Neoliberalismus deutscher und angloamerikanischer bzw.
      österreichischer Prägung vgl. Renner (2000).

deutet, wird der Neoliberalismus hier wie dort als der eigentliche Sündenbock ausgemacht. Er gilt als modernistische Variante des Laissez-faire-Systems des 19. Jahrhunderts, und das Präfix „neo" steht in abwertender Form für den Marktradikalismus.

Dieses verzerrte Verständnis soll in den folgenden Ausführungen korrigiert werden. Es wird dem geistigen Anliegen zumindest des Neoliberalismus deutscher Prägung in keiner Weise gerecht, ihn undifferenziert in die gleiche Schublade wie seine angloamerikanische Variante zu stecken. Deshalb soll in Kapitel 2. zunächst der Entstehungszusammenhang des Neoliberalismus im Gefolge der tiefgreifenden Gesellschafts- und Wirtschaftskrise der frühen 1930er Jahre dargestellt werden. Am Anfang der neoliberalen Neubesinnung steht bei den führenden Repräsentanten eine umfassende Diagnose der gesellschaftlichen und wirtschaftlichen Fehlentwicklungen der damaligen Zeit, die bemerkenswerte und oft vergessene Gemeinsamkeiten mit der aktuellen Krisendiagnose aufweist. Im Unterschied zu den eher wirren Reformvorschlägen der Liberalismuskritiker haben die neoliberalen Gründungsväter mit dem Leitbild der Sozialen Marktwirtschaft ein konsistentes wirtschafts- und sozialpolitisches Reformkonzept präsentiert, das in Kapitel 3 vorgestellt und kurz bewertet wird. Abschließend soll in Kapitel 4 die aktuelle Relevanz des neoliberalen Forschungsprogramms thematisiert werden.

2 Die neoliberale Diagnose der Gesellschafts- und Wirtschaftskrise

2.1 Die Diagnose von Walter Eucken und Alexander Rüstow

Die auslösenden Momente der neoliberalen Neubesinnung bildeten die Weltwirtschaftskrise und die damit verbundene Krise der Weimarer Demokratie. Anfang der 1930er Jahre standen Deutschland wie auch die anderen westlichen Länder unter dem Schock der Wirtschaftskrise. Der Börsenkrach von 1929 führte zuerst zur Bankenkrise und dann zur lang andauernden realwirtschaftlichen Depression. Die Aktienmärkte verloren zwischen September 1929 und Juni 1932 85 Prozent ihres Anfangswertes. Im gleichen Zeitraum schrumpfte das Weltsozialprodukt um ca. 40 Prozent. Dadurch wuchs die Zahl der registrierten Arbeitslosen Anfang 1932 in Deutschland auf 6,1 Millionen, von denen die meisten Betroffenen keine Ansprüche auf Arbeitslosenunterstützung hatten. Die damit einhergehende Verarmung breiter Bevölkerungskreise bildete einen fruchtbaren Nährboden für das Aufkommen totalitärer Parteien, zumal sich die nationalen Regierungen und Notenbanken nicht auf eine koordinierte Stabilisierungspolitik einigen konnten. Die Wirtschaftskrise drohte sich also zu einer Staats- und Gesellschaftskrise auszuweiten. Gerade diese Gefährdung war den liberalen Ökonomen bewusst. Bereits im Jahre 1930 hat Röpke in seinem Aufruf an seine niedersächsischen Mitbürger das Schreckensbild vom wirtschaftlichen Elend und zivilisatorischer Barbarei an die Wand gemalt, falls die Nationalsozialisten oder die Kommunisten zur politischen Herrschaft gelangen würden.[3] Bekanntlich sollte sich diese Prophetie im Jahre 1933 bewahrheiten. Jedenfalls war seitens der liberalen Ökonomen die Notwendigkeit für ein Umdenken tradierter wirtschaftlicher Theoreme und Konzepte eine zentrale Herausforderung ihrer Zeit, der sie sich stellen mussten und auch zügig stellten.

Am Anfang der liberalen Neubesinnung stehen zwei Texte, die später häufig als Gründungsmanifeste des Neo- oder Ordoliberalismus bezeichnet worden sind.[4] Der erste ist der Diskussionsbeitrag von Rüstow auf der Tagung des Vereins für Socialpolitik im Jahre 1932 in Dresden, der später unter verschiedenen Titeln nachgedruckt wurde.[5] Für Rüstow war der Weimarer Staat ein ohnmächtiger Staat. Er war nicht Subjekt des Staatswillens, sondern Objekt und Beute organisierter Interessengruppen. Mit Bezug zu C. Schmitt geißelte Rüstow den politischen Einfluss mächtiger Industrieverbände und deren erfolgreiches Streben, im Wege der Kartellisierung der Märkte machtbedingte Profite abzusichern. Zugleich entwarf er die neue liberale Vision: „Der neue Liberalismus jedenfalls, der heute vertretbar ist und den ich mit meinen Freunden vertrete, fordert einen starken Staat, einen Staat oberhalb der Wirtschaft, oberhalb der Interessenten, da, wo er hingehört."[6] Dazu sei es nötig, dass sich der Staat aus den Verstrickungen mit den organisierten Wirtschaftsinteressen herauslöse und sich in seinen wirtschaftspolitischen Interventionen beschränke. Getragen von dieser Vision eines neuen Liberalismus hat Rüstow auf einem Internationalen Symposion im Jahre 1938 in Paris den Begriff des Neoliberalismus geprägt. In Deutschland hat sich die Bezeichnung Ordoliberalismus seit 1950 als synonymer Begriff in Anspielung an das von Eucken initiierte Jahrbuch ORDO herausgebildet, nicht zuletzt weil weder Eucken noch Röpke den Begriff Neoliberalismus schätzten. Wie Röpke anmerkt,[7] habe er den Ausdruck Neoliberalismus stets mit einem gewissen Unbehagen benutzt, weil er lediglich eine Neuformulierung alter Ideen in zeitgemäße Formen suggeriere. Das eigentliche Anliegen der liberalen Neubesinnung sei jedoch viel umfassender gewesen und habe in einer fundamentalen Gesellschafts- und Kulturkritik bestanden, die primär eine Abrechnung mit überholten liberalen Dogmen des 19. Jahrhunderts intendierte. Gerade für die aktuelle Neoliberalismuskritik ist diese Intention in Erinnerung zu rufen.

Das zweite Gründungsmanifest hat Eucken mit seinem Aufsatz „Staatliche Strukturwandlungen und die Krisis des Kapitalismus" beigesteuert.[8] Eucken diagnosti-

---

3   Röpke (1959), S. 84 ff.
4   Haselbach (1991), S. 25 ff.
5   Rüstow (1963b).
6   Rüstow (1963b), S. 258.
7   Röpke (1950), S. 151.
8   Eucken (1932), S. 305 ff.

zierte darin zwei Ursachen der wirtschaftlichen und gesellschaflichen Krise: erstens den Wandel des liberalen Rechtsstaates hin zum Wirtschaftsstaat, der in der Fesselung des Staates durch private Interessengruppen gipfele, und zweitens den „Zusammenbruch der überkommenen Lebensordnung", dessen tiefere Ursache er in Übereinstimmung mit der Diagnose seines Vaters Rudolf in der modernen industriell-kapitalistischen Wirtschaftsform verortete. Im Unterschied zu der von seinem Vater propagierten Lösung, im Wege einer Stärkung der geistigen Wertewelt gegenüber materiellen Werten eine neue Lebensordnung zu schaffen, sah Eucken die Lösung im Umbau der Gesellschafts- und Wirtschaftsordnung. Damit die Nationalökonomie dazu einen Beitrag leisten könne, sei eine systematische Analyse und Vergleichung alternativer Wirtschaftsordnungen erforderlich, womit er das Forschungsprogramm der ökonomischen Ordnungstheorie begründete. An deren Anfang steht die Analyse der Marktwirtschaft (Verkehrswirtschaft) und der Zentralverwaltungswirtschaft als die beiden grundlegenden Wirtschaftssysteme. Gemessen an den Werten der individuellen Freiheit und des wirtschaftlichen Wohlstandes als materielle Basis für die Lösung der sozialen Frage, bewertete Eucken die Marktwirtschaft als überlegene Option. Im nächsten Schritt unterzog er dann die verschiedenen Ordnungsmodelle der Marktwirtschaft einer kritischen Überprüfung. Als Grundformen wurden erstens die freie, weitgehend unregulierte Marktwirtschaft nach dem tradierten Muster der Laissez-faire-Wirtschaft, zweitens die von einer Politik der Experimente staatlich gelenkte Marktwirtschaft nach dem Weimarer Muster seiner Zeit und schließlich drittens die neu zu schaffende wettbewerblich geordnete Marktwirtschaft unterschieden und analysiert. Dabei wurde anhand historischer Erfahrungen belegt, dass das erste Modell zur Vermachtung der Märkte und zu sozialen Verwerfungen, das zweite Modell zur Indienstnahme und Fesselung der Politik zugunsten mächtiger organisierter Wirtschaftsinteressen tendieren, weshalb Eucken in der staatlich geordneten Wettbewerbswirtschaft die beste Option für eine produktive und leistungsgerechte Wirtschaftsordnung erkannte. Für deren konkrete Ausgestaltung hat er ein Bündel von ordnungspolitischen Prinzipien postuliert, die den eigentlichen, bis heute aktuellen Grundgedanken des Neo- oder Ordoliberalismus deutscher Prägung ausmachen und auf die noch einzugehen sein wird.

In den Gründungsmanifesten ist also bereits das neoliberale Forschungsprogramm vorgezeichnet. Zum einen mussten die wirtschaftspolitischen Aufgaben des Staates in einer Marktwirtschaft neu bestimmt werden. Zum anderen war eine umfassende Diagnose der gesellschaftlichen, politischen und wirtschaftlichen Fehlentwicklungen der Weimarer Tragödie und damit der modernen Gesellschafts- und Wertekrise gefragt. Dazu haben neben Eucken vor allem Röpke und Müller-Armack in den 1940er und 1950er Jahren die maßgeblichen Arbeiten beigesteuert. Deren Diagnose der Gesellschafts- und Wirtschaftskrise sei im Folgenden in der gebotenen Kürze zusammengefasst.

2.2   Die Diagnose von Wilhelm Röpke

Röpke hat seine Kultur- und Gesellschaftskritik während seines Exils in der Türkei
von 1933-37 und danach in der Schweiz in den 1942 und 1944 erschienenen
Büchern „Die Gesellschaftskrise der Gegenwart" und „Civitas humana" formuliert
und durch das 1958 veröffentlichte Buch „Jenseits von Angebot und Nachfrage"
abgerundet. Sein Talent als eloquenter und kompetenter Gesellschaftstheoretiker
wird bereits in seinem Aufsatz „Epochenwende" deutlich, den er als Vortrag im
Februar 1933 eine Woche nach der nationalsozialistischen Machtergreifung in
Frankfurt gehalten hat.[9] Dabei stellte er bereits fest, dass die Gesellschaftskrise
Ausdruck einer geistig-moralischen Krise sei. Im Einklang mit anderen liberalen
Denkern sieht er die tiefere Ursache in der irreligiösen Säkularisierung der europäischen Kultur. Gut zwei Jahrzehnte später hat Röpke diese Einsicht noch einmal in
aller Deutlichkeit dahingehend wiederholt, dass der tiefste Sitz für die Krankheit
unserer Kultur in der geistig religiösen Krise liege, die aus dem selbstherrlichen
Vorhaben der Menschen resultiere, ohne Gott auszukommen und an dessen Stelle
den Menschen, die Wissenschaft, die Ökonomie und Technik und vor allem den
Staat zu setzen.[10] Da der Mensch jedoch nicht in einem religiösen Vakuum leben
könne, klammere er sich an Ersatzreligionen, an Ideologien, die auf die medioke-
ren Bedürfnisse und Emotionen der Massen zugeschnitten seien. Den Begriff der
Vermassung hat Röpke von Ortega y Gasset entlehnt. Vermassung war für Röpke
gleichbedeutend mit der Auflosung gewachsener Bindungen und Werte und damit
mit Individualisierung, Anonymisierung und Orientierungslosigkeit. Die Unterschiede zwischen der traditionalen Gesellschaft, in der sich die Menschen auf
intakte Gemeinschaften der Familie, der Gemeinden, der Kirchen und des Arbeits-
lebens stützen konnten, und der modernen Massengesellschaft malte Röpke mit
grellen Farben an die Wand: „An die Stelle der echten Integration durch wirkliche
Gemeinschaft, die das Band der Nähe, die Natürlichkeit des Ursprungs und die
Wärme der unmittelbaren menschlichen Beziehung braucht, ist die Pseudointegration durch Markt, Konkurrenz, zentrale Organisation, äußere Zusammenpferchung,
Stimmzettel, Polizei, Gesetz, Massenversorgung, Massenvergnügen, Massenemoti-
onen und Massenbildung getreten, eine Pseudointegration, die dann im kollektivis-
tischen Staate ihre äußerste Steigerung erfährt."[11] Auf die Details des Bildes, das
Röpke von der modernen Massengesellschaft zeichnet, kann hier nicht eingegangen werden.

Zwei Punkte seien jedoch erwähnt. Als das allerernsteste Krisensymptom wertete
Röpke den Verfall der Familie als der natürlichsten Gemeinschaftszelle. Die Ehe
sei zur Konsum- und Vergnügungsgemeinschaft degeneriert, die unter dem Vorbe-
halt der stetigen Aufkündigung stehe. Auch die Wirtschaftskrise interpretierte
Röpke als Widerspiegelung der geistig-moralischen Krise, wenngleich er auch
hausgemachte Fehler der Wirtschafts- und Geldpolitik konzediert. Als Symptome

---

[9]   Röpke (1962).

[10] Röpke (1958), S. 25.

[11] Röpke (1942), S.24.

des Wertezerfalls nannte er die Auswüchse der monopolistischen Bereicherung, der erpresserischen Interessenpolitik, der spekulativen Übertreibungen im Börsensystem und die illegalen Geschäftspraktiken auf vielen Einzelmärkten. Für diese Entartungen machte er den dogmatischen Liberalismus in Gestalt des Laisser-faire-Liberalismus bzw. des Ökonomismus mitverantwortlich, dem er Soziologieblindheit vorwarf. Blind sei er deshalb, weil er die moralischen Voraussetzungen der Marktwirtschaft übersehen und die Selbststeuerungsfähigkeit der Märkte überschätzt habe. Die Marktwirtschaft sei kein Naturgewächs, sondern ein fragiles Kunstprodukt der Zivilisation.[12] Die Marktwirtschaft sei auch keine Erziehungsanstalt, die das moralische Verhalten befördere, wie es etwa J.B. Say unterstellte. Markt und Wettbewerb erzeugten nicht die für ihr Funktionieren notwendigen moralischen Reserven, sondern setzten sie voraus und verzehrten sie. Die Menschen müssten also diese Werte mitbringen, wenn sie auf den Markt gehen und sich im Wettbewerb messen. Familie, Kirche, echte Gemeinschaften und gewachsene Überlieferungen müssten sie damit ausstatten.

Röpke plädiert methodisch für einen soziologischen Liberalismus.[13] Bei diesem Vorhaben ist er sich mit Rüstow einig, von dem er den Vorwurf der Soziologieblindheit des Liberalismus übernahm. Rüstow bewertet den Mechanismus der „unsichtbaren Hand" von Adam Smith als pseudotheologische Vorstellung über das geheime Walten der göttlichen Vernunft und spricht von einer „Numinosierung" der Marktgesetze.[14] Die Gesellschafts- und Kulturkritik von Röpke weist ungeachtet der gebrauchten Begrifflichkeiten bemerkenswerte Gemeinsamkeiten mit der aktuellen Neoliberalismuskritik auf. Die Kritik an der Entfesselung der Marktkräfte, der Ökonomisierung der Gesellschaft und der Auflösung gewachsener kultureller und regionalen Bindungen und Werte findet in der Kritik von Röpke an der Vermassung und der Auflösung tradierter Wertgemeinschaften ihr Pendant. Freilich unterscheiden sich die konzeptionellen Folgerungen für die Krisenlösung, was in Kapitel 3 erläutert wird.

2.3 Die Diagnose von Alfred Müller-Armack

Müller-Armack hat seine historisch weit ausholende Diagnose der modernen Gesellschaftskrise in seinen 1948 und 1949 erschienenen Büchern „Das Jahrhundert ohne Gott. Zur Kultursoziologie unserer Zeit" und noch intensiver und gebündelter in seiner „Diagnose unserer Gegenwart. Zur Bestimmung unseres geistesgeschichtlichen Standorts" beschrieben. Beide Bücher bauen auf den religionssoziologischen Studien der 1940er Jahre auf und schreiben die 1941 erschienene „Genealogie der Wirtschaftsstile", die mit dem 18. Jahrhundert abschließt, für das 19. und 20. Jahrhundert fort. Während in den religionssoziologischen Studien der Zusammenhang zwischen Religion und wirtschaftlicher Entwicklung interes-

---

12 Röpke (1942), S. 87.
13 Röpke (1944), S. 51.
14 Rüstow (1950).

siert, richtet sich in den späteren Arbeiten das Interesse auf das Wechselspiel zwischen Religion und kultureller Lebenswelt. Er betreibt also Religionssoziologie als Kultursoziologie. Als methodischen Ansatz bedient er sich der Stillehre, um die Einheit der verschiedenen Erscheinungen einzelner Lebenswelten erfassen zu können. Von dieser Idee der Einheit ist auch sein Menschenbild geprägt, das maßgeblich von der philosophischen Anthropologie beeinflusst wurde, wie sie Plessner und Scheler entwickelt haben.

Nach Müller-Armack zeichnet sich der Mensch durch die dialektische Einheit von Trieb und Geist, von geschichtlicher Gebundenheit und Freiheit sowie von Immanenz und Transzendenz aus. Dieses Menschenverständnis ist also eine Absage an enge disziplinenspezifische Menschenbilder wie z. B. den Homo Oeconomicus. Wichtig für das Verständnis seiner Diagnose ist die Annahme, dass der Mensch ein transzendenzgebundenes Wesen sei, das ein natürliches Religionsbedürfnis habe. Einzelne könnten zwar der Religion absagen, ihrer natürlichen Veranlagung jedoch nicht entkommen, denn, ob im Glauben oder Nichtglauben, führe der Mensch sein Leben stets mit Blick auf die Transzendenz.[15] Deshalb sei auch die Säkularisierung an den Glauben gebunden. Die Säkularisierung, deren geistiger Samen in Gestalt säkularer Weltanschauungen im 19. Jahrhundert gesät und dessen Früchte im 20. Jahrhundert in Gestalt des Wertezerfalls, der Idolbildung und der totalitären Herrschaftssysteme geerntet wurden, hält Müller-Armack für das Grundübel der Gesellschaftskrise. Die säkularen Weltanschauungen verführten Menschen dazu, religiöse Werte durch profane und materielle Werte zu ersetzen und diese als Ersatz zu vergöttern. Dieser Ersatz mache die Essenz der Idolbildung aus, in der das eigentliche Verhängnis der Säkularisierung bestehe. Denn die Idole wechselten und versprächen stets mehr, als sie leisten könnten. Sie könnten Massen begeistern, endeten jedoch im Hedonismus und Nihilismus, mithin im Wertezerfall. Als die bedenklichsten Auswüchse der säkularen Verirrungen wertete Müller-Armack die kollektivistische Klassenideologie des Marxismus und die Rassentheorie des Nationalsozialismus. Insgesamt interpretierte er die Vermassung und den damit einhergehenden Wertezerfall als Korrelat der seelischen Säkularisierung und nicht der wirtschaftlich-technischen Entwicklung. Die Säkularisierung und deren verhängnisvolle Folgen seien kein spezifisch deutsches, sondern ein gesamteuropäisches Problem, ja das Problem der Moderne schlechthin. Den Gefährdungen könne nur durch die Wiederverwurzelung geistig-moralischer Werte begegnet werden. Auf die Maßnahmen, die Müller-Armack dazu vorgeschlagen hat und die er als einen wesentlichen Bestandteil der Sozialen Marktwirtschaft erachtete, wird später noch einzugehen sein.

---

[15] Müller-Armack (1959a), S. 371.

3 Konzeptionelle Schlussfolgerungen aus der neoliberalen Krisendiagnose

3.1 Die neue Symbiose zwischen Staat und Markt

Wie erwähnt, stand am Anfang des neoliberalen Forschungsprogramms die Erklärung der gesellschaftlichen und wirtschaftlichen Krisenerscheinungen, von der sich die neoliberalen Theoretiker ein tragfähiges Fundament für die Neuordnung der Wirtschaft und für die Neubestimmung der Staatsaufgaben erhofften. Oberflächlich betrachtet, weist die Gesellschafts- und Kulturkritik, ungeachtet der gebrauchten Begrifflichkeiten, bemerkenswerte Gemeinsamkeiten mit der aktuellen Neoliberalismuskritik auf. Die Kritik an der Entfesselung der Marktkräfte, der Ökonomisierung der Gesellschaft und der Auflösung gewachsener kultureller und regionalen Bindungen und Werte findet in der Kritik von Röpke oder Müller-Armack an der Vermassung, der Säkularisierung, der Idolbildung und der Auflösung tradierter Wertgemeinschaften ihr Pendant. Allerdings werden die Ursachen dafür im Unterschied zur aktuellen Neoliberalismuskritik primär in geistig-moralischen Fehlentwicklungen außerhalb der Ökonomie verortet. Die verschiedenen diagnostischen Verortungen erklären auch die verschiedenen therapeutischen Schlussfolgerungen. Da die Krisenursachen von den neoliberalen Ökonomen den geistig-moralischen Fehlentwicklungen zugeordnet werden, stellen sie die Marktwirtschaft und d. h. die arbeitsteilig und privatwirtschaftlich organisierte Tauschwirtschaft als vergleichsweise produktivste Wirtschaftsordnung nicht in Frage. Die ökonomischen Krisenursachen werden verfehlten wirtschaftspolitischen Konzeptionen zugeschrieben. Sowohl die Wirtschaftspolitik des Laissez-Faire als auch die staatsinterventionistische Wirtschaftspolitik der Experimente werden für die Vermachtung der Märkte und die Entmachtung des Staates durch die organisierten Interessenverbände verantwortlich gemacht. Deshalb drängte sich die wettbewerblich bewusst geordnete Marktwirtschaft als wirtschaftspolitisches Leitbild für die Neugestaltung der Wirtschaft und indirekt der Politik auf. Die zentrale Einsicht der liberalen Neubesinnung hat Röpke mit der Feststellung auf den Punkt gebracht, dass die Freiheit der Märkte „… einer umfassenden Politik bedarf, die das Feld der wirtschaftlichen Freiheit wie ein Spielfeld streng absteckt, ihre Bedingungen – sozusagen die Spielregeln – sorgfältig bestimmt und mit unparteiischer Strenge für die Respektierung dieses Rahmens der Marktwirtschaft (des Spielfeldes wie der Spielregeln) sorgt. Freiheit und Bindung werden derart zu einer Synthese verbunden…".[16] Diese Synthese setze einen starken und unabhängigen Staat voraus und könne nur dann gelingen, wenn sich der Staat auf seine ureigenen Aufgaben konzentriere. „Der Staat soll sich auf die Rolle des Spielleiters und Schiedsrichters

---

[16] Vgl. Röpke (1950), S. 142.

beschränken und hier volle Autorität genießen, aber er soll nicht gleichzeitig Fußball spielen."[17] Die Diagnose der Gesellschafts- und Wirtschaftskrise und die darauf gegründete Reformkonzeption kulminiert in dem Postulat, dass eine produktive und leistungsgerechte Marktwirtschaft einen festen und bewusst gesetzten „politisch–rechtlich-moralisch-institutionellen Rahmen" erfordert.[18] Die konkreten Empfehlungen für die Ausgestaltung dieses Rahmens seitens der führenden neoliberalen Theoretiker differieren in ihren Details, auf die hier nicht eingegangen werden kann.

3.2 Das Leitbild der Sozialen Marktwirtschaft

Die konzeptionellen Schlussfolgerungen fließen im Leitbild der Sozialen Marktwirtschaft zusammen, wie es unter der Federführung von Müller-Armack formuliert worden ist Er definiert dieses Leitbild als Verbindung der Freiheit auf dem Markt mit dem sozialen Ausgleich. Freiheit auf dem Markt steht für elementare Menschen- und Freiheitsrechte. Sie umfassen die Vereinigungs-, Konsum-, Berufs- und Gewerbe-, Niederlassungs-, Außenhandels- und Reisefreiheit. Diese Freiheitsrechte sind am besten im Rahmen einer Marktwirtschaft gewährleistet, in der Menschen in ihrer Rolle als Konsumenten oder Produzenten über ihre Präferenzen, Fähigkeiten und Interessen autonom entscheiden und wechselseitig abstimmen können. Die Rückseite des Strebens nach Freiheit war und ist das Streben nach wirtschaftlicher Macht, damit nach leistungslosen Sondervorteilen und Einkommen zu Lasten der schwächeren Markt- und Tauschpartner. Deshalb erhält die Sicherung einer Wettbewerbsordnung absolute Priorität. Die dafür erforderlichen Maßnahmen hat Eucken in seinem Buch „Grundsätze der Wirtschaftspolitik" mit den konstituierenden Prinzipien einer Wettbewerbsordnung in aller Klarheit formuliert. Den Kern der Wettbewerbsordnung sieht er in der Schaffung und Sicherung eines funktionsfähigen Preissystems, das die relativen Güterknappheiten den Millionen von Wirtschaftsakteuren möglichst unverzerrt signalisiert und das für eine leistungsgerechte Allokation und Verteilung der Güter und Einkommen sorgt. Dazu hat der Staat die gesetzlichen Grundlagen zum Schutz des Wettbewerbs und zur Verhinderung oder Kontrolle von Monopolstellungen zu schaffen und unparteiisch zu verwalten. Dieses Grundpostulat ist durch eine Reihe weiterer ordnungspolitischer Prinzipien abzusichern. Dazu gehört das Primat der Währungspolitik, wonach durch die Schaffung einer unabhängigen Geldverfassung die Stabilität des Geldwertes gesichert und die mit Inflation oder Deflation verbundenen Fehllenkungen der Güter und Geldvermögen verhindert werden sollen. Ähnlich dominant und aktuell ist das Prinzip der offenen Märkte, das gegen die Abschottung vor Konkurrenz durch Zölle, Protektionismus oder einheimischer Regulierung gerichtet ist. Auch das Postulat des Privateigentums an Produktionsmitteln erfährt seine Legitimation im Rahmen einer Wettbewerbsordnung. Es gewährleistet den effizienten Einsatz von Kapital, bietet es doch die materiell-rechtliche Grundlage für die

---

[17] Ebenda, S. 142.

[18] Ebenda, S. 143.

Kreditwürdigkeit. Es bedarf jedoch der Kontrolle durch die Konkurrenz und der Ergänzung durch die Prinzipien der Vertragsfreiheit und insbesondere der unbeschränkten Haftung für die individuellen und stets riskanten Entscheidungsfolgen. Die Vertragsfreiheit ist rechtlich zu untersagen, sofern sie im Wege kollektiver Vereinbarungen zur Beschränkung des Wettbewerbs missbraucht wird. Schließlich wird von Eucken das Prinzip der Konstanz und Vorhersehbarkeit der Wirtschaftspolitik eingefordert, um die unvermeidbaren Risiken privater und insbesondere längerfristig ausgerichteten Entscheidungen nicht zusätzlich zu erhöhen.

Die zeitüberdauernde Relevanz der ordnungspolitischen Prinzipien und insbesondere des Prinzips der wettbewerbskonformen Verwendung der Vertragsfreiheit und der Vermeidung von Haftungsbeschränkungen ist in der aktuellen Finanz- und Wirtschaftskrise deutlich geworden. Es besteht weitgehend Konsens, dass an deren Anfang die in den USA sozialpolitisch gewollte Förderung des Immobilienerwerbs und die damit verbundene Forderung an die Banken stehen, vergünstigte Kredite bevorzugt an sozial schwache Personen zu vergeben, sowie damit verbunden die Aufweichung von Verschuldungsgrenzen für die Kreditvergabe und den Handel von hochriskanten, vermeintlich verbrieften Finanzinnovationen und nicht zuletzt die laxe Geldpolitik der amerikanischen Notenbank. Dadurch und durch Auslagerung der riskanten Verbriefungen auf Zweckgesellschaften konnten sich die Banken und speziell die Investmentbanken relativ einfach der Haftung entziehen. Die überzogene Deregulierung des Banken- und Finanzsektors begünstigte die schleichende Erosion des Haftungsprinzips und als dessen Kehrseite die Ausbreitung des Prinzips der Fremdschädigung, also der persönlichen Bereicherung zu Lasten anderer Personen und Organisationen.[19] Diese Entwicklung erfolgte im Widerspruch zu den elementaren neoliberalen Prinzipien der Wettbewerbsordnung.

Zur wettbewerblich geordneten Marktwirtschaft gehört das nicht minder wichtige Postulat des sozialen Ausgleichs. Dieses Postulat meint bei Müller-Armack eine in neutraler Diktion formulierte Konzession an die Werte der sozialen Gerechtigkeit und Sicherheit, die sich im Denken der deutschen Bevölkerung seit jeher und gerade in den schwierigen Jahren der Nachkriegszeit einer hohen Wertschätzung erfreuten und bis heute erfreuen. Die Betonung der sozialen Komponente der Marktwirtschaft hat bei Müller-Armack eine doppelte Bedeutung und Intention. Sie steht erstens für die Einsicht, dass die Ergebnisse der Marktprozesse zugunsten sozial schwacher und bedürftiger Personengruppen durch staatlich organisierte Sicherungs- und Umverteilungsmaßnahmen zu korrigieren sind. Sie intendiert zweitens eine Versöhnung verschiedener und teils konfligierender Wertvorstellungen im Sinne einer sozialen Irenik. Müller-Armack ging es also in letzter Instanz um die Versöhnung der liberalen Postulate der Freiheit und Gleichheit mit den von den christlichen Soziallehren und dem demokratischen Sozialismus eingeforderten Werten der Solidarität und der sozialen Gerechtigkeit. Diese Versöhnung soll die gesellschaftliche Akzeptanz einer wettbewerblich und sozial organisierten Marktwirtschaft befördern. Aufgrund der profunden Diagnose der Gesellschafts- und

---

[19] Vgl. dazu die Diagnose der Fehlentwicklungen aus juristischer Sicht von P. Kirchhof (2009).

Wirtschaftskrise kam er zu der Einsicht, dass die Wettbewerbswirtschaft per se nicht imstande sei, „...die Gesellschaft als Ganzes zu integrieren, gemeinsame Haltungen und Gesinnungen, gemeinsame Wertnormen zu setzen, ohne die eine Gesellschaft nicht zu existieren vermag.".[20] Die Marktwirtschaft sei deshalb durch eine aktive staatliche Gesellschafts- und Sozialpolitik zu ergänzen.

Demgemäß umfasst die Konzeption der Sozialen Marktwirtschaft einen weiteren gesellschaftspolitischen und einen engeren sozialpolitischen Bereich von Maßnahmen. Die Aufgaben der Gesellschaftspolitik werden nur vage definiert. Nach Müller-Armack[21] geht es um die Eingliederung der Wirtschaft in einen ganzheitlichen Lebensstil, womit die Forderung gemeint ist, geistig-moralische Werte zu vereinheitlichen und zu festigen. An anderer Stelle ist die Rede von der Wiederverwurzelung und Regeneration bewährter geistig-moralischer Werte. Röpke forderte eine widergelagerte Gesellschaftspolitik, deren Hauptaufgabe es sei, die destruktive Dynamik der Vermassung und der Marktkonkurrenz einzuhegen.[22] Das Pendant dazu ist bei Rüstow die Forderung nach einer Vitalpolitik, deren Aufgabe es sei, die gesamten Lebensbedingungen der Menschen zu verbessern.[23] Versucht man, die Maßnahmen der Gesellschaftspolitik zu systematisieren, so schälen sich zwei Schwerpunkte heraus: erstens das Bemühen, mittels Aufklärung, Überzeugung und Diskurs, also mittels geistig-intellektueller Anstrengungen die Verwurzelung und Akzeptanz moralischer Werte anzustreben. Zweitens hat der Staat dieses Bemühen durch die Initiierung konkreter Gemeinschaftsprojekte zu befördern, was letztlich auf eine breiter verstandene Sozialpolitik hinausläuft, die zur Entfaltung natürlicher Gemeinschaften, also der Familien, Kommunen, Vereine, Kirchen und Bildungseinrichtungen als den ursprünglichen moralstiftenden Kräften, beiträgt.

Vergleichsweise zur den gesellschaftspolitischen Postulaten sind die sozialpolitischen Gestaltungsmaßnahmen und Prinzipien bei Müller-Armack konkreter formuliert worden. Eingefordert werden die aktive Beschäftigungs- und Arbeitsmarktpolitik, die Umverteilungspolitik zur Reduzierung der Einkommens- und Vermögensunterschiede durch progressiv gestaltete Steuersätze, die staatliche Organisation der sozialen Sicherungssysteme, also der Renten-, Kranken- und Arbeitslosenversicherung, die Schaffung einer sozialen Betriebs- und Unternehmensordnung durch Stärkung der Arbeitnehmerrechte und die Sozialhilfe zugunsten schwacher und bedürftiger Schichten und Personen, schließlich Vorschläge für eine aktive staatliche Regional-, Umwelt- und Wohnungsbaupolitik. Der nur unvollständig angeführte Katalog sozialpolitischer Maßnahmen ist kein Plädoyer für den umfassenden Sozialstaat. Für dessen Begrenzung soll die Orientierung der Sozialpolitik an zwei ordnungspolitischen Prinzipien sorgen: erstens am Prinzip der Marktkonformität staatlicher Maßnahmen und zweitens am Subsidiaritätsprinzip. Sozialstaatliche Korrekturen der Marktergebnisse genügen dann dem Prinzip

---

20 Müller-Armack (1966a), S. 235.

21 Ebenda, S. 237.

22 Röpke (1943).

23 Rüstow (1963a).

der Marktkonformität, wenn sie die freie Preisbildung nicht außer Kraft setzen, sondern die Bedingungen auf der Nachfrage- oder Angebotsseite gemäß sozialen Zielen indirekt verändern. Demgemäß sind sowohl staatlich festgesetzte Mindestpreise zugunsten der Anbieterseite als auch Höchstpreise zugunsten der Nachfragerseite marktinkonform. Dagegen wären sozialstaatliche Hilfen oder temporäre Unterstützungen für sozial bedürftige Gruppen marktkonform. Konzeptionell wird eine Sozialpolitik mit dem Markt und nicht gegen den Markt eingefordert. Das Konformitätsprinzip gibt allerdings nur eine Anleitung, wie die staatlichen Eingriffe zu gestalten sind. Es gibt keine Antwort für den Kreis der Adressaten, den Umfang und die Dauer der sozialpolitischen Unterstützungen und Hilfen. Als Kompass dafür soll das Subsidiaritätsprinzip dienen, das seinen Ursprung in der christlichen Soziallehre hat. Es postuliert den Vorrang der Selbsthilfe und Selbstverantwortung gegenüber der Solidarhilfe. Die Einzelnen sind gefordert, für einen auskömmlichen Lebensunterhalt zu sorgen. Wenn sie dazu nicht in der Lage sind, tritt die Solidarpflicht der Gemeinschaft in abgestufter Verantwortung in Kraft. Gefordert sind zuerst die verwandtschaftlichen oder kirchlichen Selbsthilfeorganisationen, die im Falle einer Überforderung durch staatlich organisierte Hilfen zu unterstützen sind. Das Subsidiaritätsprinzip ist ein deutlicher Beleg dafür, dass das neoliberale Menschenbild der christlichen Tradition von der Würde und Selbstverantwortung der Menschen verpflichtet ist. Die damit verbundene Überzeugung von der Doppelnatur der Menschen, zuerst frei und selbstverantwortlich leben zu wollen und sich zugleich für das Wohl der Gesellschaft zu engagieren, bildet die eigentliche normative Grundlage der Sozialen Marktwirtschaft.

4   Zur aktuellen Relevanz des neoliberalen Forschungsprogramms

In diesem Beitrag sollte das einleitend skizzierte verzerrte Verständnis des Neoliberalismus korrigiert werden, das dem politischen und ökonomischen Reformanliegen seiner geistigen Väter in Deutschland in keiner Weise gerecht wird. Bleibt abschließend zu fragen, welche Aufschlüsse die neo- bzw. ordoliberale Theorie sowohl für die Erklärung als auch die Überwindung der aktuellen Wirtschaftskrise zu leisten vermag. Handelt es sich um eine überholte oder aber zeitgemäße Diagnose und Therapie? Auf den ersten Blick mögen viele die neoliberale Ordnungstheorie als zeitbezogene, von den traumatischen Weimarer Erfahrungen geprägte Denkrichtung empfinden und bewerten. Manche der analytischen Kategorien wie Vermassung, Proletarisierung, Idolbildung und die Forderung nach einem starken Staat klingen etwas altmodisch und erwecken den Eindruck, als stellten die neoliberalen Theoretiker einen Wechsel auf ein kulturelles Erbgut aus, das längst vergangen und verbraucht sei.[24] Dieser Eindruck ist jedoch voreilig und oberflächlich.

---

[24]   Haselbach (1991).

Denn ungeachtet der nur aus den Zeitumständen verständlichen Begrifflichkeiten hatten die geistigen Väter des Neoliberalismus ähnliche, wenngleich sehr viel schwierigere Probleme im Blick, wie sie sich aktuell auf globaler Ebene stellen. Ihre tiefgründige Reflektion sowohl der Ursachen als auch der Wege zur Überwindung der Gesellschafts- und Wirtschaftskrise in den frühen 1930er Jahren bleibt deshalb lehrreich.

Dazu gehört die Einsicht, dass Märkte und speziell global verflochtene Märkte kein sich automatisch selbstregulierendes System, sondern ein fragiles Gebilde sind, dessen Funktionsweise von der Qualität der moralischen und rechtlichen Rahmenbedingungen abhängt. Wie die aktuellen Erfahrungen belegen, kann das überzogene kurzfristige Streben nach exzessiven Gewinnen und Einkommen und nach einer Abwälzung der Risiken auf anonyme dritte Personen, notfalls auf die Steuerzahler, nicht nur zum Zusammenbruch der wirtschaftlichen, sondern auch der politischen Ordnung führen. Deshalb sind die geistigen Väter der Sozialen Marktwirtschaft nicht müde geworden, das Gewissen dafür zu schärfen, dass Ehrlichkeit, Bescheidenheit, Pflichtbewusstsein, Gemeinsinn und Bürgerengagement unentbehrliche Tugenden der wechselseitig vorteilhaften gesellschaftlichen und wirtschaftlichen Kooperation zu sein haben. In der aktuellen Krise ist die Rückbesinnung auf die von Eucken eingeforderte Mahnung geboten: „Wer den Nutzen hat, muss auch den Schaden tragen."[25] Gerade dieses elementare Postulat wurde im Banken- und Finanzsystem durch raffinierte Praktiken zunehmend ausgehebelt. Dadurch wurden Finanzpyramiden ohne ein solides Fundament aufgebaut, die sich mehr und mehr von der realwirtschaftlichen Entwicklung abkoppelten. Die den diversen neuen Finanzprodukten zugrunde liegende These, verbriefte Schulden seien für sich Werte, die man handeln könne und müsse, hat sich als Illusion erwiesen. Damit wird auch die einflussreiche These effizienter Finanzmärkte in Frage gestellt, dass in einer Welt rational handelnder Akteure alle Informationen bestmöglich genutzt werden und eine Regulierung überflüssig, ja unproduktiv sei. Gerade dieser rationalistische Optimismus bezüglich der Effizienz und Selbstregulierung des Marktes bildete ein zentraler Kritikpunkt der neoliberalen Theoretiker deutscher Prägung. Diese konnten auf Grund ihrer eigenständigen Krisendiagnose auch nicht darauf vertrauen, dass die Marktakteure aus den Fehlentwicklungen ihre Lehre ziehen und man damit zur Tagesordnung übergehen könne. Staat dessen postulierten sie die Notwendigkeit einer staatlich zu ordnenden wettbewerblichen Marktwirtschaft.

Die ungebrochene Relevanz der neoliberalen Botschaft kommt in der „Berliner Rede" des deutschen Bundespräsidenten Horst Köhler vom 24. 3. 2009 am klarsten zum Ausdruck. Seine Analyse der Krisenursachen fällt weitgehend deckungsgleich mit der neoliberalen Diagnose der Krise der frühen 1930er Jahren aus. Das gilt noch mehr für seine Botschaft zur Überwindung der aktuellen Krise. Weil das Vertrauen in die deregulierten Finanzmärkte sich nicht bewährt habe, kommt er zu der Schlussfolgerung: „Es braucht einen starken Staat, der dem Markt Regeln setzt und für ihre

---

[25] Eucken (1952, S. 172).

Durchsetzung sorgt. Denn Marktwirtschaft lebt vom Wettbewerb und von der Begrenzung wirtschaftlicher Macht. Sie lebt von Verantwortung und persönlicher Haftung für das eigene Tun. ...Die Krise zeigt uns: Schrankenlose Freiheit birgt Zerstörung. Der Markt braucht Regeln und Moral."[26] Die neue Dimension der Herausforderung bestehe darin, dass die weltweit verflochtenen Märkte auch weltweit vereinbarte und interkulturell konsensfähige Regeln und geteilte Wertvorstellungen benötigten, womit die aktuelle Hauptaufgabe für das neoliberale Forschungsprogramm bestimmt wird. Die Tatsache, dass der Bundespräsident die aktuelle Relevanz der neoliberalen Theorie und deren Leitbild der Sozialen Marktwirtschaft uneingeschränkt konzediert, zeigt sich in einer späteren Aussage seiner Rede: „Gerade die Krise bestätigt den Wert der Sozialen Marktwirtschaft. Sie ist mehr als eine Wirtschaftsordnung. Sie ist eine Werteordnung. Sie vereinigt Freiheit und Verantwortung zum Nutzen aller."[27] Seiner Eloge zugunsten der deutschen Variante des Neoliberalismus und dessen Leitbild der Sozialen Marktwirtschaft kann uneingeschränkt zugestimmt werden.

Literaturhinweise

Butterwege, Christoph, Bettina Lösch, Ralf Ptak (2008), Kritik des Neoliberalismus, 2. verb. Aufl., Wiesbaden.

Eucken, Walter (1932), Staatliche Strukturwandlungen und die Krisis des Kapitalismus, in: Weltwirtschaftliches Archiv, 36, S. 297-321.

Eucken, Walter (1952), Grundsätze der Wirtschaftspolitik, Tübingen.

Haselbach Dieter (1991), Autoritärer Liberalismus und Soziale Marktwirtschaft: Gesellschaft und Politik im Ordoliberalismus, Baden-Baden.

Kirchhof, Paul (2009), Der Schaden der anderen, in: Frankfurter Allgemeine Zeitung, Nr. 122 vom 28. 5. 2009, S. 31 f.

Köhler, Horst (2009), Der Markt braucht Regeln und Moral, in: Frankfurter Allgemeine Zeitung, Nr. 71 vom 25. 3. 2009, S. 8.

Müller-Armack, Alfred (1941), Genealogie der Wirtschaftsstile: Die geistesgeschichtlichen Ursprünge der Staats- und Wirtschaftsformen bis zum Ausgang des 18. Jahrhunderts, 3. Aufl., Stuttgart 1943.

Müller-Armack, Alfred (1959a), Das Jahrhundert ohne Gott: Zur Kultursoziologie unserer Zeit. in: Alfred Müller-Armack, Religion und Wirtschaft: Geistesgeschichtliche Hintergründe unserer europäischen Lebensform, Stuttgart. S. 5.-512.

Müller-Armack, Alfred (1959b), Soziale Irenik, in: Alfred Müller-Armack, Religion und Wirtschaft: Geistesgeschichtliche Hintergründe unserer eurepäischen Lebensform, Stuttgart, S. 559-578.

---

[26] Köhler (2009), S. 8.
[27] Ebenda, S. 8. Vgl. ähnlich auch die Bewertung von Schäuble (2009), S. 29.

Müller-Armack, Alfred (1966a), Stil und Ordnung der Sozialen Marktwirtschaft, in: Alfred Müller-Armack, Wirtschaftsordnung und Wirtschaftspolitik: Studien und Konzepte zur Sozialen Marktwirtschaft und zur Europäischen Integration, Freiburg i. Br., S. 231-242.

Müller-Armack, Alfred (1966b), Die zweite Phase der Sozialen Marktwirtschaft: Ihre Ergänzung durch das Leitbild einer neuen Gesellschaftspolitik, in: Alfred Müller-Armack, Wirtschaftsordnung und Wirtschaftspolitik: Studien und Konzepte zur Sozialen Marktwirtschaft und zur Europäischen Integration, Freiburg i. Br., S. 267-291.

Müller-Armack, Alfred (1966c), Das gesellschaftspolitische Leitbild der Sozialen Marktwirtschaft, in: Alfred Müller-Armack, Wirtschaftsordnung und Wirtschaftspolitik: Studien und Konzepte zur Sozialen Marktwirtschaft und zur Europäischen Integration, Freiburg i. Br., S. 293-315.

Müller-Armack, Alfred (1981), Diagnose unserer Gegenwart: Zur Bestimmung unseres geistesgeschichtliche Standorts, 2. erweiterte Aufl., Bern, Stuttgart.

Renner, Andreas (2000), Die zwei „Neoliberalismen", in: Fragen der Freiheit, Heft 26, S. 48-64.

Röpke, Wilhelm (1942), Die Gesellschaftskrisis der Gegenwart, Erlenbach-Zürich.

Röpke, Wilhelm (1943), Von alten zu neuen Wirtschaftsreformen, in: Neue Schweizer Rundschau, 11, S. 73-99.

Röpke, Wilhelm (1944), Civitas humana: Grundfragen der Gesellschafts- und Wirtschaftsreformen, Erlenbach-Zürich.

Röpke, Wilhelm (1950), Ist die deutsche Wirtschaftspolitik richtig?, Stuttgart.

Röpke. Wilhelm (1958), Jenseits von Angebot und Nachfrage, Erlenbach~Zürich, Stuttgart.

Röpke, Wilhelm (1959), Nationalsozialisten als Feinde der Bauern – Ein Sohn Niedersachsens an das Landvolk, in: Wilhelm Röpke, Gegen die Brandung, Erlenbach-Zürich, Stuttgart, S. 84-86.

Röpke, Wilhelm (1962), Epochenwende?, in: Wilhelm Röpke, Wirrnis und Wahrheit, Ausgewählte Aufsätze, Erlenbach-Zürich, Stuttgart, 5. 105-124.

Rüstow, Alexander (1950), Das Versagen des Wirtschaftsliberalismus 2. Aufl., Bad Godesberg.

Rüstow, Alexander (1963a), Wirtschaftspolitik und Moral, in: Alexander Rüstow., Rede und Antwort, Ludwigsburg, S. 9-29.

Rüstow, Alexander (1963b), Die staatspolitischen Voraussetzungen des wirtschaftspolitischen Liberalismus in: Alexander Rüstow, Rede und Antwort, Ludwigsburg, S. 249-258.

Rüstow, Alexander (1963c), Ortsbestimmung der Gegenwart, in: Alexander Rüstow, Rede und Antwort, Ludwigsburg, S. 259-274.

Schäuble, Wolfgang (2009), Ohne Maß ist die Freiheit der Ruin, in: Frankfurter Allgemeine Zeitung, Nr. 198 vom 27. 8. 2009, S. 29 f.

Globale Krise und Anforderungen an nachhaltige Unternehmensführung

Prof. Dr. Burkhard Schwenker

1 Mut zur Meinung

Als dieser Artikel geschrieben wurde – im Spätherbst 2009 –, war bei Weitem noch nicht klar, wie die wirtschaftliche Situation in diesem Jahr, in dem der Artikel erscheint, sein würde. Schließlich hatte die Welt einen wirtschaftlichen Abschwung erlebt wie noch nie seit dem Ende des 2. Weltkriegs. Ein Absturz um rund 5% wie für Deutschland hätte vor der Krise kaum ein Experte für möglich gehalten.

Nun, im Herbst 2009, herrscht an den internationalen Börsen Optimismus – und der IWF sieht schon wieder ein Wachstum von 3,1 Prozent für die globale Wirtschaft für 2010 voraus. Doch wie verlässlich sind solche Prognosen noch? Nehmen wir zunächst einmal die starken Schwankungen bei den IWF-Prognosen in der Zeit kurz vor der Lehman-Pleite bis zum Herbst 2009: Im Juli 2008 sagte der IWF für das Jahr 2009 ein Wachstum von 3,9 Prozent voraus. Zum Jahresanfang 2009 war diese Prognose schon in drei Schritten auf 0,5 Prozent abgeschmolzen worden, erreichte im Juli 2009 mit minus 1,4 Prozent ihren Tiefpunkt und wurde im Oktober 2009 wieder auf minus 1,1 Prozent etwas hoch korrigiert. An den beiden Extrempunkten hatten wir also eine Differenz der Prognose für ein und denselben Zeitraum von mehr als 5 Prozentpunkten.

Und die Schätzungen für das Jahr 2010 waren ebenfalls nicht eindeutig. Auch hier schwankten die IWF-Werte für die Weltwirtschaft von Januar 2009 bis zum Herbst 2009 deutlich mit einem Differential von Minimal- und Maximalwert von immer noch 1,2 Prozentpunkten. Dabei ist der IWF kein Ausnahmefall. Mehrere Institute kamen zur gleichen Zeit zu sehr unterschiedlichen Ergebnissen zum Wachstum in Deutschland im Jahr 2010. Die Allianz veröffentlichte die optimistischste Zahl mit 2,7 Prozent, der DIHK rechnete mit 2 Prozent, einer immer noch ordentlichen Rate, aber das DIW war lange der Pessimist mit gerade einmal 0,5 Prozent, bis es schließlich auch auf einen optimistischeren Pfad einschwenkte.

Diese Aufstellung soll keine Kritik an den Forschungsinstituten sein, denn die Situation war durch die Krise so einmalig, dass die komplexen, quantitativen Prognosemodelle versagen mussten. Sie konnten die Schärfe des Abschwungs nicht vorhersagen – aber konnten und können sie den Aufschwung richtig erfassen? Ich glaube, wir müssen akzeptieren, dass Trends nicht mehr verlässlich sind, dass sie brechen oder ihre Richtung schnell ändern – und zwar nicht erst seit der Krise. Wir haben also keine Indikatoren mehr, die uns klar eine Richtung geben können, und auch die Kapitalmärkte haben sich ganz offenbar so weit von der Realwirtschaft entkoppelt, dass ihre Leitfunktion zur Vorhersage der wirtschaftlichen Entwicklung zumindest zweifelhaft ist. Und es überrascht auch nicht, dass es zu volkswirtschaftlichen Grundfragen – z. B.: müssen wir mit einer starken Inflation rechnen oder nicht – mehrere gleichermaßen überzeugende, wenn auch vollkommen gegensätzliche Argumentationen gibt, im Fall der Inflation nämlich ja und nein.

Aus meiner Sicht müssen wir uns deswegen wieder viel stärker auf fundamentale, unternehmerische Entwicklungen – vielleicht auch Überzeugungen – stützen. Und wir müssen in Szenarien denken und arbeiten, die klar differenzieren. Best und Worst Case reichen nicht mehr; wir brauchen Zukunftsbilder, die unterschiedlich sind und damit unterschiedliche Wege aufzeigen, um mit der Situation umzugehen. Unglücklicherweise reicht es aber nicht, nur Szenarien zu entwickeln; wir müssen uns am Schluss immer noch entscheiden, welches das wahrscheinlichste ist – Mut zu einer eigenen Meinung ist auch ein Resultat der Krise! Für mich ist das klar: Mein Szenario ist und bleibt die V-Kurve. Das heißt: In diesem Jahr – 2010 – sehen wir in den großen Industrienationen eine spürbare Erholung des Wachstums.

Warum ich so optimistisch bin? Gerade nicht, weil die Prognosen besser wurden. Was mir Mut macht, ist, dass wir viel Substanz haben, gerade in Deutschland und Kontinentaleuropa, auf dem ein neuer Aufschwung ganz fundamental aufsetzen kann.

2   Worauf wir aufbauen können

Deutschland hat die Potenziale für einen Aufschwung. Denn auch das ist eine klare Erkenntnis aus der Krise: Der Realwirtschaft – also Industrie, Handel, unternehmensnahe Dienstleistungen – kommt eine entscheidende Rolle zu. Industrielle

Kompetenz zählt wieder, und Deutschland ist hier bestens aufgestellt, denn hier liegt der Anteil der Industrie an der Volkswirtschaft bei 24% (mit steigender Tendenz), aber in Amerika beispielsweise nur bei 14% und in Großbritannien sogar unter 10%. Das wird den Unterschied machen, oder um Peter Löscher, den CEO von Siemens, zu zitieren: „Mit Sicherheit werden wir nach der aktuellen Krise mehr und nicht weniger Industrialisierung sehen!" Ich finde, er hat Recht.

Und mehr noch: Es ist nicht nur die industrielle Stärke Deutschlands, sondern vor allem auch unsere Fähigkeit, Industrie und Dienstleistungen zu neuen Produkten und Lösungen zu verbinden. Das ist wichtig, weil wir heute wissen, dass sich die Ideen der virtuellen Wissensgesellschaft nicht – oder jedenfalls noch nicht – verwirklicht haben: Hochwertige Dienstleistungen siedeln sich nicht irgendwo auf der Welt an, sondern entwickeln sich am besten um industrielle Kerne herum. Also gerade in Deutschland und Kontinentaleuropa.

Das ist übrigens keine nette, konzeptionelle Idee. Die hervorragenden Fähigkeiten der deutschen Unternehmen spiegeln sich seit Jahren ganz deutlich in den Rankings des World Economic Forums zur internationalen Wettbewerbsfähigkeit der großen Wirtschaftsnationen wider. Auch das jüngste Ranking hat meine Argumentation bestätigt. Die deutsche Wirtschaft und ihre Unternehmen liegen erneut auf den vordersten Plätzen weltweit. Einige Beispiele:

* Platz 1 bei der Einzigartigkeit des Wettbewerbsvorteils, was ja nichts anderes heißt, als dass sich deutsche Unternehmen mit ihren Produkten international am besten differenzieren können.

* Platz 2 bei der Innovationskapazität – um Forschung und Entwicklung in Deutschland steht es also offensichtlich viel besser, als viele glauben. Noch ein Hinweis dazu: Deutschland ist nach Amerika der zweitgrößte Standort für internationale Forschung, und die deutschen Unternehmen steigern kontinuierlich den Anteil an Forschung in Deutschland.

* Platz 2 beim Niveau der Produktionsprozesse, oder anders gesagt: Hochwertige Produktion ist bei uns wettbewerbsfähig.

* Platz 3 für die Qualität der lokalen Zulieferer – oder übersetzt ins Geschäftsleben: Wir sind sehr erfolgreich darin, zuverlässige Zuliefernetzwerke aufzubauen und zu managen.

* Und Platz 1 für Deutschland bei der Infrastruktur.

Und Europa? Vor der Krise stand der Kontinent nicht schlecht da, denn wir hatten 2006 und 2007 das ambitionierte Lissabon-Ziel von 3 Prozent Wachstum schon fast erreicht und waren gut ins Jahr 2008 gestartet. Oder ein zweites Argument: 24 der 50 größten Unternehmen haben ihren Sitz in Europa, während die Anzahl der amerikanischen Unternehmen in dieser Top-Liste kontinuierlich gesunken ist: von der Hälfte vor einigen Jahren auf nur noch 16. Eine Kräfteverschiebung zu Gunsten Europas war klar erkennbar – und wird sich nach der Krise fortsetzen, denn auch Europa hat die Potenziale für einen schnellen Aufschwung!

Überzeugend ist insbesondere die Leistungsfähigkeit der europäischen Unternehmen. Ich kann z. B. die WEF-Liste auch mit einer europäischen Perspektive fortsetzen. Bei der Einzigartigkeit des Wettbewerbsvorteils beispielsweise belegen Europäer 8 der Top-Ten-Plätze – genauso bei der Qualität der Produktionsprozesse.

Und eine weitere Analyse, die das positive Bild verstärkt: Wir haben die Erfolgsmuster der 3000 größten Unternehmen der Welt mit Blick auf Europa untersucht, in einer langen Zeitreihe von 1998 bis 2008, und mit beeindruckenden „europäischen" Ergebnissen:

- Die europäischen Unternehmen in der Top-Gruppe sind im Schnitt jedes Jahr um 10 Prozent gewachsen, die amerikanischen Wettbewerber um weniger als 9 (also ein Abstand von einem Prozentpunkt jedes Jahr!) und die japanischen um nur 3 Prozent.

- Und was noch wichtiger ist: Der Gewinn der europäischen Unternehmen ist sogar stärker gewachsen als die Umsätze – nämlich um 13 Prozent im Schnitt jedes Jahr verglichen mit 7,5 Prozent bei den japanischen Unternehmen und 7 Prozent bei den nordamerikanischen. Europas Unternehmen stehen also für profitables Wachstum, und das ist genau das, was in Zukunft zählen wird!

Das heißt zusammengefasst, wir haben viel Substanz als feste Grundlage für eine Erholung unserer Unternehmen. Doch um wirklich nachhaltiges Wachstum zu erreichen, braucht es noch mehr.

3   Nachhaltigkeit ist erreichbar

Die richtigen Stärken zu haben und zu erkennen, ist noch keine Garantie für die richtige Antwort auf die entscheidende Frage: Wie gelingt es uns, das Wachstum nachhaltig – oder zumindest nachhaltiger – zu gestalten? Um die Stärken Europas dafür zu nutzen und nicht zuletzt in echte wirtschaftliche Vorteile zu verwandeln, sehe ich neben den Konzepten, die seit dem Ausbruch der Krise intensiv diskutiert werden, und der Frage, welche Rolle internationale Organisationen spielen können, vier pragmatische Handlungsfelder:

Erstens: Nachhaltigkeit werden wir nur dann erreichen, wenn wir unsere industriellen Stärken konsequent nutzen, um langfristige Entwicklungen wirksam anzugehen. Der Klimawandel gehört dazu und vor allem die Frage, wie wir Umweltschutz und Wachstum miteinander verbinden. Ich glaube, dass wir hier mit „Green Tech" auf einem guten Weg sind, denn wir können heute erkennen, dass Umweltschutz und der Umgang mit knappen Ressourcen in Wachstum umgesetzt werden kann. Wir haben dazu eine Reihe von Studien für die europäischen Umweltministerien erstellt und konnten zeigen, dass Deutschland und Europa hier schon viel geleistet haben und europäische Unternehmen hervorragend positioniert sind. Der hohe Green-Tech-Anteil insbesondere an den Konjunkturpaketen in den USA und in

China zeigt, dass die Botschaft weltweit verstanden worden ist. Global fließen aus den Programmen zur Stimulierung der Wirtschaft 430 Milliarden Dollar in ökologische Projekte und Themen – ein echter Schub, der für Europa neue Märkte eröffnen wird. Natürlich wächst dadurch auch die Konkurrenz. Aber ich bin sicher, dass Europa den schärferen Wettbewerb stehen kann, denn Green Tech ist eine Querschnitttechnologie aus Elektrotechnik, Anlagenbau, Maschinenbau und Dienstleistungen. Sie fußt auf traditionellen Stärken Europas – und es ist wieder die Kombination von Produktion und Dienstleistungen, die uns erfolgreich machen wird.

Zweitens: Wir brauchen nicht keine oder viel Regulierung, sondern eine „smarte" Regulierung, d. h. wir müssen es schaffen zu regulieren und gleichzeitig weiter zu deregulieren. Das ist keine einfache Aufgabe für die Politik, weil es keine einfach zu kommunizierende Richtung mehr gibt. Und dennoch: Die Finanzmärkte brauchen strenge Regeln, aber die Realwirtschaft braucht dringend mehr Freiheiten, um ihr Potenzial entfalten zu können. Die G20 haben hierfür in Pittsburgh gute Signale gesendet – auch mit dem gleichzeitigen Bekenntnis gegen Protektionismus und für eine erfolgreiche Doha-Runde. Aber auch in Europa gibt es noch viel zu tun. Unsere Unternehmen machen zwei Drittel ihrer Umsätze hier und das bedeutet ganz eindeutig, dass wir die Integration der Märkte schnell voran treiben müssen, um für einen echten Heimatmarkt zu schaffen, der es unseren Unternehmen ermöglicht, „zu Hause" die Stärke zu gewinnen, um international erfolgreich zu sein. Ich finde es deswegen sehr gut, dass die EU daran arbeitet, eine neue Strategie für „nach 2010" zu entwickeln, und damit die Chance aufgreift, Europas Potenziale nachhaltig auszuschöpfen.

Drittens: Die vermutlich wichtigste Bedingung für nachhaltiges Wachstum ist mehr Investition in Bildung. Die OECD hat mit ihrer Kritik an zu geringen Bildungsinvestitionen beispielsweise in Deutschland völlig Recht. Aber Unrecht hat sie meines Erachtens mit ihrer Forderung nach einer höheren Akademikerquote, denn die Verteidigung unserer industriellen Stärke setzt auch exzellent aus- und weitergebildete Handwerker und Facharbeiter voraus. Dafür bietet unser international einmaliges duales Ausbildungssystem – also die Differenzierung zwischen praktischen und akademischen Ausbildungsgängen – die richtige Grundlage, die wir stärken statt verwässern müssen. Das ist zugegebenermaßen ein deutsches und kein europäisches Argument. Aber es zeigt eines: In Europa zahlt Vielfalt auf das Wachstumskonto ein, und gerade kein internationaler Mainstream!

Und schließlich viertens: Wir müssen die Führung von Unternehmen überdenken. Dieses Thema soll uns im nächsten Kapitel beschäftigen.

4   Unternehmensführung neu denken

Die großen Veränderungen, die wir in der jüngsten Krise erlebt haben und sehr wahrscheinlich in den kommenden Jahren erleben werden, betreffen auch ganz direkt die Führung von Unternehmen. Wir brauchen neue Instrumente. Wir müssen uns von der Idee verabschieden, jede Planung bis auf den letzten Cent quantifizieren zu wollen und zu können. Deswegen ist es auch so wichtig, in Szenarien zu denken, wie ich es eingangs erwähnte. Wenn die Zukunft unsicher ist, brauchen wir mehrere Zukunftsbilder als Grundlage für unsere Planung, um Handlungsoptionen zu identifizieren und schnell auf Brüche reagieren zu können.

Zunächst muss Restrukturierung umfassend gedacht werden und den Spagat zwischen Kostensenkung und Sicherung des Zukunftspotenzials eines Unternehmens schaffen. In der jüngsten Krise haben sich folgende Schritte als essenziell herauskristallisiert:

*   An erster Stelle Liquiditäts- und Cash Management, einschließlich der Überprüfung aller Investitionen und Maßnahmen. In der Perspektive gehört dazu auch das Portfolio, selbst wenn gerade in einer Krisensituation Unternehmensteile schwer zu verkaufen sind.

*   Zweitens die Absicherung der Finanzierung, also das gesamte Instrumentarium der Unternehmensfinanzierung, vom sorgfältigen und vor allem rechtzeitigen Management der Covenants bis hin zur Refinanzierung.

*   Drittens Kostensenkung, vor allem aber auch die Flexibilisierung der Kosten, einschließlich aller Potenziale aus Offshoring.

*   Viertens Einkauf, denn die Märkte sind heute Käufermärkte mit erheblichen Potenzialen. Dazu gehört allerdings auch ein sorgfältiges Managen der Supply Chain, denn die Zulieferkette darf durch Pleiten nicht abreißen.

*   Fünftens geht es auch um geschicktes Marketing und insbesondere Pricing, um den Wert der Produkte zu stärken statt unter Umständen mit kurzsichtigen, überzogenen Preisnachlässen zu schädigen.

*   Und sechstens: Zukunftspotenziale erhalten und ausbauen. F&E sichert die Zukunft eines Unternehmens, ohne Produktinnovation überlebt es nicht. Hier darf deshalb der Rotstift nur sehr vorsichtig angesetzt werden. Strategisch wichtige F&E-Programme müssen unbedingt weiterlaufen, Know-how-Träger in Forschung und Entwicklung sind um jeden Preis zu halten.

Natürlich reicht auch eine balancierte Restrukturierung in der Perspektive nicht; einer guten Unternehmensführung muss es gelingen, schnell wieder auf einen Wachstumskurs zu kommen. Eine Richtung können hier die Gemeinsamkeiten erfolgreicher europäischer Unternehmen geben. Bei aller Schwierigkeit, aus individuellen Strategien gemeinsame Muster herauszufiltern, haben wir bei unserem jährlichen Wettbewerb „Best of European Business", kurz BEB, einige feststellen können:

- Erstens – und damit knüpfen wir an das bisher Gesagte an –: Alle verfolgen eine Doppelstrategie, das heißt, sie betreiben kontinuierliche Produktivitätssteigerung und investieren gleichzeitig in Wachstum. Sie verfolgen gerade nicht die traditionelle V-Kurve – erst restrukturieren, dann wachsen –, sondern arbeiten an beiden Fronten gleichzeitig.

- Zweitens: Alle haben es geschafft, die kulturelle Vielfalt in Europa für sich zu nutzen und Wettbewerbsvorteile aufzubauen, durch Dezentralisierung, durch spezifisches Marketing, durch gute Führung der lokalen Geschäfte.

- Drittens: Alle kombinieren intelligent zwei Fähigkeiten, nämlich die Wachstumsfähigkeit – also die richtige Aufstellung bei den „harten Faktoren" – mit der Wachstumsbereitschaft – also dem richtigen Mindset bei den „weichen Faktoren". Alle setzen in ihren Unternehmen durch klare Werte und Führung auf Leistungsbereitschaft, Selbstvertrauen, Integrität und gesunden Optimismus – und schaffen damit Vertrauen in ihren Unternehmen.

- Viertens: Sie verfolgen eine Systemkopfstrategie, d. h. setzen auf Differenzierung, denken in Systemgeschäften und industriellen Clustern, stärken die wettbewerbsrelevanten Funktionen. Und wie wichtig diese Strategie ist, konnten wir in einer großen, gemeinsamen Studie mit dem BDI nachweisen.

Ich möchte etwas ausführlicher auf die Systemkopfidee eingehen. Unsere Ausgangshypothese war bei der Studie, die wir exemplarisch in Deutschland durchgeführt haben, dass bestimmte Funktionen – die sogenannten Systemkopffunktionen – einen Wettbewerbsvorteil begründen: Forschung und Entwicklung beispielsweise, Produktionssteuerung, Vertriebssteuerung, Marketing und Branding, Design sowie die Fertigung hochwertiger Teile. Systemkopffunktionen sind also anspruchsvolle Funktionen, die Unternehmen brauchen, um globale Aktivitäten erfolgreich zu steuern und um sich im globalen Wettbewerb von der Konkurrenz zu differenzieren. Und zeigen konnten wir, dass die Unternehmen, die diese Funktionen in Deutschland konzentriert haben, erfolgreicher sind als andere Unternehmen. Jedenfalls dann, wenn die Strategie der Unternehmen dazu passt. Und hier zeigen sich bei den Systemkopfunternehmen ebenfalls einige Gemeinsamkeiten:

- Systemkopfunternehmen zielen häufig auf Technologieführerschaft in ihren Geschäften und investieren im Schnitt mehr in F&E als andere.

- Viele Systemkopfunternehmen setzen auf Systemgeschäfte, das heißt, sie bauen Systemkompetenz auf, verbinden Produkte und Dienstleistungen und schaffen hochwertige Lösungen.

- Systemkopfunternehmen sind häufiger als andere Unternehmen in lokale Zulieferer-, Produktions- oder Entwicklungsverbünde eingebunden und steuern diese ganz konkret. Die Nähe – und damit die kurzen Wege und das persönliche Vertrauen, das aufgebaut werden kann – spielt offensichtlich eine große Rolle.

• Systemkopfunternehmen sind in der Mehrzahl dezentral organisiert, das heißt, sie haben kunden- und marktnahe Funktionen dezentral mit unternehmerischer Verantwortung angesiedelt. Für mich ist das ein wichtiger Punkt, weil ich ohnehin glaube, dass wir der gestiegenen globalen Komplexität nur durch Dezentralisierung begegnen können. Und mit dem nächsten Aufschwung wird sich auch die Globalisierung weiter vertiefen.

Zusammengenommen bedeuten diese komplexen, schwer zu kalkulierenden Rahmenbedingungen, dass wir wieder mehr unternehmerischen Mut zur Entscheidung und Führung brauchen. Also: wieder mehr Mut zur eigenen Meinung! Das amerikanische Managementmodell, das die Geschäftswelt über viele Jahrzehnte dominiert hat, ist an dieser Herausforderung aus meiner Sicht in weiten Teilen gescheitert: mit seiner Kurzfristigkeit, der absoluten Fixierung auf Kapitalmärkte, einer zu starken Finanzorientierung, einem missverstandenen Shareholder-Value-Denken.

Und hier kommt Europa ins Spiel. Mit seiner eher langfristigen Orientierung, gerade auch, was Beschäftigung betrifft, mit einer stärkeren Verankerung der Unternehmen in der Gesellschaft, mit einem breiteren Verständnis von Unternehmenserfolg. Und vor allem punktet Europa mit dem typischen humanistischen Bildungsverständnis, das die Breite erzeugt, die notwendig ist, um Urteilsfähigkeit in komplexen Situationen zu erlangen. Pointiert formuliert: Eine im Umgang mit Theorien geübte interdisziplinäre Ausbildung und interdisziplinäres Denken statt simplifizierende, rückwärtsschauende Case Studies.

Ich glaube, dass Europa mit seinen Stärken eher in der Lage ist, mit den neuen Herausforderungen umzugehen, und damit haben wir in Europa jetzt die Chance, ein überlegenes europäisches Managementmodell glaubhaft zu formulieren. Aber nur unter zwei Voraussetzungen: Wir müssen Vertrauen in unsere Stärken haben und sie international selbstbewusst vertreten, und wir müssen aufpassen, dass wir unser Bildungssystem mit der Einführung von verschulten Bachelor- und Masterstudiengängen nicht gerade zu dem Zeitpunkt amerikanisieren, an dem die Amerikaner über ein neues nachdenken.

Ich möchte deshalb an einen Satz von Alfred North Whitehead erinnern, der schon 1965 treffend sagte: „Die Tragik der Welt besteht darin, dass die Phantasievollen weniger Erfahrung haben und die Erfahrenen eine nur schwach ausgeprägte Phantasie. Narren können ohne Wissen phantasievolle Einfälle haben, Studiengelehrte setzen phantasielos auf Wissen. Aufgabe der Universität ist es, Phantasie und Erfahrung miteinander zu verschmelzen." Daran sollten wir uns bei weiteren Hochschulreformen orientieren.

5   Werte entscheiden

Wenn wir über Führung nachdenken, müssen wir auch über Werte nachdenken, die dahinter stehen. Wir führen schon seit Längerem, nicht erst seit Ausbruch der jüngsten Krise, eine globale, breite Diskussion über Managementwerte. Es geht um fehlgeleitete, vermeintliche Gier, es geht um mangelnde soziale Verantwortung. Und viele meinen, dass durch falsches, unmoralisches Verhalten die Marktwirtschaft an sich in Frage gestellt ist.

Diese Diskussion ist notwendig und richtig, allerdings glaube ich auch, dass eine abstrakte Diskussion über Unternehmenswerte bei Weitem nicht reicht, um den Menschen Sicherheit zu vermitteln oder verlorene Sicherheit wieder zurückzuholen. Denn: Wenn nun einmal Zahlen nicht mehr überzeugen können, weil Trends nicht mehr verlässlich sind und es keine Grundlage für langfristige, quantitative Planungen mehr gibt, müssen Persönlichkeiten an ihre Stelle treten, die ihre Werte klar und unmissverständlich vorleben: also Integrität beispielsweise, Verlässlichkeit und Verantwortungsbewusstsein. Und das hat am besten Martin Hilb formuliert, der einmal gesagt hat, dass eine gute Führungskraft drei Eigenschaften braucht: „a cool head, a warm heart and working hands". Oder in meiner Übersetzung:

*   Manager brauchen einen „kühlen Kopf", denn analytische Fähigkeiten sind im Umgang mit Komplexität von entscheidender Bedeutung.

*   Manager brauchen ein „warmes Herz", müssen mitfühlend sein, um Menschen zu motivieren und auf den Weg der Veränderung mitzunehmen. Mobilisierung – also das erfolgreiche Durchführen von Veränderungen – beruht darauf, Menschen zu überzeugen. Wer führen will, muss Menschen mögen.

*   Und schließlich gehören auch „tatkräftige Hände" dazu. Denn gute Manager sind stets auch Vorbilder. Wenn sie wollen, dass ihre Mitarbeiter hart an der Umsetzung neuer Strategien arbeiten, müssen sie auch mit gutem Beispiel vorangehen. Wenn Risikobereitschaft gefordert ist, müssen sie persönlich ebenfalls bereit sein, Risiken zu tragen.

Das alles zielt, wenn es im Alltag gelebt wird, genau auf die Werte, die uns in den letzten Jahrzehnten gerade in Europa stark gemacht haben. Vielfalt gehört dazu, denn Vielfalt führt zu Kreativität, und Kreativität zu Wettbewerbsvorteilen. Freiheit gehört dazu, nämlich die Freiheit, anders denken zu dürfen und darüber zu neuen Ideen zu kommen. Und Wettbewerb gehört dazu, denn wir wissen, dass Wettbewerb immer noch der beste Weg ist, neue Ideen schnell umzusetzen.

So können wir die richtigen Lehren aus der jüngsten Krise ziehen und einen nachhaltigen Aufschwung erreichen.

Literaturverzeichnis

Schwenker, Burkhard et al., think:act content, Szenario-Update: April 2009,
    Hamburg 2009.

Schwenker, Burkhard, Unternehmensführung und Strategie in einer beschleunigten
    Zeit, in: Thomas Lünendonk (Hrsg.): Dienstleistungen – Vision 2020,
    Frankfurt am Main 2009.

Schwenker, Burkhard, Strategisch denken – Mutiger Führen, Köln 2008.

Schwenker, Burkhard und Spremann, Klaus (2008): Unternehmerisches Denken
    zwischen Strategie und Finanzen. Die vier Jahreszeiten der Unternehmung.
    Springer Verlag, Heidelberg 2008

Schwenker, Burkhard und Stefan Bötzel: Growth through trust, München 2005.

Der Corporate Governance Kodex für Alle?

Ein Modell mit Zukunft am Beispiel der gemeinnützigen Stiftung des Privatrechts

Dr. jur. Nina Christiane Lück

1 Problemstellung: Governancebedürfnis der Nonprofit-Organisationen

Finanzkrise, Firmenpleiten, Privatinsolvenzen, ein verschuldeter Bundeshaushalt und nicht zuletzt die Frage, ob das alles zu verhindern gewesen wäre und wenn ja wie, haben die Diskussion um Verhaltensregeln für Entscheidungsträger des Wirtschaftslebens ganz allgemein und die Ausstrahlungswirkung/Anwendbarkeit des Corporate Governance Kodex im Besonderen wiederbelebt.

Es steht zwar fest, dass auch der deutsche Corporate Governance Kodex die Finanzkrise und die mit ihr einhergehenden Dramen nicht verhindern konnte. Fest steht aber auch, dass der Corporate Governance Kodex einen Rahmen bildet, der zügelloses und riskantes Walten von Entscheidungsträgern begrenzen kann.

Ob der Corporate Governance Kodex ein Modell der Zukunft auch für andere Rechtsmodelle als die börsennotierte Aktiengesellschaft darstellt, soll im Folgenden exemplarisch an der gemeinnützigen Stiftung des Privatrechts aufgezeigt werden. Vorweggenommen sei schon jetzt, dass Stiftungen – zumindest in Deutschland und zumindest bisher – die Folgen der Finanzkrise nicht in Existenz gefährdendem Umfang zu spüren bekommen.[1] Insbesondere dort, wo risikoarme, „vernünftige" Anlageformen für das Stiftungsvermögen gewählt wurden, ist der Grundstock nicht in Gefahr geraten.[2]

Der Trend der Stiftungsgründungen ist nicht gebrochen;[3] auch im Jahr 2008 konnte der Bundesverband Deutscher Stiftungen wieder über 1 000 Neugründungen verzeichnen.[4] Das liegt nicht zuletzt an den attraktiven Neuerungen des im Herbst 2007 verabschiedeten Gesetzes zur weiteren Stärkung des bürgerschaftlichen Engagements („Hilfe für Helfer").[5] Ein Ende des „Stiftungsbooms" ist damit vorerst nicht zu befürchten.[6] Sowohl Unternehmen als auch Privatpersonen haben die

---

[1]   Anders ist dies beispielsweise in den USA, wo viele Eliteuniversitäten, die stiftungsrechtlich organisiert sind, unter ihnen Yale, Stanford und Harvard, eine exorbitante Schmälerung ihrer Stiftungsvermögen bekanntgeben mussten. So verlor die Stiftung der Harvard-Universität im letzten Jahr 8 Milliarden (!) Dollar, was 22 Prozent ihres Vermögens entspricht. Rund 200 Investment-Profis wurden daraufhin entlassen. Das Vermögen beträgt nun 28 Milliarden Dollar. Stiftungen der amerikanischen Universitäten verloren in der 2. Jahreshälfte 2008 im Schnitt 23 Prozent ihres Kapitals an den Märkten.

[2]   So Dr. Wilhelm Krull, Vorsitzender des Vorstands des Bundesverbandes Deutscher Stiftungen, in einer Erklärung anlässlich einer Pressekonferenz zu „Stiftungstrends 2008/2009". Die gesamte Rede ist abrufbar unter http://www.stiftungen.org/files/original/galerie_vom_10.10.2005_12.40.23/K_2009_02_11_Statement_JahresPK.pdf (18.09.2009)

[3]   Vgl. das umfangreiche Datenmaterial des Bundesverbandes Deutscher Stiftungen unter http://www.stiftungen.org/index.php?strg=61_78&baseID=78 (abgerufen am 21.09.2009) hierzu.

[4]   http://www.stiftungen.org/files/original/galerie_vom_29.06.2007_14.32.58/StiftungenInZahlen20090505.pdf

Stiftung als Rechtsform zur Verwirklichung eines meist gemeinnützigen Ziels[7] entdeckt. Deshalb wird mit Recht teilweise von einer „Stiftungskonjunktur",[8] einer „Renaissance des Stiftungswesens" und einem „Stiftungsfrühling"[9] in Deutschland gesprochen, teilweise auch von einem „Aufschwung des Mäzenatentums in Deutschland"[10] oder sogar vom „Ringen um eine Kultur des Gebens".[11]

1.1 Inhalt des Deutschen Corporate Governance Kodex

Im Jahr 2002 wurde der Deutsche Corporate Governance Kodex (DCGK)[12] nach Vorarbeiten durch verschiedene Kommissionen erstellt. Der DCGK ist eine Sammlung von rund 70 Verhaltensempfehlungen und Anregungen für Vorstände und Aufsichtsräte börsennotierter Gesellschaften sowie von Empfehlungen und Anregungen in den Bereichen Rechnungslegung und Transparenz.[13]

Es ist erwähnenswert, dass die für den Kodex verantwortliche Regierungskommission Deutscher Corporate Governance Kodex, der zwölf namhafte Vertreter (und seit neuestem auch eine Vertreterin!) aus Praxis und Wissenschaft angehören, als sog. „Standing Commission" tagt. Das bedeutet, dass die Mitglieder der Kommission sich regelmäßig treffen, um den Kodex einer Revision zu unterziehen. Während es in der Überarbeitung des Kodex im Jahr 2008 nur geringfügige Abweichungen von der 2007er Version gab, hinterlässt die Finanzkrise auch bei der Kodexrevision im Jahr 2009 deutliche Spuren. Es wurden zahlreiche Abschnitte in den Kodex

---

5   Das Gesetz ist abrufbar unter http://www.bgblportal.de/BGBL/bgbl1f/bgbl107s2332.pdf (18.09.2009).

6   Der Bundesverband Deutscher Stiftungen konnte für das Jahr 2008 einen Bestand von 16.406 rechtsfähigen Stiftungen des bürgerlichen Rechts nachweisen. Mit unselbstständigen Stiftungen und Stiftungsmischformen zusammen ergibt sich eine Zahl, die an die 20.000 reicht. Die Aufwärtsbewegung der Stiftungserrichtungen hält seit 1950 an, mit Ausnahme des Jahres der Dt. Wiedervereinigung 1990/91 und der Konsolidierung 2002/2003. Mitte der neunziger Jahre wurde durchschnittlich an jedem Tag eine neue Stiftung errichtet.

7   Vgl. Bundesverb. Dt. Stiftungen, Verzeichnis Dt. Stiftungen 2005, S. XVI. – 95 % aller deutschen Stiftungen verfolgen steuerbegünstigte Zwecke, davon 92 % ausschließlich. Von diesen 92 % verfolgen 76 % unmittelbar gemeinnützige Zwecke, 18 % mildtätige Zwecke und 6 % kirchliche Zwecke, teilweise auch in Kombination.

8   Bundesverband Deutscher Stiftungen, Verzeichnis Dt. Stiftungen 2005, S. XI; Vgl. außerdem Werner, Die Stiftung als Instrument aktueller Problembewältigung, S. 190, in: Wollmert, P. et al. (Hrsg.): Wirtschaftsprüfung und Unternehmensüberwachung. Festschrift für Wolfgang Lück, 2003, S. 145-155.

9   Schäfers, Bundesverband deutscher Stiftungen e. V. (Hrsg.), 55. Jahrestagung des Bundesverbandes Deutscher Stiftungen 1999, S. 153 ff.

10   Andrick/Suerbaum, NJW 2002, 2905.

11   Dietlein/Thiel, ZRP 2001, 72.

12   Eine aktuelle Kodexversion ist abrufbar unter http://www.corporate-governance-code.de/ger/download/kodex_2009/D_CorGov_Endfassung_Juni_2009.pdf.

13   Vgl. Steding, NJ 1/2007, 11.

aufgenommen, die Vorstand und Aufsichtsrat zu nachhaltiger Wertschöpfung im Unternehmensinteresse und zur Berücksichtigung der Belange der Aktionäre, Arbeitnehmer und sonstiger relevanter Bezugsgruppen (stakeholders) verpflichten. Der Aufsichtsrat wird außerdem bei Bestellung der Vorstandsmitglieder zur Vielfalt (Diversity) angehalten. Eine parallele Empfehlung existiert für die Zusammensetzung des Aufsichtsrats. Umfangreiche Neuerungen befinden sich auch im Bereich der Vergütung und des Abfindungscaps. Darüber hinaus wurde eine Empfehlung eingefügt, die sowohl für Vorstands- als auch für Aufsichtsratsmitglieder einen mindestens zehnprozentigen Selbstbehalt (gemessen an der Schadenssumme) bei D & O-Versicherungen vorsieht.

Die auffälligste durch die Finanzmarktkrise bedingte Änderung findet sich direkt in der Präambel zum Kodex. Dort wurde eingefügt: „Der Kodex verdeutlicht die Verpflichtung von Vorstand und Aufsichtsrat, im Einklang mit den Prinzipen der sozialen Marktwirtschaft für den Bestand des Unternehmens und seine nachhaltige Wertschöpfung zu sorgen (Unternehmensinteresse)".

Steding bezeichnet die Verhaltensregeln im Kodex als „vertrauensbildende Spielregeln"[14] in Form eines „Regelungs-Patchworks",[15] das seinen Hintergrund in der Rechtsethik der Wirtschaft hat. Der Kodex verfolgt im Wesentlichen drei Ziele:[16]

1. Die Dokumentation deutscher Governance-Grundsätze,

2. die Flexibilisierung ordnungspolitischer Rahmengrundsätze und

3. die Kodifizierung des Leitgedankens der Transparenz.

Diese Ziele werden oft auch unter den Schlagwörtern Kommunikationsfunktion und Ordnungsfunktion zusammengefasst.[17] Hauptanliegen für die Erklärung zum Corporate Governance Kodex im Aktiengesetz dürfte die Forderung ausländischer Investoren nach der Einführung eines CGK auch in Deutschland sein.[18] Die Befürworter des CGK und die Kommission Deutscher Corporate Governance Kodex versprachen sich durch die Verabschiedung des DCGK eine Anreizwirkung für ausländische Anleger, in deutsche Unternehmen zu investieren und das Vertrauen in den Kapitalmarkt sowie den Standort Deutschland zu stärken. Der Deutsche Corporate Governance Kodex ist durch § 161 AktG erstmals im Gesetz verankert worden (sog. Erklärung zum Corporate Governance Kodex): „Vorstand und Aufsichtsrat der börsennotierten Gesellschaft erklären jährlich, dass den vom Bundes-

---

[14] Steding, NJ 1/2007, 11.

[15] Steding, NJ 1/2007, 11.

[16] Vgl. Dörner/Orth, Bedeutung der Corporate Governance für Unternehmen und Kapitalmärkte, S. 20, in: Pfitzer/Oser/Orth (Hrsg.): DCGK, 2. Aufl. 2005, S. 3-22.

[17] Vgl. Schüppen, DB 2002, 117.

[18] So grundlegend Semler, Münchener Kommentar zum Aktiengesetz. 2. Aufl. 2003. Band 5/1, Rn 5 f. zu § 161 (künftig zitiert als Semler, Aktiengesetz 5/1), 3. Auflage i.E.; dem folgend: Geßler, Aktiengesetz-Kommentar. 29. Aktualisierungslieferung 2006 (zitiert als: Geßler, Aktiengesetz) Band 1, Rn. 2 zu § 161, der der Erklärung nach § 161 auch eine Wettbewerbsfunktion beimisst; Hüffer, Uwe: Aktiengesetz, 8. Aufl. 2008 (künftig zitiert als Hüffer, Aktiengesetz), Rn. 1 zu § 161.

ministerium der Justiz im amtlichen Teil des elektronischen Bundesanzeigers bekannt gemachten Empfehlungen der „Regierungskommission Deutscher Corporate Governance Kodex" entsprochen wurde und wird oder welche Empfehlungen nicht angewendet wurden oder werden. Die Erklärung ist den Aktionären dauerhaft zugänglich zu machen."

Die Ziele des Corporate Governance Kodex sind vielfältig; sie lassen sich entsprechend seiner Titel wie folgt gruppieren:

1. Präambel.

2. Aktionäre und Hauptversammlung.

3. Zusammenwirken von Vorstand und Aufsichtsrat.

4. Vorstand.

5. Aufsichtsrat.

6. Transparenz.

7. Rechnungslegung und Abschlussprüfung.

Der CGK gilt nur für börsennotierte Aktiengesellschaften. Gleichwohl wird die Anwendung des Kodex schon in seiner Präambel auch für nicht-börsennotierte Gesellschaften ausdrücklich empfohlen.

1.2 Die Ausstrahlungswirkung des Deutschen Corporate Governance Kodex

Nach ganz herrschender Meinung[19] hat der Kodex „Ausstrahlungswirkung" auf nicht-börsennotierte Gesellschaften. Somit ergibt sich die Frage, ob der Kodex auch auf andere Gesellschaftsformen als die börsennotierte Aktiengesellschaft sinnvoller Weise angewendet werden soll, beispielsweise auf die Stiftung. Im Stiftungsrecht wird mit der „Wiederentdeckung" der Stiftung zunehmend diskutiert, ob es für die Stiftung Leitungsgrundsätze geben sollte und wie diese auszusehen hätten. Da in Deutschland ein „Stiftungsboom" festzustellen ist und die Stiftung als Rechtsform sui generis eine für Deutschland untypische, geringe Regelungsdichte aufweist, bietet sich wegen der anerkannten „Ausstrahlungswirkung" für nicht-börsennotierte Unternehmen zwingend an, die Anwendbarkeit des Kodex auf Stiftungen zu untersuchen. Der Bundesverband Deutscher Stiftungen hat auf seinem Stiftungstag am 11.05.2006 in Dresden erstmalig sogenannte „Grundsätze guter Stiftungspraxis"[20] verabschiedet. In diesem Zusammenhang muss auf die aktuelle Diskussion über eine „(Good) Foundation Governance" oder „Nonprofit Governance"[21] verwiesen werden. Nicht nur der Bundesverband Deutscher Stiftungen

---

[19] So ausdrücklich die Regierungsbegründung zum KonTraG, vgl. BT-Drs. 13/9712, S. 15; Vgl. auch Semler, Aktiengesetz 5/1, Rn. 31 zu § 161 AktG mit umfangreichen Nachweisen.

und der Stifterverband für die Deutsche Wissenschaft[22] befassen sich mit Leitlinien für eine gute Stiftungspraxis, auch die (wenigen) Stiftungs-Institute an Universitäten haben sich des Themas unter den oben genannten Schlagwörtern
angenommen. Einige Publikationen zu diesem Thema verdeutlichen den Diskussi-
onsbedarf.

2   Anwendbarkeit des Kodex auf Stiftungen

Die Untersuchung der Anwendbarkeit des Deutschen Corporate Governance
Kodex auf Stiftungen ergibt folgende Thesen:

2.1   Abhängigkeit der Übertragbarkeit des DCGK von der Organstruktur

Nur wenige Vorschriften des Kodex sind direkt und unmittelbar auf Stiftungen über-
tragbar und somit anzuwenden. Das sind vorrangig solche, die Ausdruck einer Best
Practice sind und damit auch für nicht-börsennotierte Gesellschaften, generell für den
Mittelstand und auch für Nonprofit Organisationen gelten. Als Beispiel dafür sei
Standard 3.4 Satz 1 DCGK genannt, wonach die ausreichende Informationsversor-
gung des Aufsichtsrats gemeinsame Sache von Vorstand und Aufsichtsrat ist.

---

[20]   Veröffentlicht unter http://www.stiftungen.org/index.php?baseID=78&strg=61_78&dataID=
        100&year=2006 (abgerufen am 19.10.2009); diese Grundsätze finden sich in dem Dokument „Stif-
        tungsposition 03-2006". Einer Präambel folgt der Punkt I. „Stiftungen", sodann II. „Grundsätze
        Guter Stiftungspraxis". Punkt II. ist untergliedert in 1. „Zu den handelnden Personen" und 2. „Zur
        Vermeidung von Interessenkonflikten".

[21]   Vgl. nur Hopt, Corporate Governance in Nonprofit-Organisationen, S. 246, in: Klaus J. Hopt et al.,
        Nonprofit-Organisationen in Recht, Wirtschaft und Gesellschaft 2005, S. 243-258; Koch/von Holt,
        Überlegungen zur verantwortungsvollen Führung von Stiftungen – Von der Corporate Governance
        zur Nonprofit Governance, Stiftung und Sponsoring, Beilage Die Roten Seiten, 1/2005, 3; Walz,
        Lücken der Foundation Governance und ihre Ausfüllung, S. 497, in: Arkan, S. und A. Yongalik
        (Hrsg.): Liber Amicorum/Festschrift für Tugrul Ansay. Kluwer Law International BV 2006, S. 497-
        515. Im Folgenden werden für Nonprofit Governance verschiedene Schreibweisen benutzt; Das
        liegt daran, dass verschiedene Autoren verschiedene Schreibweisen benutzen. Sofern es sich um
        wörtliche Zitate handelt, werden die Schreibweisen der jeweiligen Autoren übernommen.

[22]   Vgl. Schindler, Transparenz und Kompetenz: Grundsätze guter Stiftungspraxis. In: Stiften wirkt
        2006, S. 34 f.

2.2 Externe und Interne Governance Elemente bei Stiftungen

Die herkömmlich vorgenommene Trennung nach interner und externer Corporate Governance bedeutet für Stiftungen nicht, dass die Anwendbarkeit des Kodex auf Stiftungen sich danach zuordnen lässt. Für Stiftungen gelten sowohl Elemente der internen Corporate Governance, die die Kommunikation und die Zusammenarbeit der Organe untereinander betreffen, als auch Elemente der externen Corporate Governance, die das Verhältnis zu den relevanten Bezugsgruppen betreffen. Ein Beispiel für die Geltung interner Corporate Governance ist der gerade zitierte Standard 3.4 Satz 1 DCGK. Ein Beispiel für einen Standard der externen Governance, der für Stiftungen Geltung hat, ist Standard 6.8 DCGK, wonach das Internet/die Webpage des Unternehmens zur Information der Öffentlichkeit genutzt werden sollte und bestimmte Anforderungen an die Webpräsenz zu stellen sind. Die Stiftungswirklichkeit besagt, dass sehr viele Stiftungen über eine Webpräsenz verfügen: Die wesentlichen Bezugsgruppen im Stiftungsrecht (Destinatäre, Spender, mögliche Zustifter) können sich so über die Stiftung informieren.

2.3 Prinzipal-Agent-Problematik bei Stiftungen

Vorschriften des Kodex, die nicht auf Stiftungen übertragbar sind, haben zumeist einen starken Bezug zur Börsennotierung und zum Eigentum der Aktionäre.[23] Beispiele hierfür sind die Bestimmungen rund um die Aktionäre und die Hauptversammlung, wie beispielsweise die Einladung zur Hauptversammlung (Grundsatz 2.3 DCGK).

Die Prinzipal-Agent-Problematik, die für die börsennotierte Gesellschaft ganz typisch ist, gibt es bei Stiftungen auch, aber sie führt zu anderen Ergebnissen als bei der börsennotierten Aktiengesellschaft:[24] Zwar wird in beiden Fällen fremdes Geld verwaltet, aber bei der Stiftung ist der Prinzipal durch seine Zwecksetzung bei Stiftungserrichtung omnipräsent, er hat aber nach Stiftungserrichtung keine „aktuelle" Entscheidungsmacht mehr hinsichtlich seines Vermögens.[25] Parallel dazu weisen die klassische Corporate Governance und die Nonprofit Governance Unterschiede inhaltlicher und struktureller Natur auf. Während bei der Aktiengesellschaft die Governance im Aufsichtsrat institutionalisiert ist, existieren bei der Stiftung ehren- und hauptamtliche Vorstände, Stiftungsratsmitglieder und Mitarbeiter nebeneinander. Die Aufgaben- und Kompetenzverteilung ist nicht so festgelegt wie es das Aktienrecht vorschreibt, sondern kann in den Satzungen unterschiedlich geregelt

---

[23] Vgl. Steuber, DStR 2006, 1184.

[24] Vgl. Carstensen, Vermögensverwaltung, S. 560, in: Bertelsmann Stiftung (Hrsg.): Handbuch Stiftungen, 2. Aufl. 2003, S. 535-563.

[25] Vgl. Steuber, DStR 2006, 1185.

werden. Darüber hinaus ist die ökonomische Leistungsfähigkeit bei der Stiftung nicht das Ziel, sondern die Voraussetzung, um die ideellen Zwecke verwirklichen zu können.

2.4 Einrichtung eines Kontrollgremiums als Best Practice Element („checks and balances")

Im Hinblick auf die interne Kontrolle der Stiftung kann festgestellt werden, dass die Einrichtung eines beratenden, überwachenden und/oder kontrollierenden Organs („Stiftungsrat") freiwillig, aber zwingend notwendig ist. Da auch Stiftungen nicht im rechtsfreien Raum agieren, ist an eine verpflichtende Einrichtung eines solchen Organs zu denken, um effektives Risikomanagement zu betreiben.[26]

2.5 Abhängigkeit der Corporate Governance von Landesstiftungsgesetzen

Die Zersplitterung des Stiftungsrechts durch unterschiedliche Landesstiftungsgesetze verhindert eine einheitliche Praxis in den Gebieten Transparenz und Rechnungslegung. Hier wäre eine Vereinheitlichung wünschenswert. Diese könnte durch detaillierte Regelungen im BGB erfolgen oder durch einen eigenen Stiftungskodex.

2.6 Stiftungsspezifische Good Governance

Die Eigentümlichkeit der Stiftung verhindert eine direkte und unmittelbare Anwendung des gesamten Kodex. Abzulehnen ist deswegen auch die auf dem Stiftungstag in Lübeck im Frühjahr 2007 diskutierte Variante, in die §§ 80-88 BGB einen Hinweis aufzunehmen, der DCGK sei für Stiftungen „analog" anzuwenden. Die Folgen, gerade für kleinere Stiftungen, wären unverhältnismäßig nachteilig und würden das eigentliche Anliegen des Kodex, die Verbesserung der Führung nach innen und außen, geradezu konterkarieren. Darüber hinaus ist dieser „Schnellschuss" ohne vorherige Diskussion der eigentlichen Regelungslücke und der Analogiefähigkeit abzulehnen. Vorschriften, die ihrem Sinn und Zweck nach passen, müssen für die Stiftung umformuliert werden, selbst wenn es sich nur um Nomenklatur handelt (z. B. „Stiftungsinteresse" statt „Unternehmensinteresse" wie in den Standards 4.1.1 und 5.5.1 DCGK). Dieses führt zur Existenzberechtigung eines eigenen Stiftungskodex. Ein solcher Stiftungskodex war auch Gegenstand des Deutschen Stiftungstags am 11. Mai 2006 in Dresden, an dessen Ende „Grundsätze Guter Stiftungspraxis"[27] verabschiedet wurden. Beispiele für inhaltliche Änderungen finden sich in den Transparenzvorschriften des Kodex. Es existiert eine eigene

---

[26] Vgl. Carstensen, ZSt 4, 5/2005, 98.

stiftungsrechtliche Transparenz. Der bestehende DCGK wird dieser eigenen stiftungsrechtlichen Transparenz keinesfalls gerecht. Einige Vorschriften im DCGK sind für die Stiftung gänzlich unpassend.

3 Ergebnis: Notwendigkeit einer stiftungsspezifischen Nonprofit-Governance

Der Deutsche Corporate Governance Kodex wurde im Hinblick auf die Übertragbarkeit jedes einzelnen Kodexstandards auf Stiftungen überprüft.

Dabei müssen alle Standards vernachlässigt werden, die absolut nicht auf Stiftungen übertragbar sind. Weitere Grundsätze, die nur eingeschränkt und mit Ergänzung um stiftungsrechtliche Besonderheiten Anwendung finden können, lassen sich markieren. Was dann noch übrig bleibt, ist ein Torso, im vorliegenden Fall eher ein Gerippe. Diese Konstruktion, die auf Stiftungen anwendbar ist, kann um stiftungsrechtliche Besonderheiten ergänzt werden, so dass ein für gemeinnützige Stiftungen passender Kodex entsteht. Das ist eine Alternative.

Eine andere Alternative wäre die Suche nach einem originär auf die Stiftung zugeschnittenen Kodex. Ein solcher Stiftungskodex wird schon jetzt in der Literatur gefordert, wie z. B. von *Ruter und Häfele*, die feststellen: „Die Verzahnung von Wirtschaft, Spenden, Fördergeldern, treuhänderischer Verwaltung, ehrenamtlichen und hauptberuflichen Mitarbeitern ist ursächlich für die Notwendigkeit eines eigenen Corporate Governance Codes."[28] Auch *Koschmieder* fordert in seinem Plädoyer für eine ökonomische Analyse der Stiftung die „Entwicklung von Leitlinien und Einzelgrundsätzen ordnungsmäßiger Führung von Stiftungen, ordnungsmäßigen Handelns in Stiftungen."[29]

Von Holt und Koch diskutieren die Notwendigkeit eines Risikomanagementsystems bei Nonprofit Organisationen und stellen für die Stiftung fest: „Non-Profit-Governance bedeutet angemessene Führung und Kontrolle der Non-Profit-Organisation durch Anpassung des DCGK und Ergänzung um spezifische Aspekte, um das Überleben durch gute Steuerung zu sichern und rechtzeitig externen Anforderungen zu genügen."[30] Die klassische Definition der Nonprofit Governance lautet:

---

[27] „Für Transparenz und Qualität in der Stiftungsarbeit": http://www.stiftungen.org/index.php?baseID=78&strg=61_78&dataID=100&year=2006 (abgerufen am 19.10.2009).

[28] Ruter/Häfele, Stiftung und Sponsoring 5/2004, 7.

[29] Koschmieder, ZSt 07-08/2004, 181.

[30] Koch/von Holt, Stiftung und Sponsoring 1/2005, Beil. Rote Seiten, 5.

Nonprofit Governance beinhaltet den grundsätzlichen und strategischen Umgang mit ökonomischen, sachzielbezogenen und metaökonomischen Variablen als ideelle Basis und normative Vorgabe für das Managementhandeln von Nonprofit Organisationen zur Wahrung und zum Ausgleich der Interessen multipler Anspruchsgruppen, insbesondere der Dienstleistungsempfänger.[31]

Im Gegensatz zu *Koch/von Holt* spricht *Neuhoff* von einer „good foundation governance",[32] was jedoch keine inhaltliche Änderung bedeutet, sondern die Stiftung (engl. „foundation") einzeln nennt, während die Nonprofit Governance alle gemeinnützigen Rechtsformen meint. Auch *Neuhoff* fordert Grundsätze oder Leitlinien für die Stiftung: „Aber wichtiger ist eigentlich, dass sie (die Leitlinien) zur Qualitätssteigerung in der jeweiligen Disziplin beitragen, d. h. intern die eigene Arbeit verbessern und nach außen die 'Kundenzufriedenheit' (konkret für Stiftungen: der Antragsteller, Destinatäre, Mitarbeiter, Stiftungsaufsicht, Finanzverwaltung, Presse, Öffentlichkeit allgemein)."[33]

Saenger und Veltmann kommen zu dem Ergebnis: „Gerade vor dem Hintergrund der dargestellten geringen gesetzlichen Regelungsdichte und ihrer – anderorts als Nachteil empfundenen – Freiwilligkeit können Selbstregulierungsabkommen in Form von Corporate Governance Kodizes des gemeinnützigen Sektors deshalb eine besondere Bedeutung haben."[34]

Rüegg-Stürm, Lang und Schnieper weisen sehr überzeugend darauf hin, dass eine gelungene Stiftungspolitik aus drei Elementen besteht:

• aus einer Vision,

• aus der Festlegung der inhaltlichen Eckpfeiler und Rahmenbedingungen und

• aus einem „Ethical Code of Conduct".[35]

Auch wenn dieser Ansatz eher einen „internen" Stiftungskodex verfolgt, der nicht für alle anderen Stiftungen gilt, so wird doch die Notwendigkeit einer stärkeren Auseinandersetzung mit guter Stiftungsleitung deutlich.

Insgesamt bleibt festzustellen: All diese Ansätze überzeugen. Wie ein Kodex für Stiftungen genannt wird, ist dabei von untergeordneter Bedeutung. Er ist aber aufgrund der herausgearbeiteten Eigenheit und Wichtigkeit der Stiftung in jedem Fall der Übertragung des DCGK auf Stiftungen vorzuziehen.

---

[31] Definition entnommen aus http://www.sozialbank.de/fachbeitraege: Nonprofit-Governance: Steuerung und Überwachung von Nonprofit-Organisationen (21.09.2009).

[32] Neuhoff, Stiftung und Sponsoring 2/2003, 8.

[33] Neuhoff, Stiftung und Sponsoring 2/2003, 8.

[34] Saenger/Veltmann, ZSt 3/2005, 70.

[35] Rüegg-Stürm/Lang/Schnieper, Die Prozessorientierung von Stiftungen – Management für mehr Wirkung, S. 675, in: von Strachwitz, Graf R./Mercker, F. (Hrsg.): Stiftungen in Theorie, Recht und Praxis, 2005, S. 672-691.

Stiftungen übernehmen eine wichtige sozialökonomische und gesellschaftspoliti-sche Stellung,[36] was ihnen die Pflicht auferlegt, sorgsam mit dem ihnen anvertrau-ten Vermögen umzugehen, die internen Arbeits- und Kommunikationsabläufe zu optimieren und für eine transparente Öffentlichkeitsarbeit zu sorgen.

Die Zeit ist reif für einen Stiftungskodex! Dieser Idee gegenüber gibt es auch ablehnende oder zumindest kritische Stimmen. So sagt beispielsweise *Schiffer*: „Entscheidend für die 'ordnungsgemäße und gewissenhafte Geschäftsführung einer Stiftung' erscheint im Übrigen in erster Linie weniger ein (genereller) Corporate Governance Kodex speziell für Stiftungen als vielmehr die Stärkung des individu-ellen Vertrauens in die persönlichen Fähigkeiten und die Integrität der jeweiligen Mitglieder der Stiftungsorgane für deren jeweiliges Umfeld."[37] Dem kann über-haupt nicht zugestimmt werden. Die Geschichte, die zum DCGK führte, belehrt eines Besseren: Vertrauen ist gut, Corporate Governance ist besser. Nichts anderes gilt für Stiftungen.

Die Gestaltungsmöglichkeiten und die Verbindlichkeitsgrade eines solchen Kodex sind vielfältig. Hinsichtlich der Verbindlichkeitsgrade sind verschiedene Möglich-keiten denkbar. Zum einen lässt sich ein bundeseinheitlicher Kodex vorstellen, der für alle Stiftungen einheitlich gilt, unabhängig von ihrer Größe und ihrem Sitz. Ein solcher Kodex könnte in die §§ 80-88 BGB aufgenommen werden, wie die Ent-sprechenserklärung des § 161 AktG das in Hinblick auf den DCGK vorsieht. Die Nachteile eines solchen Stiftungskodex würden jedoch dessen Vorteile, eine Nie-derschrift verbindlicher Leitlinien guter Stiftungspraxis, überwiegen: Während börsennotierte Unternehmen, egal ob DAX, M-DAX oder S-DAX untereinander eine einheitliche Struktur und Zielsetzung aufweisen, würde ein solcher einheit-licher Stiftungskodex den unterschiedlichen Stiftungstypen, die sich im Rahmen der Stiftung des Privatrechts finden, nicht gerecht, so dass weitreichende Problem-felder die Folge wären. Soll so ein Stiftungskodex unabhängig von der Größe der Stiftung gelten? Am Beispiel Rechnungslegung und Abschlussprüfung wird deut-lich, dass dies wenig überzeugend ist, weil kleine Stiftungen unter Umständen in ihrer eigentlichen Arbeit, der Zweckerfüllung, behindert würden. Für kleinere Stif-tungen reichen nach ganz herrschender Ansicht die in den Landesstiftungsgesetzen verankerten Grundsätze ordnungsgemäßer Buchführung (GoB) und die Jahresrech-nung. Ein in irgendeiner Weise im BGB verankerter Stiftungskodex müsste elas-tisch genug sein, um den Bedürfnissen unterschiedlichster Stiftungen gerecht zu werden. Würde ein solcher Kodex nur für Stiftungen einer bestimmten Größe kre-iert werden, wäre das Folgeproblem der „Ausstrahlungswirkung" vorprogram-miert, was ebenfalls nicht wünschenswert ist. Neben der „BGB-Variante" sind aber noch andere Konstellationen denkbar, die vorzugswürdig sind. Dazu sind verschie-dene Ebenen zu betrachten.

---

[36] Vgl. Glück/Franck, Stiftung und Sponsoring 6/2006, 36; Hopt, Stiftung und Sponsoring 2/2007, 6; Papier, Chancen und Aufgaben einer Zivilgesellschaft, S. 137, in: Stifterverband für die Deutsche Wissenschaft (Hrsg.): Stifter und Staat. 2006, S. 130-140.

[37] Schiffer, ZCG 4/2006, 147.

Die auf dem Stiftungstag 2006 in Dresden verabschiedeten „Leitlinien guter Stiftungspraxis" stellen ein Beispiel für einen elastischen und flexiblen Stiftungskodex dar.[38] Es wäre denkbar, dass Stiftungen, die Mitglied im Bundesverband Deutscher Stiftungen sind, in irgendeiner Weise ihre Beachtung dieser Leitlinien zum Ausdruck bringen. Ebenso ist denkbar, dass eine Neuaufnahme in den Bundesverband mit einer solchen Erklärung gekoppelt ist. Auf europäischer Ebene wird dieses Modell bereits rege diskutiert. So stellte die europäische Kommission im Rahmen ihrer 2005 veröffentlichten Empfehlungen für einen Kodex für Nonprofit Organisationen ein Zertifizierungssystem vor, das regelkonform agierenden Nonprofit Organisationen ein entsprechendes Gütesiegel verleiht. Problematisch daran ist, dass wiederum kleinere Stiftungen mit drohender Versagung des Gütesiegels unverhältnismäßig belastet werden, und ein solches Label dem Stiftungswesen unter Umständen einen Bärendienst erweist.[39]

Daran knüpft die Frage an, ob es mehrere solcher Entwürfe geben kann und soll, oder ein einheitliches Label zu befürworten ist, das auch vom Deutschen Stiftungszentrum, vom Stifterverband und gegebenenfalls auch anderen Stiftungsdienstleistern übernommen wird. Hier wird die Problematik deutlich, dass die Bundesländer zum Teil noch stark voneinander abweichende Stiftungsgesetze haben, ein Stiftungskodex also „streng" genug sein muss, um ländergesetzliche Vorschriften nicht zu unterlaufen und die bestehende Gesetzeslage nicht lediglich zu wiederholen. Da auch Banken vielfach als „Rundum-Dienstleister" für Stiftungen tätig werden, stellt sich hinsichtlich der Verbindlichkeit oder Beachtung die Frage, inwieweit eine Einbeziehung – beispielsweise der „Grundsätze guter Stiftungspraxis" – von Banken verlangt werden kann. Dieser Aspekt betrifft die Perspektive auf die Stiftung von außen.

Es ist aber auch denkbar, dass die Stiftungen aus sich heraus Kodexgedanken entwickeln und anwenden. Dies hätte zwei Vorteile: Zum einen könnte sich jede Stiftung, entsprechend ihrer Tätigkeit (operativ oder fördernd) und ihrer Größe einen maßgeschneiderten Kodex basteln. Der andere Vorteil wäre, dass in einem deregulierten Feld die Möglichkeit der Selbstverpflichtung eine entscheidende Rolle spielt. Wenn Stiftungen aus sich selbst heraus Kodexgedanken entwickeln, zu denen sich ihre Organe verpflichten, so stellt das ein Spiegelbild nicht nur der Komplementärfunktion von Stiftungen dar, sondern einen Akt der Selbstverwaltung, der ihrer Bedeutung angemessen ist. *Hopt* sagt dazu: „Freiwillige Standards zur Selbstregulierung haben immer den Vorteil, dass sich ein Sektor selbst um gute Verhaltensmaßstäbe kümmert, für praxisnahe und flexible Regelungen sorgt und sich vielleicht sogar begeistert für Neues und Besseres einsetzt.[40]

---

[38]   Vgl. Schindler, Transparenz und Kompetenz. Grundsätze guter Stiftungsverwaltung, S. 34,
       in: Deutsches Stiftungszentrum (Hrsg.): Stiften wirkt. 2006, S. 34 f.

[39]   Kritisch hierzu auch Stolte, Stiftung und Sponsoring 2/2007, 39.

[40]   Hopt, Stiftung und Sponsoring 2/2007, 7.

Ein anderes Wort für Kodex bei dieser Variante wäre „optimale Satzungsgestaltung". Dabei kann und soll die Stiftung auf externe Berater und Dienstleister, wie den Bundesverband oder das Deutsche Stiftungszentrum, zurückgreifen können. Diese Inanspruchnahme ist gerade für kleinere Stiftungen ergiebig, da sie die internen und externen Netzwerke umfassend nutzen können.[41]

Ein Stiftungskodex kann in der Satzung „aufgehen" und sie durchdringen, es ist aber auch ein eigenständiges Dokument als „Annex" zur Satzung denkbar. In jedem Fall spielt hier der Stifter eine wichtige Rolle, da es ihm im Rahmen der Satzungsgestaltung möglich ist, einen optimalen Kodex zu entwerfen. Der Nachteil der Variante „Ein Kodex pro Stiftung" wären unterschiedlich gute Leitlinien für die Stiftungsorgane. Andererseits entspricht das dem status quo, in dem Stiftungen unterschiedlich stark ausgeprägte Kodexgedanken in ihren Satzungen haben. Der gänzlichen Verwässerung von Kodexelementen durch Satzungsgestaltung wäre zu begegnen, indem es ein „Gütesiegel" für Stiftungen gibt, die einen Kodex haben, der den „Grundsätzen guter Stiftungsleitung" entspricht. Hierbei ist aber zu beachten, dass ein solches Siegel nur bestätigenden Charakter haben darf; keinesfalls darf es in die grundgesetzlich garantierte Freiheit des Stifters („Grundrecht auf Stiftung") eingreifen.[42]

Als Ergebnis bleibt festzuhalten: Viele Wege führen zu einer verbesserten Nonprofit Governance für Stiftungen. In den kommenden Jahren wird es eine Fortsetzung des Dialogs zwischen Wissenschaft und Praxis, Stiftern, Beratern und Organmitgliedern über diese verschiedenen Wege geben müssen, um schließlich einen – oder mehrere – zu beschreiten.

Dabei können durchaus Rechtsinstitute und Rechtsgrundsätze aus anderen Disziplinen herangezogen werden.

So ist beispielsweise eine umfassende Untersuchung der Public Corporate Governance bisher nicht durchgeführt worden. Es gibt vereinzelte kleinere Recherchen hierzu und die Praxis reagiert auf das wachsende Bedürfnis nach Verhaltensrichtlinien dort, wo keine Regelungen bestehen. Die Städte Saarbrücken und Mannheim haben Public Corporate Governance Kodizes erlassen, die detailliert Verhaltensanforderungen an die Städte bzw. ihrer Vertreter bei der Beteiligungssteuerung stellen.

Die Wirtschaftsprüfungsgesellschaft KPMG befasst sich als eine der ganz wenigen seit geraumer Zeit mit der Problematik der Public Corporate Governance.[43]

---

[41] Vgl. Spiegel/Kralemann, Von der Idee zum Programm, S. 37, in: Deutsches Stiftungszentrum (Hrsg.): Stiften wirkt. 2006, S. 36 f. zu den Vorteilen einer solchen Inanspruchnahme.

[42] Vgl. Papier, Chancen und Aufgaben einer Zivilgesellschaft, S. 139, in: Stifterverband für die Deutsche Wissenschaft (Hrsg.): Stifter und Staat. 2006, S. 130-140.

[43] 2005 gründetet die KPMG ein Institut für den öffentlichen Sektor e.V., das praxisrelevante Fragen der Corporate Governance für öffentliche Unternehmen und Verwaltungen untersucht, Impulse gibt und umfassend durch eine eigene Fachzeitschrift informiert. Die offizielle Webpage hierzu ist www.publicgovernance.de

Die Europäische Zentralbank (EZB) hat gerade im Zusammenhang mit der Betrugsbekämpfung auf EU-Ebene („OLAF"[44]) einen Verhaltenskodex erlassen.[45]

Nicht nur im Vereinswesen wird der Bereich der Non-Profit-Governance rege diskutiert.[46] Auch der Bund hat inzwischen die Zeichen der Zeit erkannt und sich umfassend mit dem Thema der Anwendbarkeit des Kodex auf nicht börsennotierte Bundesbeteiligungen befasst und als Ergebnis „Grundsätze guter Unternehmensführung für Bundesbeteiligungen"[47] verabschiedet, die in vielerlei Hinsicht dem DCGK folgen. Auch Familienunternehmen rufen nach einem für sie geeigneten Family Governance Kodex, was in einem Kodex für Familienunternehmen mündete, der erstmals 2004 vorgestellt wurde.[48]

Die Gesamtschau kleinerer und großer Initiativen aus dem Blickwinkel Corporate Governance macht deutlich, dass Best Practice Elemente und Verhaltensregeln nicht nur für Stiftungen und deren Führungsorgane benötigt werden, sondern dass es ein umfassendes Bedürfnis gibt, mit Hilfe von Kodizes gutes und verantwortungsvolles Leiten in den Köpfen und den Taten zu verankern. Wenn der Gedanke des Kodex ernst genommen und seine Empfehlungen befolgt werden – zugeschnitten auf das jeweilige Rechtsobjekt – führt dies im Ergebnis zu der verbesserten Führungskultur, die zwingend notwendig ist.

Literaturhinweise

Andrick, Bernd/Suerbaum, Joachim: Das Gesetz zur Modernisierung des Stiftungsrechts. In: NJW 2002, 2905-2910.

Bundesverband Deutscher Stiftungen e.V. (Hrsg.): 55. Jahrestagung des Bundesverbandes Deutscher Stiftungen 1999, S. 153 ff.

Carstensen, Carsten: Vorgabe für die Vermögensverwaltung der Stiftung nach Gesetz, Satzung und Rechtsprechung. In: Zeitschrift zum Stiftungswesen, 04-05/2005, S. 90-98.

Carstensen, Carsten: Vermögensverwaltung, in: Bertelsmann Stiftung (Hrsg.): Handbuch Stiftungen, 2. Aufl. 2003, S. 535-563.

---

[44] http://ec.europa.eu/dgs/olaf/index_de.html (21.09.2009)

[45] http://www.ecb.int/ecb/orga/governance/html/index.de.html#prevention (21.09.2009)

[46] Sehr umfassend von Hippel, Grundprobleme von Nonprofit-Organisationen. Eine zivilrechtsdogmatische, steuerrechtliche und rechtsvergleichende Untersuchung über Strukturen, Pflichten, Kontrollen und wirtschaftliche Tätigkeit von Vereinen und Stiftungen. Tübingen 2007.

[47] Diese sind abrufbar unter http://www.bundesfinanzministerium.de/nn_39010/DE/Wirtschaft__und_ Verwaltung/Bundesliegenschaften_und_Bundesbeteiligungen/Public_corporate_ governance_ Kodex/010709_publGov_anl,templateId=raw,property=publicationFile.pdf (24.09.2009).

[48] Dieser Kodex ist abrufbar unter http://www.intes-online.de/UserFiles/File/GovernanceKodex Deutsch.pdf (21.09.2009)

Dietlein, Johannes/Thiel, Markus: Ringen um eine „Kultur des Gebens" – Renaissance des Stiftungswesens? In: Zeitschrift für Rechtspolitik, Heft 2/2001, S. 72-77.

Dörner, Dietrich/Orth, Christian: Bedeutung der Corporate Governance für Unternehmen und Kapitalmärkte. In: Pfitzer/Oser/Orth (Hrsg.): Deutscher Corporate Governance Kodex, 2. Aufl. 2005, S. 3-22.

Geßler, Jörg H.: Aktiengesetz. Kommentar. 29. Aktualisierungslieferung 2006, Band 1.

Glück, Thomas/Franck, Kirein: Langfristige Risiken erkennen. Strategisches Risikomanagement bei der Anlage von Stiftungsvermögen. In: Stiftung und Sponsoring 6/2006, S. 36-37.

von Hippel, Thomas: Grundprobleme von Nonprofit-Organisationen. Eine zivilrechtsdogmatische, steuerrechtliche und Rechtsvergleichende Untersuchung über Strukturen, Pflichten, Kontrollen und wirtschaftliche Tätigkeit von Vereinen und Stiftungen. Tübingen 2007.

Hopt, Klaus J.: Über Grenzen hinweg denken und handeln. In: Stiftung und Sponsoring 2/2007, S. 6-8.

Hopt, Klaus J.: Corporate Governance in Nonprofit-Organisationen, in: Klaus J. Hopt et al. (Hrsg.): Nonprofit-Organisationen in Recht, Wirtschaft und Gesellschaft. Tübingen 2005, S. 243-258.

Hüffer, Uwe: Aktiengesetz. 8. Aufl. München 2008.

Koch, Christian/von Holt, Thomas: Überlegungen zur verantwortungsvollen Führung von Stiftungen – Von der Corporate Governance zur Nonprofit Governance, Stiftung und Sponsoring, Beilage Die Roten Seiten, 1/2005, S. 1-11.

Koschmieder, Kurt-Dieter: Plädoyer für eine ökonomische Analyse der Stiftung. In: Zeitschrift zum Stiftungswesen 7-8/2004, S. 179-182.

Kropff, Bruno/Semler, Johannes (Hrsg.): Münchener Kommentar zum Aktiengesetz. Band 5/1. 2. Aufl. München 2003.

Lück, Nina: Die Anwendbarkeit des Corporate Governance Kodex auf Stiftungen, Diss. jur., Berlin 2008.

Neuhoff, Klaus: Grundsätze ordnungsgemäßer Stiftungsverwaltung. Versuch einer Stiftungsethik. In: Die Roten Seiten zum Magazin Stiftung und Sponsoring 2/2003, S. 1-19.

Papier, Hans-Jürgen: Chancen und Aufgaben einer Zivilgesellschaft. Mehr Stiftungen, weniger Staat. In: Stifterverband für die Deutsche Wissenschaft (Hrsg.): Stifter und Staat. Essen 2006, S. 130-140.

Rüegg-Stürm, Johannes/Lang, Niklas/Schnieper, Peppi: Die Prozessorientierung von Stiftungen – Management für mehr Wirkung, in: von Strachwitz, Graf R./Mercker, F. (Hrsg.): Stiftungen in Theorie, Recht und Praxis, 2005, S. 672-691.

Ruter, Rudolf X./Häfele, Markus: Ein Coporate Governance Kodex für Stiftungen? In: Stiftung und Sponsoring 5/2004, S. 5-7.

Saenger, Ingo/Veltmann, Till: Corporate Governance in Stiftungen. In: Zeitschrift zum Stiftungswesen 2005, S. 67-74.

Schiffer, Jan K.: Haftung und Corporate Governance bei Stiftungen: Einige grundsätzliche Überlegungen. In: ZCG 4/2006, S. 143-147.

Schindler, Ambros: Transparenz und Kompetenz: Grundsätze guter Stiftungspraxis. In: Stiften wirkt 2006, S. 34 f.

Schüppen, Matthias: Der Kodex – Chancen für den Deutschen Kapitalmarkt. In: DB 2002, S. 1117-1119.

Spiegel, Heinz-Rudi/Kralemann, Moritz: Von der Idee zum Programm. Beratung durch den Stifterverband. In: Deutsches Stiftungszentrum (Hrsg.): Stiften wirkt. 2006, S. 36 f.

Steding, Rolf: Corporate Governance aus rechtlicher Sicht. In: Neue Justiz 1/2007, S. 10f.

Steuber, Elgin: Corporate Governance bei Stiftungen – eine Frage der Kontrolle oder der Moral? In: Deutsches Steuerrecht 27/2006 S. 1182-1188.

Stolte, Stefan: Europäische Trends und Themen. European Foundation, Corporate Governance und Cross-border-giving. In: Stiftung und Sponsoring 3/2006, S. 38 f.

Wachter, Thomas: Stiftungen. Zivil- und Steuerrecht in der Praxis. Köln 2001.

Walz, Rainer: Lücken der Foundation Governance und ihre Ausfüllung, S. 497, in: Arkan, S. und A. Yongalik (Hrsg.): Liber Amicorum/Festschrift für Tugrul Ansay. Kluwer Law International BV 2006, S. 497-515.

Werner, Olaf: Die Stiftung als Instrument aktueller Problembewältigung, in: Wollmert, Peter et al. (Hrsg.): Wirtschaftsprüfung und Unternehmensüberwachung, Festschrift für Wolfgang Lück, Düsseldorf 2003, S. 145-155.

Wirtschaftskriminalität – Die Herausforderungen an den Wirtschaftsprüfer in der Wirtschaftskrise

WP StB Klaus Fischer, RA Michael Hummelt

1 Einleitung

Wirtschaftskriminalität ist ein hochaktuelles Thema. In 2009 verging nahezu kein Tag, an dem die Presse nicht über neue Fälle wirtschaftskriminellen Handelns berichtete. Nicht auszuschließen ist, dass den prominenten Beispielen aus der jüngsten Vergangenheit – wie der Siemens AG oder der MAN AG – auch in 2010 noch weitere Unternehmen folgen werden.

Der Wirtschaftsprüfer hat sich aktuell der Herausforderung zu stellen, die zahllosen Begehungsmuster von Wirtschaftskriminalität zu erkennen, obwohl die Prüfungs-budgets bei gleichzeitig steigendem Zeitdruck vielfach verringert werden. Dieser

Beitrag soll den Wirtschaftsprüfer unterstützen, den aktuellen Herausforderungen qualifiziert und mandantenorientiert zu begegnen.

Hierzu wird in Kapitel 2 ein möglicherweise gesteigertes Auftreten von Wirtschaftskriminalität als Folge der Wirtschaftskrise diskutiert. Dabei werden Erscheinungsformen, Ursachen und Aufdeckungswahrscheinlichkeiten erläutert. Das Kapitel 3 stellt zur Unterstützung des Wirtschaftsprüfers sowohl wesentliche als auch durch das **Bilanzrechtsmodernisierungsgesetz** (BilMoG) potentiell neu entstehende Begehungsmuster dar. Des Weiteren wird aufgezeigt, welche Möglichkeiten dem Wirtschaftsprüfer zur Identifizierung von Wirtschaftskriminalität zur Verfügung stehen und welche Pflichten sich aus der Entdeckung ergeben.

2   Wirtschaftskriminalität in der Wirtschaftskrise

2.1   Ausgangslage

Die letzte verfügbare Polizeiliche Kriminalstatistik vermittelt ein trügerisches Bild, wenn in 2008 von einem Rückgang der registrierten Fälle von Wirtschaftskriminalität um 3,8% auf 84.550 Fälle berichtet wird.[1] Den in 2008 durch Wirtschaftskriminalität angerichteten Schaden bezifferte das BKA auf 3,43 Milliarden Euro, was einer Abnahme von 16,7% gegenüber dem Vorjahr entspricht.

Nach einer Studie der Euler Hermes Kreditversicherung ist trotz dieser auf den ersten Blick positiven Entwicklung aber keinesfalls mit einer allgemeinen Trendwende, sondern vielmehr mit einem deutlichen Anstieg in den kommenden Jahren zu rechnen. Hiernach sehen Unternehmer und Manager für die Zukunft wenig Hoffnung auf eine Besserung. Insgesamt 94% der befragten deutschen Unternehmen glauben, dass die Gefahr wirtschaftskrimineller Handlungen steigt bzw. nicht weiter abnimmt.[2] 91% der Befragten nehmen Wirtschaftskriminalität als ernste Gefahr wahr. Tatsächlich war jedes dritte Unternehmen in den vergangenen zwölf Monaten von wirtschaftskriminellen Handlungen betroffen und sogar zwei Drittel vermuten einen unentdeckten Schadensfall in ihrem Unternehmen.[3]

Auslöser für diese düsteren Prognosen dürfte die Finanzkrise des Jahres 2008 sein, die mit dem Zusammenbruch bzw. den Liquiditätsproblemen vieler Banken in 2009 zu dem schwersten Konjunktureinbruch seit Jahrzehnten führte.

---

[1]   Vgl. Bundeskriminalamt (ohne Datum), S. 7 ff.

[2]   Vgl. Euler Hermes (2008), S. 6

[3]   Vgl. Euler Hermes (2008), S. 4

2.2   Anstieg der Wirtschaftskriminalität in der Wirtschaftskrise

Gerade in der Wirtschaftskrise können günstigere Gelegenheiten, erhöhte Motivation sowie eine gesteigerte innere Rechtfertigung des Täters zu einer vermehrten Begehung wirtschaftskrimineller Handlungen führen.[4]

Die Erscheinungsformen der Wirtschaftskriminalität können höchst unterschiedlich sein.[5] Zum einen kann Wirtschaftskriminalität gegen Dritte oder gesellschaftliche Interessen gerichtet sein und scheinbar dem Wohl des Unternehmens dienen. Zum anderen sind Handlungen möglich, die sich unmittelbar gegen das Vermögen des Unternehmens richten und ausschließlich dem persönlichen Vorteil des Täters dienen. Die Darstellung möglicher Ursachen für den prognostizierten Anstieg beschränkt sich auf die drei folgenden Bereiche wirtschaftskriminellen Handelns: [6]

• Manipulation der Rechnungslegung und des Lageberichtes

• Korruption (Aktiv und Passiv)

• Vermögensschädigungen

2.2.1   Günstigere Gelegenheiten

Während die Unternehmen in den vergangenen Jahren noch verstärkt für das Thema Prävention und Anti-Fraud-Management sensibilisiert werden konnten, wird in der Wirtschaftskrise häufig auch an den Budgets für Unternehmenssicherheit und interner Revision gespart. Die mit diesen Budgetkürzungen verbundene Reduzierung des Kontrollumfeldes erhöht die Gelegenheit des Mitarbeiters zur Begehung wirtschaftskrimineller Handlungen.

2.2.2   Erhöhte Motivation

Die erhöhte Motivation zur Manipulation der Rechnungslegung besteht darin, die Vermögens-, Finanz- und Ertragslage des Unternehmens positiver darzustellen als sie tatsächlich ist. Hierdurch sollen potentielle Kreditgeber und Gläubiger über die Vermögensverhältnisse, die finanzielle Lage und die Ertragssituation des Unternehmens getäuscht werden. Durch Bilanzfälschungen kann so der Kurswert von Aktien gesteigert werden und Vorstände können vor einem Zusammenbruch des Unternehmens noch Aktien zu überhöhtem Preis veräußern oder neue Kapitalanleger gewinnen.[7] Außerdem können i.S.d. § 289 Abs. 1 und Abs. 2 Nr. 1 HGB berichtspflichtige Vorgänge verschwiegen werden.

---

[4]   Vgl. „Fraud Triangle"; Wells (1997), S. 11

[5]   Vgl. Janke (2008), S. 1174

[6]   Vgl. „Fraud Tree"; Wells (1997), S. 2

[7]   Vgl. Schmid (2006), S. 1173

Hinsichtlich einer möglichen Korruption ist festzuhalten, dass Unternehmen auf der Vertriebsseite mit einer schlechten Auftragslage konfrontiert sind. Laut BME-Einkaufsmanagerindex gab es in der Industrie den größten Einbruch seit Beginn der Datenerhebung im April 1996.[8] Um die wenigen verbleibenden Aufträge kämpfen immer mehr Konkurrenten, wodurch es zu einem Verdrängungswettbewerb kommt. Es besteht die Gefahr, dass Manager sich über im Unternehmen bestehende Compliance Regeln hinwegsetzen, um mittels Korruption die gesteckten Ziele doch noch zu erreichen.

Bei Vermögensschädigungen resultiert die erhöhte Motivation zum einen daraus, dass sich die potentiellen Täter in Zeiten der Wirtschaftskrise tatsächlich in einer finanziellen Notlage befinden. Zum anderen sind aber auch Überarbeitung, fehlende immaterielle Anerkennung durch den Arbeitgeber sowie die Steigerung des gesellschaftlichen oder innerbetrieblichen Status nicht zu vernachlässigen.

2.2.3   Gesteigerte innere Rechtfertigung

Die Manipulation der Rechnungslegung und die Begehung von Korruption werden vom Täter vielfach als ein Akt zu Gunsten des Unternehmens angesehen. Gerechtfertigt wird dies damit, dass die Begehung illegaler Handlungen unumgänglich sei, um das Unternehmen, den eigenen Arbeitsplatz und die Arbeitsplätze der Mitarbeiter zu retten. Zu Bedenken ist aber, dass der Hoffnung, den Umsatz kurzfristig durch Schmiergeldzahlungen steigern oder die Vermögenslage durch Manipulationen positiver darstellen zu können, das Risiko enormer materieller und immaterieller Folgekosten bei der Entdeckung gegenübersteht.

Bei der Begehung von Vermögensschädigungen stellt regelmäßig die Enttäuschung von Erwartungen eine innere Rechtfertigung des Täters dar. In Zeiten der Wirtschaftskrise ist die Stimmungslage unter den Mitarbeitern angespannt. Die Sorge vor finanziellen Einbußen, Beförderungsstop, Kurzarbeit oder gar dem Verlust des Arbeitsplatzes lassen die Moral der Mitarbeiter und die Identifizierung mit dem Unternehmen (Corporate Identity) sinken. Der Täter sieht seine in der Vergangenheit erbrachten Leistungen in der Wirtschaftskrise nicht mehr entsprechend gewürdigt und er nimmt sich das, was ihm seiner Meinung nach zusteht.

2.3   Steigende Aufdeckungswahrscheinlichkeit

Die Aufdeckungswahrscheinlichkeit wirtschaftskrimineller Handlungen ist noch relativ gering. In einigen Untersuchungen wird bei der Begehung von Wirtschaftskriminalität von einem Dunkelfeld von mehr als 80% ausgegangen.[9] Ursächlich hierfür ist insbesondere das restriktive Anzeigeverhalten von Personen und Unternehmen aus Furcht vor Reputationsverlusten. Aufgrund der jüngsten Entwicklun-

---

[8]   Vgl. http://www.handelsblatt.com/politik/konjunktur-nachrichten/deutsche-industrie-schrumpft-so-stark-wie-nie;2118880

[9]   Vgl. Pies/Sass/Meyer zu Schwabedissen (2005), S. 17

gen ist in den kommenden Jahren aber mit einer deutlichen Aufhellung des Dunkelfeldes und folglich mit einer steigenden Aufdeckungswahrscheinlichkeit zu rechnen.

Insbesondere im Rahmen einer Betriebsprüfung können zweifelhafte Zuwendungen und „schwarze Kassen" identifiziert werden. In diesem Fall ist die Finanzbehörde nach § 4 Abs. 5 Nr. 10 Satz 3 EStG ohne eigene Prüfung verpflichtet, die Tatsachen, die den Verdacht einer Straftat oder Ordnungswidrigkeit begründen, der Staatsanwaltschaft oder Verwaltungsbehörde mitzuteilen.[10]

Zu bedenken ist ferner, dass sich die Ermittlungsmethoden der Behörden nach den Bilanz- und Korruptionsskandalen der letzten Jahre deutlich verbessert haben. Die Beamten sind entsprechend sensibilisiert und können mit dem Einsatz einer unabhängigen und systemübergreifenden Prüfungssoftware – wie IDEA, ACL oder gleichgelagerte Revisionswerkzeuge – Auffälligkeiten zielgerichtet nachgehen.

Neben anonymen Strafanzeigen von Wettbewerbern, investigativem Journalismus und einem hohen Interesse der Öffentlichkeit nehmen auch Hinweisgebersysteme eine immer wichtigere Rolle bei der Aufdeckung ein. Webbasierte „Whistleblower"-Systeme oder Ombudsmänner nehmen Hinweise auf ungesetzliche, unlautere oder moralisch zweifelhafte Praktiken vertraulich entgegen. Während die Kritik an einzelnen Geschäftspraktiken häufig zunächst nur betriebsintern geäußert wird, wird sie bei mangelnder Abhilfe gegebenenfalls auch nach außen getragen.

3   Herausforderungen an den Wirtschaftsprüfer

Die genannten Beispiele und Prognosen zeigen, dass der Wirtschaftsprüfer insbesondere bei der Prüfung der Jahresabschlüsse ab dem Jahre 2009 ganz besonderen Herausforderungen gegenübersteht.

Auf der einen Seite ist der Abschlussprüfer gefordert, trotz vielfach reduzierter Budgets und erhöhten Zeitdrucks seine Prüfungen wirtschaftlich effizient zu gestalten. Zum anderen muss er sein Augenmerk noch deutlicher als bisher auf die vielfältigen Begehungsmuster wirtschaftskriminellen Handelns richten.

---

[10] Vgl. Beschluss des BFH vom 14.07.2008 (VII B 92/08)

3.1 Wesentliche Begehungsmuster

3.1.1 Manipulation der Rechnungslegung unter Einbeziehung der aktuellen Änderungen durch das BilMoG

Die Begehungsmöglichkeiten im Rahmen der Manipulation der Rechnungslegung sind zahllos.[11] Die folgende Darstellung beschränkt sich daher auf nach Auffassung der Verfasser für die Jahresabschlussprüfung wesentliche Begehungsmuster sowie Manipulationsmöglichkeiten, die mit Inkrafttreten des Bilanzrechtmodernisierungsgesetzes (BilMoG) möglicherweise neu entstehen können.

Fiktive Darstellung von Anlagevermögen

Ein mögliches Begehungsmuster ist die Aktivierung von Gegenständen des Anlagevermögens, die dem Unternehmen nicht wirtschaftlich zuzurechnen sind oder die bereits veräußert wurden. Diesbezüglich ist immer auch auf eine mögliche (Vor-) Aktivierung künftiger Kaufpreisforderungen vor wirtschaftlichem Übergang des ebenfalls noch aktivierten Anlagevermögens zu achten. Außerdem kann Anlagevermögen aktiviert worden sein, das nie real existiert hat. Beispiellos ist in diesem Zusammenhang immer noch das Vorgehen in dem „Flowtex-Skandal". So sollen von den angeblich 3.411 Bohrsystemen, die in der Bilanz ausgewiesen wurden, nur 281 tatsächlich existiert haben.[12] Der Abschlussprüfer wurde über deren Existenz getäuscht, indem ihm identische Bohrsysteme mit wechselnden gefälschten Typenschildern vorgeführt wurden.

Vorsätzliche Fälschung von Unterlagen (Saldenbestätigungen)

Vergleichsweise selten, aber in seiner wirtschaftlichen Dimension enorm kann die vorsätzliche Fälschung von Unterlagen wie z. B. Saldenbestätigungen durch Mitarbeiter des zu prüfenden Unternehmens sein. Im „Fall Parmalat" sollen mit Schere, Scanner und Faxgerät gefälschte Bankbestätigungen hergestellt und so ein Bankkonto mit einem Guthaben von vier Milliarden Euro fingiert worden sein.[13] Hierzu habe ein Parmalat-Mitarbeiter sowohl das Logo der Bank als auch die Unterschrift einer Bankmitarbeiterin aus einer alten Bestätigung ausgeschnitten, eingescannt und an die beauftragte Wirtschaftsprüfungsgesellschaft gesendet.

Fiktive Umsatzerlöse

Das im Bereich der „Bilanzfälschung" wohl am weitesten verbreitete Begehungsmuster ist der Ausweis von Scheinumsätzen. Für die Buchung fiktiver Umsatzerlöse wird entweder ein fiktiver Kunde im jeweiligen Buchhaltungssystem angelegt

---

[11]   Vgl. Peemöller/Hofmann (2005), S. 127 ff. (Übersicht von Manipulationsmöglichkeiten)
[12]   Vgl. Peemöller/Hofmann (2005), S. 98 f.
[13]   Vgl. Schmid (2006), S. 1174

oder es erfolgt ein kollusives Zusammenwirken mit einem tatsächlich existenten Kunden. Für den Nachweis der Scheinumsätze werden dann fiktive Rechnungen erstellt, obwohl niemals Waren geliefert oder Dienstleistungen erbracht wurden. Diese Scheinumsätze werden im neuen Geschäftsjahr häufig storniert, um im Rahmen der folgenden Abschlussprüfung Rückfragen zu der Altersstruktur der entsprechenden Forderungen zu vermeiden.[14] Beispielhaft für diese Praxis ist der „Fall Comroad". Das zu prüfende Unternehmen soll in seinem Abschluss Umsätze in Höhe von 93,5 Millionen Euro ausgewiesen haben von denen aber lediglich 1,3 Millionen tatsächlich generiert wurden. Bei dem verbleibenden Hauptteil handelte es sich um fingierte Umsätze mit einem Hongkonger Elektronikunternehmen, dessen Existenz nicht ermittelt werden konnte.[15]

Abgrenzung von Umsatzerlösen/Erträgen und Aufwendungen (Cut-off)

Eine Erhöhung des Jahresergebnisses lässt sich aber auch bei tatsächlich existierenden Geschäftsvorfällen erzielen. Hierzu bedarf es lediglich einer manipulierten Abgrenzung. Umsatzerlöse und Erträge des Folgejahres werden bereits im aktuellen Geschäftsjahr gebucht und/oder Aufwendungen des aktuellen Geschäftsjahres werden dem Folgejahr zugeordnet. Beispielhaft ist der Glasfaserkabelbetreiber „Global Crossing" zu nennen, der nicht benötigte Kapazitäten vermietete und zeitgleich Fremdkapazitäten zu vergleichbaren Konditionen zurückmietete.[16] Das Ergebnis wurde im Folgenden durch das Vorziehen der Mieterträge und das nicht periodengerechte Erfassen der Mietaufwendungen manipuliert.

Unvollständiger Ausweis von Verpflichtungen und Aufwendungen

Eine weitere Möglichkeit zur Darstellung eines überhöhten Jahresergebnisses besteht darin, auf den Ausweis tatsächlich vorhandener Verpflichtungen und der entsprechenden Aufwendungen ganz zu verzichten. Zur Täuschung des Abschlussprüfers ist es bereits ausreichend, dafür Sorge zu tragen, dass ihm keine Unterlagen ausgehändigt werden, die Rückschlüsse auf die verschleierten Verpflichtungen oder Aufwendungen zulassen.[17] In diesem Zusammenhang kann es insbesondere als probates Mittel angesehen werden, auf die Bildung erforderlicher Rückstellungen zu verzichten. Beispielhaft sei hier ein geplanter, aber dem Wirtschaftsprüfer gerade nicht offengelegter Personalabbau genannt, der aus einem Wegbruch der Umsätze infolge des aktuellen Konjunktureinbruchs resultiert.

Aktivierung selbstgeschaffener immaterieller Vermögensgegenstände

Nach den durch das BilMoG geänderten Vorschriften besteht nunmehr ein Aktivierungswahlrecht für Entwicklungskosten von immateriellen Vermögensgegenständen (§ 248 HGB n.F.). Diese Regelung ist erstmals auf Jahres- und Konzernabschlüsse für das nach dem 31. Dezember 2009 beginnende Geschäfts-

---

[14] Vgl. Brinkmann (2007), S. 157
[15] Vgl. Schmid (2006), S. 1174
[16] Vgl. Peemöller/Hofmann (2005), S. 49
[17] Vgl. Brinkmann (2007), S. 157

jahr anzuwenden. Es ist deutlich zu erkennen, dass mit dieser Regelung neue Möglichkeiten für Manipulationen geschaffen wurden, da immaterielle Vermögensgegenstände hinsichtlich ihrer Existenz und Werthaltigkeit besonders unsicher und schwer nachprüfbar sind.[18]

Aktivierungspflicht des erworbenen Firmenwertes

Die Vorschrift des § 246 Abs. 1 Satz 4 HGB n.F. ist ebenfalls auf Jahres- und Konzernabschlüsse für das nach dem 31. Dezember 2009 beginnende Geschäftsjahr anzuwenden. Hiernach wird der Geschäfts- oder Firmenwert als zeitlich begrenzt nutzbar und damit sowohl aktivierungspflichtiger als auch abzuschreibender Vermögensgegenstand fingiert. Da gerade bei einer Übernahme Bewertungsspielräume bestehen, ist der erworbene Geschäfts- oder Firmenwert der Gestaltung und damit auch der Manipulation zugänglich.[19] Weiteres Manipulationspotential birgt die Abschreibung über die Dauer des voraussichtlich betrieblichen Nutzens, die kaum verlässlich zu prognostizieren ist.[20]

Bewertung von Rückstellungen

Für Jahres- und Konzernabschlüsse nach dem 31. Dezember 2009 sieht § 253 Abs. 1 Satz 2 HGB n.F. vor, dass Rückstellungen in Höhe des nach vernünftiger kaufmännischer Beurteilung notwendigen Erfüllungsbetrages anzusetzen sind. Künftige Preissteigerungen müssen demzufolge prognostiziert und berücksichtigt werden, was zu weiteren Gestaltungsspielräumen führt, in denen sich Manipulationen verstecken lassen.[21]

Bildung von Bewertungseinheiten

Nach § 254 HGB n.F. ist für Abschlüsse die auf den 31. Dezember 2009 folgen die Bildung von Bewertungseinheiten aus Grundgeschäft und gegenläufigem Sicherungsgeschäft möglich. Zentrale Kriterien hierfür sind der „Ausgleich gegenläufiger Wertänderungen" oder „Zahlungsströme aus dem Eintritt vergleichbarer Risiken". Gerade für den Bereich der antizipativen Sicherungsbeziehungen bestehen Prognoseprobleme und damit Gestaltungsspielräume, in denen sich wiederum Manipulationen tarnen lassen.

3.1.2   Korruption (Aktiv und Passiv)

Hinsichtlich der Frage, wie Korruption ausgestaltet wird, sind der Phantasie der Täter keine Grenzen gesetzt. Die folgende Darstellung beschränkt sich daher auf die drei wohl gängigsten Korruptionsmuster und erhebt insoweit keinen Anspruch auf Vollständigkeit.

---

[18] Vgl. Hennrichs (2008), S. 539
[19] Vgl. Bittmann (2008), S. 443
[20] Vgl. Bittmann (2008), S. 443
[21] Vgl. Bittmann (2008), S. 444

Kick-back Zahlungen

Kick-back Zahlung stellen eines der beliebtesten Korruptionsmuster dar. Hierbei wird dem Kunden absprachegemäß zunächst ein überhöhter Betrag in Rechnung gestellt und bezahlt. Im Folgenden fließt die Differenz zwischen überhöhtem Preis und Markt- bzw. Listenpreis als Gegenleistung für den Abschluss des Vertrages wieder an den Auftraggeber zurück. Eine weitere Variante der Kick-back Zahlung ist es, Leistungen zu berechnen, die tatsächlich nie erbracht wurden, um gezahlte Beträge im Anschluss an den Auftraggeber auszuzahlen. Zur Verschleierung dieser Praxis erfolgen die Transaktionen vielfach in bar, was wiederum die Existenz „schwarzer Kassen" voraussetzt. Daneben ist auch die Verwendung von Schecks nach wie vor ein gängiges Vehikel für Kick-back Zahlungen. Im Fall einer Bank-Überweisung erfolgt diese meist auf Konten von Privatpersonen oder Konten des Auftraggebers im Ausland.

Einsatz von Business Consultants

Eine weitere Möglichkeit, Korruptionszahlungen zu verschleiern, ist der Einsatz von Business Consultants (Vermittler). Soweit es sich bei dem Business Consultant zugleich auch um den Empfänger des Schmiergeldes handelt, kann eine Verschleierung häufig durch Zahlungen an „Strohmänner" erfolgen. Hierfür kommen Familienmitglieder, Gesellschaften in „Steueroasen" oder neu gegründete Unternehmen in der Rechtsform „Limited" in Betracht. Gemein ist diesen Methoden stets, dass der tatsächliche Empfänger im Hintergrund bleiben kann. Falls Dritte für die Vermittlung von Aufträgen eingesetzt werden, erhalten sie einen zuvor vereinbarten Prozentsatz vom Auftragswert als – überhöhte – Provision. Diese Provision ist in der Regel so hoch, dass sie als Vehikel für Schmiergeldzahlungen dienen kann. Der Vermittler behält einen Teil für eigene Zwecke, der verbleibende Teil wird an den Auftragspartner transferiert. In der Praxis verfügt der Vermittler zumeist nicht über einen eingerichteten und ausgeübten Gewerbebetrieb und ist kapazitätsbedingt nicht im Stande, die in Rede stehenden Vermittlungsleistungen tatsächlich zu erbringen. Gerade aus diesem Grund kann es möglich sein, dass keine nachvollziehbare Dokumentation für die angeblich vorgenommene Vermittlungsleistung vorhanden ist. Der weiteren Verschleierung kann ergänzend ein nicht nachvollziehbarer Zahlungsweg dienen, wie die Zahlung der Provision an Dritte, deren Geschäftssitz bzw. Bankverbindung nicht mit der des Vermittlers übereinstimmt.

Incentive-Zuwendungen

Als ein weiteres Korruptionsmuster sind Incentive-Zuwendungen zu qualifizieren. Typisch sind hier die Zuwendung von Telefonen, Laptops, TV-Geräte etc. von Elektronik-Herstellern, aber auch von Incentive-Reisen, Tickets für Sportveranstaltungen oder der Besuch in der firmeneigenen VIP-Lounge.

3.1.3   Vermögensschädigungen

Als Vermögensschädigungen sind die Fälle wirtschaftskriminellen Handelns zu
fassen, die zumeist intern von Mitarbeitern begangen werden und sich unmittelbar
gegen das Vermögen des Unternehmens richten.

Diebstahl, Untreue, Unterschlagung

Klassische Fälle dieser Mitarbeiterkriminalität sind Diebstahl, Untreue oder Unterschlagung von Vermögensgegenständen oder liquider Mittel. Durch die Selbst-
bedienungsmentalität einzelner Mitarbeiter werden den Unternehmen jährlich
Schäden in Milliardenhöhe zugefügt. Neben dem „Griff in die Kasse" ist eine Vielzahl von Begehungsmöglichkeiten denkbar. Beispielhaft soll hier nur eine Vereinbarung mit dem Kunden genannt werden, ausgebuchte Forderungen auf das
persönliche Konto zu überweisen. Das Abhandenkommen von Waren oder
Betriebs- und Geschäftsausstattung wird zumeist erst am Ende des Geschäftsjahres
in Form von Inventurdifferenzen zur Kenntnis genommen, so dass die Entde-
ckungswahrscheinlichkeit gering bleibt.

Fingierte Ausgaben

Fingierte Ausgaben sind eine weitere Form der Vermögensschädigung und verlangen vom Täter ein erhöhtes Maß an krimineller Energie. Die Möglichkeiten, Ausgaben zu fingieren, sind vielfältig und werden daher nur anhand einiger
veranschaulichender Szenarien dargestellt. Hierunter kann erhöhter Personalauf-
wand fallen, soweit nicht real existierende Mitarbeiter angelegt und deren Stamm-
daten mit der Bankverbindung des Täters versehen wurden. Eine nahezu gängige
Art ist die betrügerische Auslagenerstattung („Spesenbetrug") für Reisen oder
Auslagen, die nicht oder nicht in der eingereichten Höhe getätigt wurden. Zuletzt
sind an dieser Stelle noch fingierte Eingangsrechnungen zu nennen, die insbesondere bei einem kollusiven Zusammenwirken des Täters mit einem Lieferanten oder
Dienstleister schwer zu entdecken sind.

3.2   Möglichkeiten der Identifizierung

Wirtschaftskriminalität wird infolge des aktuellen Konjunktureinbruchs weiter
zunehmen und die Begehungsformen sind äußerst vielfältig. In diesem Kapitel
wird nunmehr erläutert, welche Möglichkeiten dem Wirtschaftsprüfer zur Verfügung stehen, um wirtschaftskriminelle Handlungen zu identifizieren.

3.2.1   Prüfungsansatz

Selbstverständlich sollte es für den Wirtschaftsprüfer sein, den risikoorientierten
Prüfungsansatz ernst zu nehmen, da bereits durch dessen strikte Einhaltung Risiken
deutlich minimiert werden können. Die vielfach geringer werdenden Budgets und
steigender Zeitdruck bei den Abschlussprüfungen dürfen in der Praxis nicht dazu

führen, dass vorgeschriebene Prüfungshandlungen zu Gunsten von Realisationsraten und Effizienzsteigerungen eingeschränkt oder abgeändert werden.

Risikobeurteilung

Bei der Einschätzung des Risikos von Verstößen ist es die Pflicht des Abschlussprüfers zu beurteilen, ob besondere Risikofaktoren vorhanden sind, die auf möglicherweise falsche Bilanzierung oder Vermögensschädigungen hinweisen.[22] Die Ausführungen unter Abschnitt 2.2 zeigen deutlich, dass in Zeiten der aktuellen Wirtschaftskrise nicht nur günstigere Gelegenheiten oder eine erhöhte Motivation, sondern darüber hinaus auch eine gesteigerte innere Rechtfertigung des potentiellen Täters vorliegt.[23] Daher ist bei der Planung nahezu jeder Abschlussprüfung ab dem Jahre 2009 von einem erhöhten Risiko wirtschaftskriminellen Handelns auszugehen und das Prüfungsprogramm entsprechend anzupassen.

Prüfungshandlungen

In erster Linie kann nicht eindringlich und oft genug darauf hingewiesen werden, dass zur Erlangung verlässlicher Prüfungsnachweise Auswahl, Versendung und Rücklauf der **Saldenbestätigungsanfragen** unter der Kontrolle des Abschlussprüfers erfolgen müssen.[24] Nur so kann das Risiko minimiert werden, dass Bestätigungsanfragen bzw. deren Antworten durch Abfangen oder Veränderungen manipuliert werden. In der Praxis kann es aufgrund eines guten Mandantenverhältnisses oder hohen Zeitdrucks immer wieder dazu kommen, dass der Versand und der Rücklauf in den Herrschaftsbereich des zu prüfenden Unternehmens gelangen. Die in diesem Zusammenhang regelmäßig behauptete Zeit- und Kostenersparnis ist für den Abschlussprüfer minimal. Wie die Fälle „Parmalat" und „Comroad" gezeigt haben, kann aber bereits die Manipulation einer einzigen Saldenbestätigung großen Schaden anrichten.

Regelmäßige **Plausibilitätsbeurteilungen** der erhaltenen Informationen durch **analytische Prüfungshandlungen** sind unentbehrlich. Im Fall „Flowtex" hätte beispielsweise so die viel zu hohe Anzahl der angegebenen Bohrsysteme erkannt werden müssen, da sich nach Auskunft von Wettbewerbern der jährliche Bedarf für ganz Europa gerade einmal auf 400 Stück belief.[25] Durch kritisches Hinterfragen wäre im Fall „Parmalat" aufgefallen, dass dem hohen Bestand an liquiden Mitteln in der Gewinn- und Verlustrechnung keine entsprechenden Zinserträge gegenüberstehen.[26]

Wesentliche Transaktionen von Bargeld oder per Scheck sind im Geschäftsleben eher ungewöhnlich und sollten daher auch immer im Hinblick auf Korruptionssachverhalte beleuchtet werden. In diesen Fällen ist bei **Kassen- und Scheck-**

---

[22] Vgl. IDW PS 210, Tz. 23

[23] Vgl. IDW PS 210, Tz. 24

[24] Vgl. IDW PS 302, Tz. 37 f.

[25] Vgl. Peemöller/Hofmann (2005), S. 99

[26] Vgl. Peemöller/Hofmann (2005), S. 74

prüfungen eine Abstimmung des Kassenaufnahmeprotokolls oder des Inventur-Aufnahmeprotokolls des Scheckbestandes nicht ausreichend. Vielmehr gilt es sowohl hier als auch bei wesentlichen **Barabhebungen von Bankkonten** den Grund und den Empfänger der Bargeld- und Schecktransaktionen zu ermitteln.

Im Rahmen von **Inventurbeobachtungen** müssen von Dritten verwahrte Vermögensgegenstände durch Bestätigungen der Verwahrer nachgewiesen werden.[27] Bei wesentlichen Vermögensgegenständen, die bei Dritten oder an anderen Standorten gelagert werden, ist es aber ratsam, unangemeldet und/oder zeitgleich zusätzliche Feststellungen (Inaugenscheinnahme, Auskünfte etc.) selbst zu treffen. Nur so kann ein mögliches kollusives Zusammenwirken mit dem Verwahrer identifiziert werden. Auf diese Weise wäre auch im Fall „Flowtex" erkannt worden, dass ein Großteil der Bohrsysteme nicht zur Wartung abgezogen wurde, sondern nie existierte.

Die **Periodenabgrenzung (Cut-off-Prüfung)** ist besonders anfällig für Manipulationen. Daher muss der Wirtschaftsprüfer anhand der „Incoterms" genau auf den Zeitpunkt des Übergangs des wirtschaftlichen Eigentums achten. Künftige Umsätze können aber durch Rückdatierungen von Verträgen, Rechnungen und Lieferscheinen vorverlagert werden. Daher empfiehlt es sich auch zusätzliche Prüfungsnachweise aus unternehmensexternen Quellen einzuholen. Dies können Versandnachweise, Lieferbestätigungen, Empfangsbestätigungen etc. sein.[28]

In der Wirtschaftskrise muss der Abschlussprüfer bei der Prüfung der Vollständigkeit der **Rückstellungen** sein Augenmerk insbesondere auch auf die Prüfung wertaufhellender und wertbegründender Tatsachen richten. Der Verlust eines oder mehrerer Großkunden oder die Kündigung eines strategisch wichtigen Kooperationsvertrages kann eine wirtschaftliche Notwendigkeit zur Aufstellung eines Sozialplanes darstellen. Befindet sich ein solcher Großkunde bereits am Bilanzstichtag in Schwierigkeiten, handelt es sich bei der späteren Insolvenzeröffnung um eine wertaufhellende Tatsache, die bei der Bewertung zum Bilanzstichtag zu berücksichtigen ist.[29] Sind diese Schwierigkeiten nicht ersichtlich, kann immer noch eine wertbegründende Tatsache vorliegen, die als Vorgang i.S.d. § 289 Abs. 2 Nr. 1 HGB („subsequent events") im **Lagebericht** zu berücksichtigen ist. Um solche Manipulation des Lageberichtes zu identifizieren, muss der Abschlussprüfer eine kritische Durchsicht von Zwischenberichten und Sitzungsprotokollen seit dem Abschlussstichtag vornehmen.[30]

Des Weiteren ist vom Abschlussprüfer immer auch eine **Ausweitung des Stichprobenumfanges** oder der **Einsatz systemübergreifender Prüfungssoftware** wie ACL oder IDEA in Betracht zu ziehen.

---

27 Vgl. Institut der Wirtschaftsprüfer (2006), S. 2080
28 Vgl. Institut der Wirtschaftsprüfer (2006), S. 2081
29 Vgl. Winkeljohann/Geißler (2006), S. 412
30 Vgl. Institut der Wirtschaftsprüfer (2006), S. 2124

3.2.2   „Red Flags"

Die zahllosen Varianten wirtschaftskriminellen Handelns führen dazu, dass eine Vielzahl von Warnsignalen („Red Flags") existiert, die auf illegale Handlungen hinweisen. Da sich bei großen Datenmengen meist nur schwer Begehungsmuster auffinden lassen, haben Forensiker Datenbanksysteme entwickelt, die genau solche „Red Flags" enthalten. Im Rahmen von Analysen kann das Zahlenwerk des Unternehmens anhand der erstellten Datenbanken z. B. auf folgende „Red Flags" hin untersucht werden:

Manipulation der Rechnungslegung

- Negative Cash-Flow-Entwicklung trotz stetig steigender Umsatzerlöse

- Signifikante Stornoquote zu Beginn eines Geschäftsjahres

- Auseinanderfallen der im Geschäftsjahr gebuchten Umsatzerlöse und des im Folgejahr gebuchten Wareneinsatzes

- Buchung wesentlicher und ungewöhnlicher ergebniswirksamer Geschäftsvorfälle am Jahresende

Korruption

- Ungewöhnlich hohe Provisionen für Business Consultants

- Außergewöhnliche Geschäfte mit Ländern, die laut Transparency International einen niedrigen Korruptionswahrnehmungsindex haben

- Zahlungen für nicht spezifizierte und nicht dokumentierte Gegenleistungen

- Auseinanderfallen von Auftragspartner/Vermittler und Inhaber des Empfängerkontos

- Auszahlung von Werbekostenzuschüssen anstatt Verrechnung auf dem Debitorenkonto

- Incentive-Zuwendungen außerhalb des Sozialadäquaten

- Ungewöhnlich hohe Ein- bzw. Auszahlungen in bar oder per Scheck

Vermögensschädigungen

- Erhöhte Quote an Inventurdifferenzen

- Mangelhafte Dokumentation bei Barverkäufen

- Zusammenhang zwischen Dauer der Kundenbeziehung und der Wertberichtigungen gegenüber diesem Kunden

- Erhöhte Fehlerquoten in der Personalabrechnung und Reklamationen der Sozialversicherer

3.3 Pflichten des Wirtschaftsprüfers

Unabhängig von einer eventuell bestehenden Redepflicht stellen wir die folgenden Pflichten des Wirtschaftsprüfers dar.

3.3.1 Erweiterte Prüfungspflicht

Soweit Anzeichen für wirtschaftkriminelles Handeln vorliegen, hat der Abschlussprüfer zu beurteilen, welche Umstände dazu geführt haben und welche Auswirkungen sich auf die Rechnungslegung ergeben.[31] Der Abschlussprüfer hat grundsätzlich davon auszugehen, dass die vermutete wirtschaftskriminelle Handlung kein Einzelfall ist. Er ist dazu verpflichtet, sich zusätzliche Erkenntnisse zu verschaffen, soweit er einen Einfluss auf die Ordnungsmäßigkeit des Abschlusses vermutet. Möglichkeiten dieser Pflicht zu genügen, können unter anderem die Einholung rechtlichen Rates oder zusätzliche Bestätigungsanfragen sein.

3.3.2 Mitteilungspflicht

Im Falle der Aufdeckung von Unregelmäßigkeiten hat der Abschlussprüfer die Pflicht, die Ergebnisse seiner Prüfung unter Beachtung seiner Verschwiegenheitspflicht mitzuteilen. Deckt der Abschlussprüfer wesentliche falsche Angaben in der Rechnungslegung auf, so ist der gesetzliche Vertreter zu informieren.[32] Soweit dieser selbst in die Verstöße involviert ist, muss der Abschlussprüfer unverzüglich das Aufsichtsorgan informieren. Aufgrund seiner Verschwiegenheitspflicht besteht für den Abschlussprüfer nur in wenigen Ausnahmefällen eine Informationspflicht gegenüber den zuständigen Behörden (z. B. Meldepflicht bei Verdacht auf Geldwäsche gem. § 11 GwG). Bei wesentlichen Verstößen kann darüber hinaus auch eine Pflicht zur Berichterstattung im Prüfungsbericht und Bestätigungsvermerk in Betracht kommen.[33]

3.3.3 Dokumentationspflicht

Neben den allgemeinen Dokumentationspflichten hat der Abschlussprüfer die oben genannte Berichterstattung über Verstöße an das Management, das Aufsichtsorgan, die Aufsichtsbehörden und Dritte zu dokumentieren.[34]

---

[31] Vgl. IDW PS 210, Tz. 58 f.

[32] Vgl. IDW PS 210, Tz. 61 f.

[33] Vgl. IDW PS 210, Tz. 69 f.

[34] Vgl. IDW PS 210, Tz. 68

4   Zusammenfassung

Das Thema Wirtschaftskriminalität ist schon längst allgegenwärtig, doch wird in den kommenden Jahren noch mit einem weiteren Anstieg der Fallzahlen zu rechnen sein. Es ist davon auszugehen, dass die aktuelle Wirtschaftskrise wesentlich hierzu beiträgt, da sich für den potentiellen Täter günstigere Gelegenheiten, eine erhöhte Motivation sowie eine gesteigerte innere Rechtfertigung bieten.

Auch wenn die Abschlussprüfung keine systematische Suche nach deliktischen Handlungen beinhaltet, kann das Übersehen von wirtschaftskriminellen Handlungen im Rahmen der Abschlussprüfung erhebliche Konsequenzen haben. Aufgrund einer Verschärfung der Rechtsprechung sowie der Sensibilisierung der Öffentlichkeit und der Strafverfolgungsbehörden ist nicht mehr nur mit erheblichen Reputationsverlusten zu rechnen, vielmehr ist mittlerweile auch eine straf- oder zivilrechtliche Haftung nicht mehr auszuschließen.

Die Herausforderung des Wirtschaftsprüfers besteht zurzeit insbesondere darin, die zahlreichen Begehungsmuster von Wirtschaftskriminalität zu erkennen, obwohl die Prüfungsbudgets immer geringer und der Zeitdruck weiter ansteigen werden.

In diesem Spannungsfeld ist der Abschlussprüfer aber nicht auf sich allein gestellt, sondern es stehen ihm wirksame Werkzeuge zur Verfügung, den neuen Herausforderungen qualifiziert und mandantenorientiert zu begegnen. In erster Linie ist eine konsequente Beachtung des Prüfungsansatzes unabdingbar, indem gerade in Zeiten der Wirtschaftskrise bei der Prüfungsplanung stets von einem erhöhten Risiko wirtschaftskriminellen Handelns auszugehen ist. Zur Identifizierung und Weiterverfolgung konkreter Verdachtsmomente können dem Abschlussprüfer darüber hinaus Experten hilfreich zur Seite stehen.

Literaturhinweise

Bittmann, Folker, BilMoG: Bilanzrechtsmodernisierung oder Gesetz zur Erleichterung von Bilanzmanipulationen?, wistra 2008, S. 441.

Brinkmann, Markus, Bilanzmanipulation – Erscheinungsformen, Warnsignale und Schutzmechanismen, ZRFG 2007, S. 156.

Bundeskriminalamt, Wirtschaftskriminalität Bundeslagebild 2008 – Pressefreie Kurzfassung, Wiesbaden, ohne Datum.

Euler Hermes Kreditversicherungs-AG, Wirtschaftskriminalität – Die verkannte Gefahr, Hamburg, 2008.

Hennrichs, Joachim, Immaterielle Vermögensgegenstände nach dem Entwurf des Bilanzrechtsmodernisierungsgesetzes (BilMoG), DB 2008, S. 537.

Institut der Wirtschaftsprüfer in Deutschland e.V., WP Handbuch 2006 Wirtschaftsprüfung Rechnungslegung Beratung, Band 1, 13. Aufl., Düsseldorf, 2006.

Janke, Günter, Bekämpfung der Wirtschaftskriminalität – Wichtige Aufgabe der Corporate Compliance, ZRFG 2008, S. 173.

Peemöller, Volker H., Stefan Hofmann, Bilanzskandale – Delikte und Gegenmaßnahmen, Berlin, 2005.

Pies, Ingo, Peter Sass, Henry Meyer zu Schwabedissen, Prävention von Wirtschaftskriminalität – Zur Theorie und Praxis der Korruptionsbekämpfung, Wittenberg, 2005.

Schmid, Wolfgang, Buchhaltung und Bilanz, in: Christian Müller-Gugenberger und Klaus Bieneck (Hrsg.): Wirtschaftsstrafrecht, 4. Aufl., Köln, 2006.

Winkeljohann, Norbert, Horst Geißler, in: Beck'scher Bilanz-Kommentar Handels- und Steuerbilanz: Allgemeine Bewertungsgrundsätze, 6. Aufl., München, 2006.

Wells, Joseph T., Occupational Fraud and Abuse, Austin, Texas/USA, 1997.

Aufdeckung von Korruptions-delikten durch den Abschlussprüfer

Prof. Dr. Dr. h.c. Jörg Baetge, Dr. Thorsten Melcher

1   Einleitung

Wiederholte Korruptionsfälle und die umfassende Berichterstattung der Medien darüber zeigen, dass dem Thema "Korruption" von der Öffentlichkeit hohe Bedeutung beigemessen wird.[1] Die Studien der Association of Certified Fraud Examiners (ACFE) "Report to the nation 2006" und "Report to the nation 2008" belegen, dass Korruptionsdelikte in den USA in den Jahren zwischen 2004 und 2008 mehr als 27% aller wirtschaftskriminellen Handlungen ausmachen.[2] Zu ähnlichen Ergebnissen kommt eine Studie der KPMG aus dem Jahr 2007, wonach 23 % der wirtschaftskriminellen Handlungen in Europa Korruptionsdelikte sind.[3]

---

[1]   Vgl. zur Darstellung von Korruptionsfällen in den Medien anstatt vieler Burgard, O., Bakschisch-Republik, S. 83; Storn, A., Tatort Deutschland, S. 21; Meier, L., Korruptionsverdacht, S. 1 f.; Dahlkamp, J./Deckstein, D./Schmitt, J., Die Firma, S. 76-90; Dahlkamp, J. u. a., Soldaten von Siemens, S. 94-97; Leyendecker, H./Ott, K., Was haften bleibt, S. 25.

[2]   Vgl. ACFE (Hrsg.), 2006 Report to he nation, S. 10; ACFE (Hrsg.), 2008 Report to the nation, S. 11.

[3]   Vgl. KPMG (Hrsg.), Profile of a Fraudster, S. 24.

Zudem ist die mögliche Schadenshöhe in Korruptionsfällen beachtenswert. So hat der Bestechungsfall „Siemens" den mit geschätzten zwei Mrd. € bisher schadensintensivsten Fall von Bilanzmanipulation in Deutschland, nämlich „Flowtex", übertroffen.

Spätestens seit dem Fall „Siemens" wird aber auch der Abschlussprüfer mit dem Thema "Korruption" in Verbindung gebracht. So haben Schlagzeilen, wie „What did KPMG know?" im Wall Street Journal Europe,[4] dazu beigetragen, dass die Wirtschaftsprüfungsgesellschaft KPMG als Abschlussprüfer von Siemens enorme Reputationsverluste hinnehmen musste, nachdem die Korruptionsfälle bekannt geworden sind. Dies führte für die KPMG dazu, dass das jahrzehntelang innegehabte Prüfungsmandat „Siemens" an den Konkurrenten Ernst & Young verlorenging. Dieses Beispiel verdeutlicht, dass der Abschlussprüfer – losgelöst von den Verpflichtungen nach den handelsrechtlichen Regelungen und den berufsständischen Verlautbarungen – Korruptionsdelikte auch zum Schutz der eigenen Reputation aufdecken muss.

2   Bedeutung von Korruptionsdelikten für den Abschlussprüfer

2.1   Einordnung der Korruptionsdelikte in die Kategorisierung des IDW PS 210

Für den Abschlussprüfer sind im Rahmen der Abschlussprüfung diejenigen wirtschaftskriminellen Handlungen bedeutsam, die sich wesentlich auf die Darstellung der Vermögens-, Finanz- und Ertragslage im Jahresabschluss auswirken (§ 317 Abs. 1 Satz 3 HGB). Während der Gesetzgeber in § 317 Absatz 1 Satz 3 HGB lediglich die unabsichtlich begangenen Unrichtigkeiten und die absichtlich begangenen Verstöße nennt, differenziert das Institut der Wirtschaftsprüfer (IDW) im Prüfungsstandard IDW PS 210 die absichtlich begangenen Verstöße in die drei Kategorien „Täuschungen", „Vermögensschädigungen" und „Gesetzesverstöße". Täuschungen sind danach all jene wirtschaftskriminellen Handlungen, die eine Manipulation des Rechenwerkes darstellen, wie Belegfälschungen oder absichtlich begangene Falschbuchungen.[5] Vermögensschädigungen sind unrechtmäßige Entnahmen und die Veruntreuung von Vermögensgegenständen des Unternehmens. Gesetzesverstöße umfassen diejenigen Verstöße, die nicht zwingend das Bilanzrecht und damit die Rechnungslegung tangieren, die sich aber mittelbar oder unmittelbar auf den Jahresabschluss auswirken.

---

[4]   Vgl. o.V. (2007), What did KPMG know?, S. 1 und 28.
[5]   Vgl. IDW PS 210.7.

Nicht aufdecken muss der Abschlussprüfer nach der Auffassung des IDW die sog. „sonstigen Gesetzesverstöße". Dies sind solche Gesetzesverstöße, die das Bilanzrecht nicht tangieren und die sich daher nicht auf die Rechnungslegung und den Jahresabschluss auswirken.

Korruptionsdelikte sind indes meist vielschichtig und umfassen verschiedene Delikte. Sie lassen sich deshalb i.d.R. nicht nur einer einzelnen Deliktkategorie gemäß der Kategorisierung des IDW in PS 210 zuordnen. Wir differenzieren deshalb im Folgenden die unterschiedlichen Korruptionsdelikte in aktive Korruption und passive Korruption.[6]

Unter aktiver Korruption sind diejenigen Korruptionsdelikte zusammenzufassen, die von Unternehmensvertretern „für" das Unternehmen begangen werden.[7] Diese aktiven Handlungen, die Gesetzesverstöße darstellen und zu denen vor allem Bestechung und gewährte unzulässige Gratifikationen zählen, werden i.d.R. vom Top-Management bzw. von Einkaufs- oder Vertriebsbeauftragten begangen und bedingen meist sog. Sekundärdelikte, die sich unmittelbar auf den Jahresabschluss auswirken.[8]

Durch passive Korruptionsdelikte, wie Interessenkonflikte, Bestechung von Mitarbeitern, wirtschaftliche Erpressung und unzulässige Gratifikationen, werden Unternehmensangehörige korrumpiert. Aus den (erkauften) Entscheidungen folgen Nachteile für das Unternehmen und damit Vermögensschädigungen, die sich auf den Jahresabschluss auswirken. Während angenommene Bestechungsgelder und gewährte Vorteile sonstige Gesetzesverstöße von Mitarbeitern sind, die sich nicht unmittelbar auf den Jahresabschluss auswirken,[9] kommt es durch die häufig damit ausgelöste (verbundene) unberechtigte und in Kauf genommene Überbewertung von Gegenständen des Anlage- und Umlaufvermögens aufgrund von überhöhten Preisen zu falschen Angaben in der Rechnungslegung.[10] Ausgehend von dieser grundlegenden Systematisierung veranschaulicht die folgende Übersicht, welche Deliktkategorien des IDW PS 210 durch aktive und passive Korruption tangiert werden.[11]

---

6   Vgl. zur aktiven und passiven Korruption auch Stierle, J., Korruptionscontrolling, S. 25 f.

7   Vgl. Samson, E./Langrock, M., Bekämpfung von Wirtschaftskriminalität, S. 1684.

8   Vgl. Kresse, W., Aufdecken von Bestechungshandlungen, S. 204 f.

9   Vgl. Hamann, C., Aufdeckung doloser Handlungen, S. 34.

10   Vgl. Kresse, W., Aufdecken von Bestechungshandlungen, S. 206 f.; Bantleon, U./ Thomann, D., Grundlegendes zum Thema Fraud, S. 1715; Salvenmoser, S., Schaden feststellen, S. 2.

11   Vgl. Melcher, T., Aufdeckung, S. 96.

Aktive Korruption		Unrichtig-keiten und Verstöße	Passive Korruption
Sekundärdelikt	Primärdelikt		

Sonstiger Gesetzes-verstoß   des Mit-arbeiters

Belegfälschung/ Bildung schwarzer Kassen → des Unternehmens → Gesetzes-verstoß

Erwartete Strafen bzw. Bußgelder wurden nicht berücksichtigt → Manipulation der Rechnungslegung

Legende

— Tat, Gesetzesverstoß und Schaden des Unternehmens

--- Gesetzesverstoß des Mitarbeiters

Vermögens-schädigung   Überteuerte oder nicht erhaltene Leistungen, mindere Qualität

Unbeab-sichtigter Fehler ← Nein ← Vermögens-schädigung bemerkt und korrigiert?

Kein Fehler ← Ja

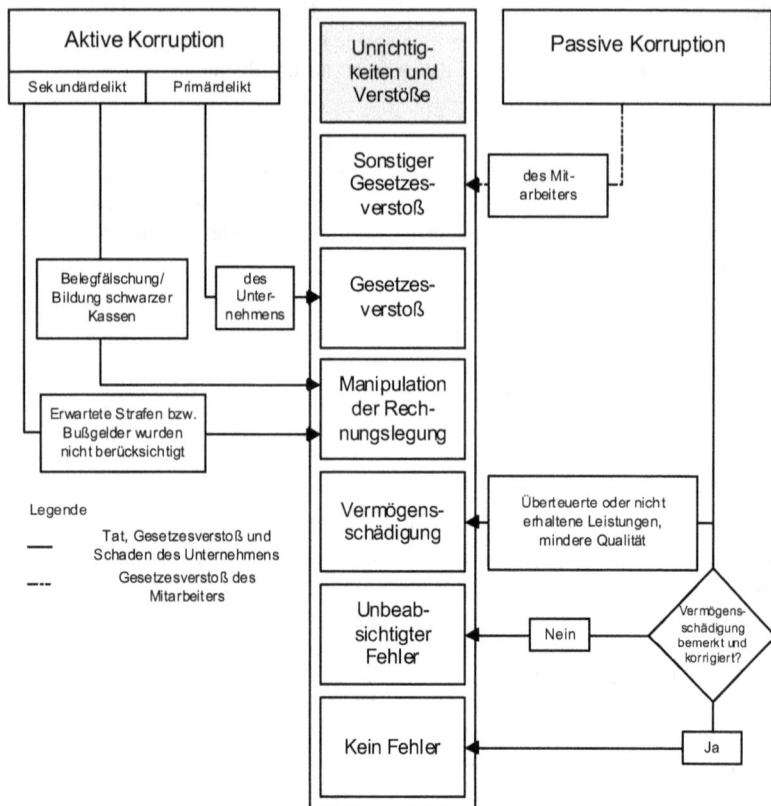

Abb. 2-1: *Kategorisierung der Korruptionsdelikte bzgl. der Kategorisierung nach IDW PS 210*

2.2 Arten von Korruptionsdelikten

2.2.1 Interessenkonflikte

Bei Interessenkonflikten ist der Täter "Diener zweier Herren", indem er einerseits als Mitarbeiter im Interesse des Unternehmens tätig ist und andererseits die eigenen oder die Interessen eines ihm nahestehenden Dritten, zum Nachteil seines Arbeitgebers verfolgt.[12] Dabei sorgt der Mitarbeiter beispielsweise dafür, dass ein Unternehmen, an dem er selbst, Verwandte oder Freunde beteiligt sind, Aufträge erhält.[13] Zwar wird das auftragerteilende Unternehmen durch die Auftragsvergabe

---

[12] Vgl. Transparency International (Hrsg.), Korruptionsprävention, S. 26; ACFE (Hrsg.), 2006 ACFE Report to the Nation, S. 17; Wells, J .T./Kopetzky, M., Handbuch Wirtschaftskriminalität, S. 285.

nicht zwingend geschädigt, aber wenn Waren oder Dienstleistungen durch die Mitwirkung des eigenen Mitarbeiters zu teuer eingekauft werden, schlägt sich dies als Vermögensschädigung, durch zu hohe Aufwendungen oder durch zu teuer erworbene Aktiva, im Jahresabschluss nieder. Dadurch wird die wirtschaftliche Lage des Unternehmens falsch dargestellt. Ist der Mitarbeiter des Unternehmens nicht an einem Lieferanten oder Dienstleister, sondern an einem Kunden beteiligt, kann ein Interessenkonflikt bei der Belieferung oder Gewährung von Zahlungskonditionen, z. B. durch Rabatte und Boni, bestehen. Zwar ist die bevorzugte Belieferung eines Kunden erfolgsneutral für den Arbeitgeber, allerdings führen besonders günstige Zahlungskonditionen, wie ein langes Zahlungsziel oder außerordentlich hohe Skontobeträge, dazu, dass das auftragnehmende Unternehmen geschädigt wird. Deshalb liegt auch in diesem Fall eine Vermögensschädigung vor.

2.2.2   Bestechung

Bestechungshandlungen werden von Vertretern eines Unternehmens – meist von Angehörigen des Top-Managements – begangen, um Aufträge zu erlangen oder um Produkte minderer Qualität oder zu überhöhten Preisen verkaufen zu können (aktive Korruption). Dazu leistet das korrumpierende Unternehmen sog. Schmiergeld- oder Kick-Back-Zahlungen an Mitarbeiter des auftragerteilenden Unternehmens.

Bestechungsdelikte setzen im korrumpierenden Unternehmen zumeist vorbereitende und verschleiernde Delikte voraus. Aufgrund der Komplexität sind deshalb meist mehrere Mitarbeiter an Bestechungshandlungen beteiligt, die das Primärdelikt und die Sekundärdelikte begehen. Dazu werden im korrumpierenden Unternehmen in der Regel, neben dem Primärdelikt der Zahlung oder der Gewährung einer unzulässigen Gratifikation, Sekundärdelikte zur Verschleierung der Zahlung begangen. Zu solchen Sekundärdelikten zählen Belegfälschungen und fingierte Rechnungen, die eine Auszahlung verschleiern (sollen).

Entweder werden fiktive Aufwendungen durch den Defraudanten ins Rechenwerk geschleust oder der Korrumpierende legt eine schwarze Kasse an, die es ihm ermöglicht, unbemerkt Zahlungen an Dritte zu leisten. Zu diesem Zweck werden dem Unternehmen zuerst systematisch und ohne Dokumentation im Rechenwerk liquide Mittel entzogen. Aus der auf diese Weise entstandenen schwarzen Kasse können anschließend Zahlungen an Dritte abgewickelt werden, ohne dass der Geldtransfer in der Rechnungslegung des Unternehmens auftaucht. Inzwischen wird die Bedeutung von schwarzen Kassen auch von der Gerichtsbarkeit hervorgehoben. So hat der Bundesgerichtshof am 29. August 2008 in einem Urteil zu Schmiergeldzahlungen bei Siemens bereits das Führen einer schwarzen Kasse als Untreuehandlung gewertet, da hierdurch gegen das „Buchführungs- und Bilanzierungsrecht" verstoßen wird und somit das Unternehmen und die Anteilseigner durch die entzogenen liquiden Mittel geschädigt werden.[14]

---

[13]   Vgl. Coenen, T. L., Essentials of Corporate Fraud, S. 85.

Anders verhält es sich, wenn eigene Mitarbeiter von anderen Unternehmen bestochen werden (passive Korruption). Neben dem „sonstigen Gesetzesverstoß" des Arbeitnehmers (Vorteilsnahme), der sich nicht auf den Jahresabschluss auswirkt, kommt es für das Unternehmen zu einer Vermögensschädigung, wenn der Korrumpierende einen Vorteil durch die Bestechung, z. B. einen zu teuren Auftrag erhält oder minderwertige Ware liefern kann.

2.2.3 Unzulässige Gratifikationen

Bei diesem Korruptionsdelikt werden Unternehmensangehörigen Vermögensgegenstände von fremden Unternehmen überlassen. Sie stellen gegenüber der Bestechung, die eine künftige Entscheidung des Korrumpierten beeinflussen soll, eine nachträgliche Gabe für eine zugunsten des Gratifikationsgebers getroffene Entscheidung dar.[15] Nimmt ein Mitarbeiter solche Geschenke an, besteht die Gefahr, dass er sich dem Schenkenden verpflichtet fühlt und künftige Entscheidungen ggf. zum Vorteil des Schenkenden beeinflusst. Um künftige Entscheidungen nicht durch eine solche „moralische" Verpflichtung oder gar durch die Erwartung von weiteren Geschenken beeinflussen zu lassen, werden in vielen Unternehmen Höchstgrenzen eingeführt oder die Annahme von Geschenken generell untersagt.[16]

2.2.4 Wirtschaftliche Erpressung

Das Korruptionsdelikt „wirtschaftliche Erpressung" liegt vor, wenn sich ein Mitarbeiter des ausschreibenden oder auftragerteilenden Unternehmens an Bieter oder potenzielle Auftragnehmer wendet, um Bestechungsgeld für eine künftige Auftragserteilung zu verlangen.[17] Die wirtschaftliche Erpressung ist das Pendant zur passiven Bestechung mit vertauschten Rollen.

---

[14] Vgl. zu dem BGH-Urteil vom 29. August 2008 (AZ. 2 StR 587/07) auch Bundesgerichtshof (Hrsg.), Verurteilung wegen Untreue; Leyendecker, H., Schwarze Kassen sind strafbar, S. 23; O.V. (2008), Urteil ächtet Besitzer schwarzer Kassen; Hardt, C., Verbot für schwarze Kassen, S. 11.

[15] Vgl. Wells, J. T./Kopetzky, M., Handbuch Wirtschaftskriminalität, S. 281.

[16] Einmalige unzulässige Gratifikationen verursachen nur „relativ" geringe Schäden und wirken sich nicht auf das Rechenwerk und den Jahresabschluss aus. Gibt es keine weiteren Geschäftsbeziehungen, dann wirken sich solche Geschenke weder nachteilig für das zu prüfende Unternehmen noch positiv für den Schenkenden aus. In solchen Fällen sind Prüfungshandlungen, die auf dem Rechenwerk aufsetzen und sich auf einzelne Geschäftsvorfälle beziehen daher nicht erfolgversprechend. Im Folgenden werden unzulässige Gratifikationen nicht weiter behandelt.

[17] Vgl. ACFE (Hrsg.), 2006 ACFE Report to the Nation, S. 17; Coenen, T. L., Corporate Fraud, S. 84 f.

2.3 Verpflichtung des Abschlussprüfers zur Aufdeckung von Korruptionsdelikten

Der Abschlussprüfer kann weder mit absoluter Sicherheit jegliche wirtschafts-kriminellen Handlungen – noch alle Korruptionsdelikte aufdecken – und ist dazu auch nicht verpflichtet. Er muss aber mit einer solchen Zielrichtung prüfen und versuchen, solche (Korruptions-) Delikte aufzudecken, die sich wesentlich auf die wirtschaftliche Lage und auf den Fortbestand des Unternehmens auswirken. Zwar zählt das Primärdelikt „Korruption" zu den Gesetzesverstößen, die sich nicht unmittelbar auf den Jahresabschluss auswirken, doch haben sowohl die Sekundär-delikte bei der aktiven Korruption (Manipulation der Rechnungslegung) als auch die Folgen der passiven Korruption (Vermögensschädigungen) unmittelbar Ein-fluss auf den Jahresabschluss. Daher ist es Aufgabe des Abschlussprüfers, nach derartigen Verstößen mit wesentlichen Auswirkungen auf die Rechnungslegung zu suchen und diese bei der gesetzlichen Abschlussprüfung möglichst aufzudecken, um den gesetzlichen Regelungen und den berufsständischen Verlautbarungen gerecht zu werden und um die eigene Reputation zu schützen.[18]

3 Aufdeckung von Korruptionsdelikten

3.1 Vorgehen des Abschlussprüfers zur Aufdeckung von Korruptionsdelikten

Die Aufdeckung von wirtschaftskriminellen Handlungen durch den Abschlussprü-fer ist kein separater, sondern ein in die gesetzliche Abschlussprüfung integrierter Prüfungsbestandteil. Aufgrund der hohen Relevanz von wirtschaftskriminellen Handlungen ist hier eine „Suche nach wirtschaftskriminellen Handlungen" oder neudeutsch ein „Fraud-Auditing-Prozess" erforderlich. Da der Prüfer stets damit rechnen muss, dass wirtschaftskriminelle Handlungen das Rechenwerk verändert haben und sich somit diese auf den Jahresabschluss auswirken, muss er von vorn-herein grundsätzlich und systematisch nach Verstößen suchen.[19]

Bei Korruptionsdelikten handelt es sich primär um sog. Off-book-fraud, d. h., dass das Primärdelikt außerhalb des Rechenwerks stattfindet und dass erst die Sekundär-delikte sowie die aus dem Korruptionsdelikt resultierenden (Mehr- oder Minder-)Umsätze im Rechenwerk abgebildet werden. Aufgrund der Vielzahl der potenziell tangierten Konten kann bei der (obligatorischen) kritischen Kontendurchsicht nicht zwingend ein Indiz für ein Korruptionsdelikt gefunden werden. Deshalb wäre zur

---

[18] Vgl. Hamann, C., Aufdeckung doloser Handlungen, S. 34; Bantleon, U./Thomann, D., Grundlegendes zum Thema Fraud, S. 1715; Melcher, T., Aufdeckung, S. 11 und 99.

[19] Vgl. Baetge, J., Vertrauen in die Abschlussprüfung, S. 68.

Erlangung einer angenähert hundertprozentigen Sicherheit der Aufdeckung durch den Prüfer eine Vollprüfung erforderlich. Dies ist aus Wirtschaftlichkeitsgründen weder möglich noch sinnvoll.[20] Erfolgversprechender ist es deshalb, die Risiken für Korruptionsdelikte bei der Risikobeurteilung zu untersuchen und die internen Kontrollen zu prüfen, um dann den dabei erhaltenen Hinweisen gründlich nachzugehen. Dabei ist das Vorgehen des Abschlussprüfers aufgrund des zu erwartenden Täterkreises nach aktiven und passiven Korruptionsdelikten zu differenzieren.

3.2 Aufdeckung von aktiven Korruptionsdelikten

Bei der Aufdeckung von aktiven Bestechungshandlungen ist zu berücksichtigen, dass es sich hier i.d.r. um Top-Management-Fraud handelt und dass die Gefahr besteht, dass das Top-Management die implementierten internen Kontrollen ausschaltet (Management Override). Der Prüfer muss deshalb stets ein sog. Fraud-Risk-Assessment durchführen. Im Rahmen eines solchen Fraud-Risk-Assessment muß der Abschlußprüfer mittels einer Risikobeurteilung die Fraud- bzw. Korruptionswahrscheinlichkeit bestimmen und vorhandene Red-Flags identifizieren, die auf aktive Korruptionsdelikte hindeuten.[21] Dabei muss er Auffälligkeiten aus publik gewordenen Korruptionsfällen und eigene Erfahrungen ebenso berücksichtigen, wie die Wirkungen des Primärdelikts „aktive Bestechung" und der Sekundärdelikte zur Verschleierung im Rechenwerk. Erst im Anschluss an das Fraud-Risk-Assessment kann die zielgerichtete Aufdeckung der vermuteten Delikte – im Rahmen der Fraud Detection – durchgeführt werden.

Der Prüfer muss beurteilen, ob das Management besonderen Anreizen oder einem besonders hohen Erfolgsdruck ausgesetzt ist. Einen solchen Anreiz bieten vor allem hohe erfolgsabhängige Vergütungsbestandteile.[22] Indes können auch die Erwartungen der Eigenkapital- und Fremdkapitalgeber dazu führen, dass das Management die Auftragsakquisition mittels Schmiergeldzahlungen beeinflusst.[23] Zwar ist der Prüfer kein Psychologe, indes können Indizien auf eine mangelnde Integrität des Top-Managements hindeuten.

Anhaltspunkte für eine geringe Integrität des Top-Managements:

- autokratischer Führungsstil,
- fehlende bzw. unzureichende Überwachungsinstrumente,
- fehlende Bereitschaft, das interne Kontrollsystem zu verbessern,
- undurchsichtige Organisationsstrukturen,

---

[20] Leffson/Lippmann/Baetge vermuten, dass das Honorar für eine solche Vollprüfung die Kosten des gesamten Rechnungswesens des zu prüfenden Unternehmens übersteigen würde. Vgl. Leffson, U./Lippmann, K./Baetge, J., Sicherheit und Wirtschaftlichkeit, S. 17.

[21] Vgl. Schruff, W., Aufdeckung von Top-Management-Fraud, S. 906.

[22] Vgl. Benz, J. u. a., Handbuch Korruptionsprävention, S. 70, Rn. 125.

[23] Vgl. Benz, J. u. a., Handbuch Korruptionsprävention, S. 71, Rn. 128.

- aggressive Bilanzierungs- und Geschäftspraktiken,

- hohe Fluktuation im Vorstand und im Aufsichtsrat,

- negative Berichterstattung in den Medien über wirtschaftskriminelle Handlungen,

- der Abschlussprüfer wird angelogen bzw. ihm werden nur unzureichende Auskünfte erteilt,

- das Vertrauensverhältnis zwischen Abschlussprüfer und Top-Management ist beschädigt,

- ablehnende oder sogar feindliche Haltung des Top-Managements gegenüber dem Prüfer,

- „Opinion shopping", um die jeweils günstigste Rechtsnorm zu nutzen,

- Versuche des Top-Managements, dem Abschlussprüfer nur beschränkten Einblick in das Rechenwerk zu gewähren und Befragungen von Mitarbeitern zu verhindern und

- häufiger Wechsel des Abschlussprüfers.

Die o. g. Anhaltspunkte sind Hinweise, aber keine verlässlichen Informationen über die mangelnde Integrität des Top-Managements. Trotzdem sollte der Abschlussprüfer diese Anhaltspunkte bei seiner Risikobeurteilung unbedingt berücksichtigen. Denn die eigenen Beobachtungen, die Durchsicht von Unterlagen, die Einsicht in unternehmensinterne Aufzeichnungen sowie Befragungen sind die Grundlage dafür, dass der Prüfer die Integrität des Top-Managements einschätzen kann.

Zudem muss der Prüfer auch die Entwicklung der wirtschaftlichen Lage des Unternehmens möglichst objektiv beurteilen. Denn eine schlechte wirtschaftliche Lage kann das Management dazu veranlassen, Gesetzesverstöße – wie Bestechungshandlungen – zu begehen, um damit die ungünstige Situation „abzuwenden".[24] Zur objektiven und effizienten Beurteilung von Jahresabschlüssen sind vor allem moderne Bilanzbonitätsbeurteilungssysteme, wie das Baetge Bilanz-Rating (BBR) oder Moody's RiskCalc[TM], geeignet.[25] Mit solcher Art von Systemen ist es dem Abschlussprüfer möglich, ein objektiviertes Urteil über die wirtschaftliche Lage des Unternehmens zu erhalten. Ergibt eine solche Bilanzbonitätsbeurteilung, dass die wirtschaftliche Lage des Unternehmens schlecht ist, muss der Prüfer von einer erhöhten Korruptions- und Manipulationswahrscheinlichkeit ausgehen.[26]

---

[24] Vgl. Leffson, U., Wirtschaftsprüfung, S. 166; Ludewig, R., Abschlussprüfung und kriminelle Energie, S. 400.

[25] Vgl. Baetge, J./Hüls, D./Uthoff, C., Früherkennung der Unternehmenskrise, S. 21-29; Baetge, J./Jerschensky, A., Moderne Verfahren der Jahresabschlussanalyse, S. 1581-1591; Escott, P./Glormann, F./Kocagil, A. E., Moody's RiskCalc[TM], S. 1-26.

[26] Vgl. Baetge, J./Melcher, T./ Schulz, R., Vermeidung von Bilanzdelikten, S. 41.

Allerdings lassen die o.g. Anhaltspunkte und auch eine schlechte wirtschaftliche Lage keineswegs sicher auf ein (konkretes) Delikt schließen. Daher muß der Prüfer zusätzlich versuchen, korruptionsspezifische Risiken zu berücksichtigen. Dazu sollte er versuchen, die Korruptionswahrscheinlichkeit, die Anfälligkeit des Unternehmens sowie den Umgang des Managements mit dem Thema „Korruption" zu bestimmen, indem er bei seiner Beurteilung die (Welt-)Regionen und die Branche(n), in denen das Unternehmen tätig ist, sowie eigene Erfahrungen bzw. publik gewordene Korruptionsfälle bei vergleichbaren Unternehmen berücksichtigt. Ist das zu prüfende Unternehmen häufig in korruptionsanfälligen Weltregionen,[27] wie Afrika, Asien oder Südamerika, tätig, muss der Prüfer damit rechnen, dass sich das Unternehmen an die nationalen Gegebenheiten „anpasst". Ist das Unternehmen zudem in einer korruptionsanfälligen Branche, wie der Bauindustrie, dem Großanlagenbau oder dem Waffenhandel, tätig, ist von einer erhöhten Korruptionswahrscheinlichkeit auszugehen.[28] Wurden ferner bei Konkurrenzunternehmen Bestechungshandlungen bekannt oder Ermittlungen aufgenommen, muss der Prüfer damit rechnen, dass auch vom zu prüfenden Unternehmen Bestechungen als Mittel zur Akquisition eingesetzt werden.

Bei der Beurteilung, ob Bestechungshandlungen vorliegen, sind aber auch die Erkenntnisse aus Befragungen zu berücksichtigen. Zwar gibt das befragte Top-Management erfahrungsgemäß – aus Unwissenheit oder da es selbst an den Korruptionsdelikten beteiligt ist – keine sachdienlichen Hinweise. Dagegen geben Mitarbeiter des Rechnungswesens, die selbst nicht in Bestechungshandlungen verwickelt sind, dem Prüfer auf Auskunftsersuchen nicht selten Hinweise auf vom Top-Management bewusst verschwiegene Geschäftsvorfälle, umgangene Kontrollen oder besonders einträgliche Aufträge mit einem besonders hohen Rohertrag. Hinweisgebende Mitarbeiter riskieren indes ihre berufliche Zukunft. Deshalb sollte das Unternehmen – aus Eigeninteresse – ein unabhängiges und den Informanten schützendes Hinweisgebersystem implementieren und eingehende Hinweise an den Aufsichtsrat, an eine unabhängige Stabstelle oder an den Abschlussprüfer geben.

Zur Risikobeurteilung muss der Prüfer auch ermitteln, ob interne Kontrollen gegen Bestechungsmaßnahmen implementiert wurden, ob diese vollständig sind und ob sie funktionieren. Hierbei muss der Abschlussprüfer explizit die Gefahr eines Management-Override beachten. Die internen Kontrollen müssen auch die Gefahr von Bestechungshandlungen berücksichtigen und Manager und Mitarbeiter sowohl mittels Selbstverpflichtungen als auch durch Transparenz der arbeits- und strafrechtlichen Konsequenzen als auch durch Implementierung von Überwachungshandlungen (internen Kontrollen) daran hindern, Korruptionsdelikte zu begehen.[29]

---

[27] Vgl. zur Korruptionsanfälligkeit einzelner Weltregionen und Länder auch Transparency International (Hrsg.), Corruption Perceptions Index 2008, S. 1-5.

[28] Vgl. Schruff, W., Aufdeckung von Top-Management-Fraud, S. 907; KPMG (Hrsg.), Profile of a Fraudster, S. 24 f.; Janke, G., Kompendium Wirtschaftskriminalität, S. 162.

[29] Vgl. Maschmann, F., Handbuch Korruptionsprävention, S. 111-126, Rn. 44-89; S. 176-179, Rn. 224-231.

Die internen Kontrollen müssen bspw. sicherstellen, dass

- schriftliche Geschäfts- und Verhaltensgrundsätze bestehen und dass alle Mitarbeiter arbeitsvertraglich zur Einhaltung des Code-of-Conduct und zur Rechtstreue verpflichtet sind,

- das Vier-Augen-Prinzip und eine Aufgaben- und Funktionstrennung gewährleistet sind,

- alle korruptionsanfälligen Abteilungen regelmäßig auf Indizien für Korruptionsdelikte überprüft werden,

- durch Job-Rotation in sensiblen Positionen vermieden wird, dass sich Mitarbeiter „unabkömmlich" machen,

- ein implementiertes Whistleblowing-System zuverlässig und den Whistleblower schützend funktioniert,

- Bestechungsgelder weltweit weder angeboten noch gezahlt werden,

- alle Beraterrechnungen und Beraterverträge geprüft und gesondert genehmigt werden und

- Rechnungen, deren Lieferungs- oder Leistungsgegenstand nicht bekannt oder keiner Kostenstelle zuordenbar sind, über das Vier-Augen-Prinzip hinaus, von einem Vorgesetzten genehmigt werden.

Die o. g. Risikofaktoren sind bei der Implementierung und „Wartung" der internen Kontrollen zu berücksichtigen. Der Prüfer muss feststellen, ob diese wirksam und ganzjährig funktionsfähig gewesen sind. Dazu muss er zumindest stichprobenartig einzelne Prozessse anhand von Geschäftsvorfällen prüfen. Bei „verdächtigen" Erkenntnissen aus der Risikobeurteilung und aus der Prüfung der internen Kontrollen sind weitere intensive Prüfungshandlungen erforderlich, um Korruptionsdelikte aufzudecken oder auszuschließen.

Die Effizienz und Effektivität interner Kontrollen sollte in einem ersten Schritt auch mittels analytischer Prüfungshandlungen geprüft werden. Beispielsweise sollten besonders hohe Umsatzerlöse in Verbindung mit den zugehörigen Debitoren analysiert werden. Dabei sollte zuerst die Entwicklung der Umsatzerlöse betrachtet werden. Haben sich diese stabil entwickelt oder sind sie leicht gestiegen, spricht dies für eine kontinuierliche Geschäftsentwicklung. Sind die Umsatzerlöse aber sprunghaft gestiegen, muss der Abschlussprüfer die Ursache klären. Im zweiten Schritt sollte er untersuchen, ob sich die Debitorenstruktur (ebenfalls) wesentlich verändert hat. Auf das Risiko hin, dass im Schmalenbachschen Sinne „Schlendrian mit Schlendrian"[30] verglichen wird, können Trendanalysen bei der Umsatzentwicklung Indizien dafür liefern, ob einzelne Debitoren ihr Kaufverhalten auffällig geändert haben. Ergänzend können die den Umsatzerlösen jeweils zuordenbaren Aufwendungen untersucht werden. Dies ist vor allem dann sinnvoll, wenn bei den Befragungen von Mitarbeitern des Controllings oder des Rechnungswesens Zweifel aufgekommen sind, ob einzelne Debitoren Waren zu überhöhten Preisen abneh-

---

[30] Schmalenbach, E., Kostenrechnung, S. 447.

men oder zu zu hohen Preisen erhalten, die in der Rechnungslegung im ersten Fall zu einem steigenden, im zweiten Fall zu sinkenden aber nicht zu erklärenden Roherträgen geführt haben.[31] Solche besonders „lukrativen" aber auch besonders ungünstige Aufträge sind vom Prüfer gemeinsam mit den verantwortlichen Mitarbeitern und Managern zu plausibilisieren. Aber auch als Aufwendungen getarnte Auszahlungen, die dem Auf- oder Ausbau einer schwarzen Kasse dienen könnten, sind vom Abschlussprüfer zu suchen. Meist erfolgen solche Auszahlungen über Scheinrechnungen für angebliche Leistungen immaterieller Güter, z. B. Beratungsleistungen. Ferner lauten Scheinrechnungen meist auf einen fiktiven Rechnungsaussteller. Ein mögliches Indiz dafür sind vor allem Scheck- oder Barzahlungen, da der Zahlungsempfänger anonym bleiben soll.

Daher ermöglichen auch Bank- oder Saldenbestätigungen in diesen Fällen keine hohe Aufdeckungswahrscheinlichkeit. Denn selbst wenn der Prüfer bei allen Partner-Banken, verbundenen Unternehmen sowie den Debitoren und Kreditoren Bank- bzw. Salden- oder Transaktionsbestätigungen für sämtliche Konten, Depots und Rechnungen anfordert, ist die Aufdeckung „schwarzer Kassen" unmöglich, wenn diese bei dem Prüfer unbekannten Banken oder bei nicht im Konzernabschluss konsolidierten Tochterunternehmen, wie Vertriebsgesellschaften oder bei *Special Purpose Entities* (SPE), angelegt sind.[32] Diesbezüglich weist das IDW darauf hin, dass die Konsolidierung von SPE einen besonderen Problembereich der Rechnungslegung nach IFRS im Kontext der aktuellen Wirtschafts- und Finanzmarktkrise darstellt.[33] Darauf hat auch die DPR[34] reagiert und angekündigt, im Prüfungsjahr 2009 die Konsolidierung von SPE schwerpunktmäßig zu prüfen.[35]

Zu den Standardprüfungshandlungen bei der gesetzlichen Abschlussprüfung muss es zudem gehören, dass der Prüfer Beraterrechnungen und Beraterverträge untersucht und ermittelt, ob der Aufsichtsrat (Beirat) die Verträge genehmigt hat. Denn diese sind nicht nur dazu geeignet, eine schwarze Kasse zu füllen. Vor allem abgerechnete Beratungsleistungen, die im Unternehmen nicht bekannt sind und zu denen keine detaillierten Ergebnisse und Unterlagen vorliegen, sind Anhaltspunkte im Hinblick auf „schwarze Kassen".[36] Um fiktive oder zweifelhafte Beratungsfirmen und -rechnungen zu identifizieren, sollte der Prüfer Hintergrundinformationen im Sinne eines sog. Business-Partner-Screenings über das Handelsregister, Wirtschaftsauskunftsdienste und Wirtschaftsdatenbanken einholen. Aufsetzend auf möglichen Indizien sind anschließend die beteiligten Mitarbeiter im zu prüfenden

---

[31] Vgl. zur auffälligen Entwicklung des Rohertrags und weiterer Kennzahlen auch Wells, J. T., Irrational Ratios, S. 80-83.

[32] So betrug das Gesamtvolumen der Einzahlungen in schwarze Kassen bei Siemens laut interner Ermittlungen im November 2007 1,3 Mrd. Euro. Vgl. dazu Janke, G., Kompendium Wirtschaftskriminalität, S. 161.

[33] Vgl. IDW (Hrsg.), Prüfungsfragen im Kontext der Wirtschaftskrise, S. 18.

[34] Deutsche Prüfstelle für Rechnungslegung; zu den Rechtsgrundlagen der DPR siehe §§ 342b ff. HGB sowie §§ 37n ff. WpHG.

[35] Vgl. DPR (Hrsg.), Tätigkeitsbericht 2008, S. 10.

[36] Vgl. Lembeck, U., Handbuch Korruptionsprävention, S. 267 f., Rn. 61.

Unternehmen zu identifizieren und ihnen zuordenbare Geschäftsvorfälle und Beziehungen zu „Beratern", bspw. anhand des E-Mail-Verkehrs, Korrespondenz, Telefonaten und Reisekostenabrechnungen, nachzuvollziehen. Mögliche Beziehungsgeflechte können u. a. mit Litigation-Support-Software, wie „Case Map", aufbereitet und anschließend etwa mit der Software „I2" visualisiert werden.[37] Werden Rechnungen, Berater oder Mitarbeiter bei der Prüfung auffällig, dann sind zunächst die Mitarbeiter und ihre Vorgesetzten zur Klärung der Fragen hinzuzuziehen. Können diese den Verdacht nicht ausräumen, sind intensivere Prüfungen des Abschlussprüfers bzgl. der Delikte der Untreue, der Belegfälschung, der Manipulation der Rechnungslegung und der aktiven Bestechung erforderlich.

3.3 Aufdeckung von passiven Korruptionsdelikten

Passive Korruptionsdelikte umfassen vor allem diejenigen Korruptionsdelikte, die primär von Mitarbeitern und den begünstigten Debitoren zum Nachteil des Unternehmens begangen werden. Zur Aufdeckung der passiven Korruptionsdelikte ist es erfolgversprechend, in einem ersten Schritt mögliche Risiken – wie entscheidungsbefugte und damit für einen Korrumpierenden interessante Mitarbeiter – zu identifizieren und vor allem die diesbezüglichen internen Kontrollen zu prüfen. Ergeben sich dabei Hinweise auf Interessenkonflikte oder auf unzureichende Kontrollen, sind im zweiten Schritt weiterführende analytische Prüfungshandlungen – wie Kennzahlenanalysen, Datenabgleich und Hintergrundrecherchen – erforderlich.[38]

Zuerst muss der Abschlussprüfer ermitteln, welche Mitarbeiter befugt sind, Aufträge regelmäßig oder in entsprechender Größenordnung an Unternehmen zu vergeben. Dieser Personenkreis kann meist auf wenige Entscheidungsträger eingegrenzt werden. Gibt es hier Auffälligkeiten in der Beziehung zwischen Entscheider und Debitor, dann ist auch zu untersuchen, ob Hinweise aus einem Hinweisgebersystem oder Beschwerden von Lieferanten, die bei der Auftragsvergabe nicht berücksichtigt wurden, eingegangen sind. Denn nicht selten wurden Korruptionsdelikte durch Hinweise von externen Dritten oder von Mitarbeitern aufgedeckt.[39] Weiterhin muss der Prüfer den Vorstand, den Aufsichtsrat und die Interne Revision bezüglich der Auffälligkeiten befragen.[40] Aufgrund ihrer Leitungsfunktionen, ihrer Überwachungsaufgaben bzw. auf Basis von Stellenbeschreibungen müssen zunächst Vorstand, Aufsichtsrat und Interne Revision Korruptionsdelikte aufdecken, um Schaden vom Unternehmen abzuwenden. Offenbaren sich dem Prüfer aber Mängel bei der diesbezüglichen internen Überwachung, muss er diesen nachgehen. Zudem muss der Prüfer das Umfeld der möglichen Täter befragen, um Hinweise zu erlangen.

---

[37] Informationen zu den Softwareprodukten sind im Internet verfügbar unter: http://www.lexisnexis.com/government/solutions/case-management; http://www.rola.com/produkte/i2/ANB.html.

[38] Im Folgenden wird dargestellt, wie Interessenkonflikte im Einkauf aufgedeckt werden können. Bei Interessenkonflikten im Vertrieb ist ein entsprechendes Vorgehen – unter Beachtung der umgekehrten Rollenverteilung – möglich.

[39] Vgl. Wells, J. T./Kopetzky, M., Handbuch Wirtschaftskriminalität, S. 261.

[40] Vgl. IDW PS 210.26-30; IDW (Hrsg.), WP-Handbuch 2006, Rn. R 151 f.

Die Befragung von Vorstand, Aufsichtsrat, Interner Revision und des Umfelds eines potenziellen Täters sollte folgende Fragen umfassen:[41]

- Bestehen schriftliche Geschäfts- und Verhaltensgrundsätze, sog. Code-of-Conduct, und sind alle Mitarbeiter arbeitsvertraglich zur Einhaltung des Code-of-Conduct und zur Rechtstreue verpflichtet?

- Besteht ein Netzwerk zwischen ehemaligen und aktuellen Mitarbeitern?

- Führt ein einzelner Mitarbeiter einen auffälligen oder extravaganten Lebensstil (Autos, Kleider, Schmuck, Urlaub, Eigenheim)? Passt dieser Lebensstil zu seinem Einkommen?

- Ist im Unternehmen bekannt, dass Verwandte oder Bekannte von Mitarbeitern selbständig sind und erhalten diese Aufträge vom zu prüfenden Unternehmen?

- Gibt es auffällige Verhaltensabweichungen eines Einkäufers gegenüber verschiedenen Lieferanten?

- Werden einzelne Lieferanten bevorzugt behandelt oder protegiert, bspw. indem Schlechtleistungen nicht gerügt oder indem Lieferverzögerungen und Preiserhöhungen auffallend nachsichtig behandelt werden?

- Werden bei einzelnen Lieferanten nachteilige Zahlungskonditionen, wie Verzicht auf Skonti, akzeptiert?

- Werden langfristige Lieferantenbeziehungen („Hoflieferanten") und lange Vertragslaufzeiten vom Einkäufer forciert oder hinterfragt dieser sie kritisch?

- Herrscht im Einkauf die erforderliche Markttransparenz bezüglich der existierenden Anbieter?

- Bestehen transparente Regelungen bei den Ausschreibungen und bei der Auftragsvergabe? Kommt es bei Ausschreibungen zu Auffälligkeiten? Erhält bspw. meist das zuletzt (oder zuerst) eingehende Angebot den Zuschlag? Wird das Vier-Augen-Prinzip[42] berücksichtigt?

- Gibt es im Unternehmen Beschwerden über die Einkaufspreise oder über die Qualität der gelieferten Waren eines einzelnen Lieferanten?

- Gibt es Gerüchte oder konkrete Anhaltspunkte für passive Korruptionsdelikte?

Ergeben die Befragungen einen Verdacht für einen Interessenkonflikt, muss der Abschlussprüfer das Management informieren. Denn vermutete wirtschaftskriminelle Handlungen muss der Abschlussprüfer, unabhängig von ihrem Einfluss auf den Jahresabschluss, immer an eine Managementebene berichten, die über derjenigen Managementebene liegt, bezüglich der der Verdacht besteht.[43] Unabhängig

---

[41] Vgl. Bundesrechnungshof (Hrsg.), Korruptionsbekämpfung, S. 6 f., 9, 16; Poerting, P./ Vahlenkamp, W., Leitfaden Korruptionsvorbeugung, S. 16; Wells, J. T., Corruption, S. 50; Odenthal, R., Wie Betrüger denken, S. 287 f.; Wells, J. T./Kopetzky, M., Handbuch Wirtschaftskriminalität, S. 282 f. und 296; Coenen, T. L., Corporate Fraud, S. 90 f.

[42] Das Vier-Augenprinzip wird auch als Dual Control bezeichnet. Dabei werden Aufgabenbereiche oder die Verantwortung für eine Entscheidung an mindestens zwei Personen übertragen. Vgl. dazu Meyer zu Lösebeck, H., Unterschlagungsprüfung, S. 129.

von einem ersten Verdacht ist zu prüfen, ob die internen Kontrollen die Gefahr von Interessenkonflikten berücksichtigen.

Bezüglich der internen Kontrollen muss der Prüfer untersuchen, ob

- die Mitarbeiter arbeitsvertraglich dazu verpflichtet sind, mögliche Interessenkonflikte beim Arbeitgeber anzuzeigen,

- der Besitz oder die Beteiligung an anderen Unternehmen, vor allem an Lieferanten, genehmigungspflichtig ist,

- Prozessabweichungen und Verstöße gegen gesetzliche und ethische Normen sanktioniert werden,

- Anti-Korruptionsklauseln in Einkaufsverträgen eine Vertragsauflösung oder eine künftige Nichtberücksichtigung ermöglichen,

- Organtätigkeiten und Beratertätigkeiten von Mitarbeitern bei Lieferanten genehmigungspflichtig sind,

- das Vier-Augen-Prinzip und eine Funktionstrennung bei Ausschreibungen und bei der Auftragsvergabe gewährleistet sind,

- Job-Rotation in Schlüsselpositionen durchgeführt wird,

- eine „schwarze Liste" mit Lieferanten geführt wird, deren Preisgestaltung oder Geschäftspraktiken zweifelhaft sind und zu denen keine (künftigen) Geschäftsbeziehungen gewünscht sind,

- eine Genehmigungsgrenze bei der Auftragsvergabe besteht,

- alle Aufträge ab einer festgelegten Genehmigungsgrenze ausgeschrieben werden und ob Großaufträge gesplittet werden,

- die Laufzeiten von Ausschreibungen ausreichend lang sind, ob sie in geeigneten Medien veröffentlicht werden und ob der Ausschreibungsgegenstand ausreichend präzise, aber nicht durch unnötige Hemmnisse auf einzelne Unternehmen zugeschnitten wird,

- langfristige Liefer- und Dienstleistungsverträge einer gesonderten innerbetrieblichen Überprüfung bedürfen und

- Beschwerden von Mitarbeitern oder Kunden über die Produktqualität, die Lieferzeit oder den Preis eines Lieferanten stets weitergeleitet, hinterfragt und abgearbeitet werden.

Werden die o. g. Risikofaktoren von den implementierten internen Kontrollen berücksichtigt, muss der Prüfer feststellen, ob die Kontrollen wirksam und ganzjährig funktionsfähig gewesen sind. Dazu muss er zumindest stichprobenartig einzelne Prozesse prüfen.

Nach der Risikobeurteilung und der Prüfung der internen Kontrollen muss der Prüfer entscheiden, ob weitere Prüfungshandlungen aufgrund eines konkreten Ver-

---

[43] Vgl. IDW PS 210.60 und 64.

dachts oder aufgrund von mangelhaften internen Kontrollen erforderlich sind. Ergibt die Beantwortung der Fragen beispielsweise, dass ein bestimmter Einkäufer verdächtig ist, sind sowohl dessen Lieferantenbeziehungen als auch diejenigen Bilanz- und GuV-Posten, die von den Rechnungen seiner Lieferanten tangiert werden, zu untersuchen. Da passive Korruptionsdelikte im Regelfall zu Auffälligkeiten im Wareneinkauf und im Rechenwerk führen, muss der Prüfer Kennzahlen bilden, mit deren Hilfe sich Korruptionsdelikte zeigen könnten. Entsprechend ist die Zahl der Bestellungen, der Gesamtwert der Bestellungen unterhalb der Genehmigungsgrenze, die Nebenkosten der Bestellungen und der Wert der Einkäufe des verdächtigten Einkäufers und des verdächtigten Debitors mit jenen Kennzahlen von unverdächtigen Einkäufern und Debitoren zu vergleichen.[44] Der Prüfer sollte von der Hypothese ausgehen, dass die entsprechenden Kennzahlen im Fall eines korrumpierten Mitarbeiters (KZ_k) von denen eines nicht korrumpierten Mitarbeiters (KZ_{nk}) nicht unerheblich abweichen. Exemplarisch können folgende Kennzahlen mit der Hypothese $KZ_k > KZ_{nk}$ verwendet werden, um das auffällige Bestellverhalten eines verdächtigen Mitarbeiters im Einkauf mit dem Bestellverhalten eines nicht verdächtigen Mitarbeiters (MAB) oder dem Durchschnitt aller Mitarbeiter im Einkauf zu vergleichen:[45]

$$\frac{\text{Zahl der Bestellung verdächtiger MAB} < \text{Genehmigungsgrenze}}{\text{Zahl der gesamten Bestellungen}} > \frac{\text{Zahl aller Bestellungen} < \text{Genehmigungsgrenze}}{\text{Zahl der gesamten Bestellungen}}$$

$$\frac{\text{Zahl der Bestellung verdächtiger MAB} < \text{Genehmigungsgrenze}}{\text{Zahl der gesamten Bestellungen}} < \frac{\text{Zahl aller Bestellungen} < \text{Genehmigungsgrenze}}{\text{Zahl der gesamten Bestellungen}}$$

$$\frac{\text{Gesamtwert Bestellung verdächtiger MAB} < \text{Genehmigungsgrenze}}{\text{Zahl der gesamten Bestellungen}} < \frac{\text{Gesamtwert Bestellung} < \text{Genehmigungsgrenze}}{\text{Gesamtwert der Bestellungen}}$$

$$\frac{\text{Zahl der Bestellungen bei verdächtigem Debitor}}{\text{Zahl der gesamten Bestellungen bei allen Debitoren}} < \frac{\text{Zahl der Bestellungen bei vergleichbaren Debitoren}}{\text{Zahl der gesamten Bestellungen bei allen Debitoren}}$$

$$\frac{\text{Wert des Einkaufs des verdächtigen Einkäufers}}{\text{Gesamtwert aller Einkäufe}} < \frac{\text{Wert des Einkaufs des unverdächtigen Einkäufers}}{\text{Gesamtwert aller Einkäufe}}$$

Zwar sind die o.g. Kennzahlen dazu geeignet, Auffälligkeiten im Bestellverhalten des verdächtigten Mitarbeiters zu identifizieren, allerdings weisen ungewöhnliche bzw. abweichende Kennzahlenausprägungen – etwa aufgrund von bevorzugten Lieferanten und langfristigen Lieferantenbeziehungen – nicht zwingend auf Korruptionsdelikte hin. Deshalb muss der Abschlussprüfer die Ergebnisse seiner Kennzahlenanalyse bezüglich der Ursachen analysieren und plausibilisieren.[46] Ergibt die Ursachenanalyse weitere Anhaltspunkte für Korruption, dann muss der Prüfer weitere analytische Prüfungshandlungen vornehmen, um mögliche Abweichungen, Auffälligkeiten oder Übereinstimmungen zwischen Personalstammdaten, Debitoren und Kreditorendaten, Kennzahlausprägungen oder Geschäftsvorfällen zu identifizieren und anschließend zu analysieren. Der Prüfer kann neben Relationen und

---

[44] Vgl. Odenthal, R., Prüfsoftware im Einsatz, S. 131 und 149.

[45] Vgl. Melcher, T., Aufdeckung, S. 118 f.

[46] Vgl. Kempf, D./Fischer, A., Digitale Datenanalyse, S. 37 und 41.

Trends von Bilanz- und GuV-Posten, wie der zeitlichen Entwicklung der Umsatzer-löse oder der Umsatzerlöse in Relation zu den Aufwendungen für die einzelnen Aufträge, auch die Lieferantenstammdaten mit den Personalstammdaten des ver-dächtigten Mitarbeiters auf Auffälligkeiten hin untersuchen. Beim Abgleich der Mitarbeiter- und Lieferantenstammdaten sind Ähnlichkeiten und Übereinstimmun-gen bei Namen, Adressen, Telefonnummern und Bankverbindungen zu berücksich-tigen, die auf eine persönliche Verbindung, etwa bei übereinstimmenden Bankverbindungen oder gemeinsamen Postanschriften, hindeuten. Aus arbeits-rechtlichen Gründen muss für einen solchen Abgleich aber ein hinreichend konkre-ter Verdacht vorliegen.

Erhärten diese Prüfungshandlungen den bestehenden Verdacht, muss der Prüfer den Sachverhalt eindeutig aufklären. Dabei kann er moderne Analyse- und Darstellungssoftware, wie ACL, I2, EnCase Forensic, Idea, WinHex, X-Ways-Forensics, oder Standardsoftware, wie Microsoft Excel, einsetzen.[47] Diese Soft-ware-Produkte können den Prüfer bei der Aufdeckung von Beziehungsgeflechten unterstützen, indem sie es dem Anwender ermöglichen, unstrukturierte Daten zu systematisieren, zu analysieren und Beziehungsgeflechte zu visualisieren. Dies bedeutet für den Prüfer, dass vor allem moderne Softwareprodukte dazu geeignet sind, Datensätze gezielt nach vorgegebenen Suchmerkmalen, wie Dateinamen, Namen und Begriffen in Dokumenten und Dateien oder nach dem Urheber bzw. dem Bearbeitungszeitpunkt zu durchsuchen und diese Informationen zu sammeln. Zudem unterstützen diese Anwendungen den Nutzer dabei, ergänzende Informa-tionen und Hintergrundrecherchen, wie Handelsregisterauszüge, Auskünfte von Wirtschaftsauskunfteien und -datenbanken oder einfache Internet- oder Tele-fonbuchauszüge, zu erhalten. Sämtliche Informationen und Auffälligkeiten können dann genutzt und in die Darstellungssoftware eingepflegt werden, um so ein ver-mutetes Beziehungsgeflecht anhand eines Beziehungsdiagramms zu veranschauli-chen und nachzuvollziehen. Im Ergebnis kann auf diese Weise ein bestehender Korruptionsverdacht entweder ausgeräumt oder gerichtlich verwertbar aufgedeckt und dokumentiert werden.

4   Fazit

Die bloße Suche nach Korruptionsdelikten ohne Hinweise und Indizien gleicht der Suche nach der Nadel im Heuhaufen. Zwar wirken sich Korruptionsdelikte – mit Ausnahme der unzulässigen Gratifikationen – auf den Jahresabschluss aus, indes ist nur selten ein unmittelbarer Zusammenhang zwischen Umsatzerlösen und den ihnen tatsächlich zurechenbaren Aufwendungen zu erkennen. Deshalb sind im

---

[47] Informationen zu den Softwareprodukten sind im Internet verfügbar unter: http://www.rola.com/produkte/i2/ANB.html; www.pc-ware.com/pcw/de/de/ unsere_leistungen/vendors/files/guidance_07_06_19_encase_forensic_prosuite.pdf; www.x-waysways.net/forensics/index-d.html.

Rahmen eines Fraud-Auditing-Prozesses umfassende Risikobeurteilungen, Befragungen, Hinweisgebersysteme und die Prüfung der internen Kontrollen für deren Aufdeckung besonders bedeutend. Darüber hinausgehende Prüfungshandlungen sind nur erfolgversprechend, wenn anhand von Indizien oder Hinweisen der Täterkreis und die ggf. betroffenen Bilanz- und GuV-Posten eingegrenzt werden können.

In jüngster Zeit wurden von Revisoren und Compliance-Beauftragten der Deutsche Bahn AG und der Deutsche Telekom AG in großem Umfang Datenabgleiche der Mitarbeiter-Stammdaten mit denen der Lieferanten veranlasst. Dieses Vorgehen hat zu heftigen Kontroversen über deren Zulässigkeit geführt. Selektive Datenabgleiche sind indes arbeitsrechtlich unbedenklich, wenn dem Veranlasser, z. B. dem Abschlussprüfer, ein konkreter und dokumentierter Verdacht gegen einzelne Personen oder Personengruppen vorliegt. Indes sollte hier die Politik Rechtssicherheit mittels eindeutiger gesetzlicher Regelungen schaffen, um sowohl die Belange der Arbeitnehmer als auch die Rechte des Unternehmens und der Abschlussprüfer klar und fair zu regeln. Dies ist umso dringlicher, da die Neuregelung des § 32 Bundesdatenschutzgesetz (BDSG) in 2009 explizite Regelungen, die die Korruptionsprävention und -aufdeckung erleichtern würden, vermissen läßt.

Literaturhinweise

ACFE (Hrsg), 2006 ACFE Report to the Nation on occupational Fraud & Abuse, Austin 2006 (2006 ACFE Report to the Nation).

ACFE (Hrsg), 2008 ACFE Report to the Nation on occupational Fraud & Abuse, Austin 2008 (2008 ACFE Report to the Nation).

Baetge, Jörg, Neues Vertrauen in die Abschlussprüfung, in: Kapitalmarkt Deutschland, Erfolge und Herausforderungen, White Paper der Deutsche Börse Group, Frankfurt a. M. 2003, S. 65-70 (Vertrauen in die Abschlussprüfung).

Baetge, Jörg/Hüls, Dagmar/Uthoff, Carsten, Früherkennung der Unternehmenskrise, in: Forschungsjournal Westfälische Wilhelms-Universität Münster, Heft 2/1995, S. 21-29 (Früherkennung der Unternehmenskrise).

Baetge, Jörg/Jerschensky, Andreas, Beurteilung der wirtschaftlichen Lage von Unternehmen mit Hilfe von modernen Verfahren der Jahresabschlussanalyse. Bilanzbonitäts-Rating von Unternehmen mit Künstlichen Neuronalen Netzen, in: Der Betrieb, Heft 32 vom 9.8.1996, S. 1581-1591 (Moderne Verfahren der Jahresabschlussanalyse).

Baetge, Jörg/Melcher, Thorsten/Schulz, Roland, Vermeidung von Bilanzdelikten durch (Früh-) Erkennungsmethoden – Trends in der Wirtschaftsprüfung, in: 3. Deggendorfer Forum zur digitalen Datenanalyse, Tagungsband des Deggendorfer Forum zur digitalen Datenanalyse 2007, hrsg. v. Herde, Georg, Deggendorf 2008, S. 25-54 (Vermeidung von Bilanzdelikten).

Bantleon, Ulrich/Thomann, Detlef, Grundlegendes zum Thema „Fraud" und dessen Vorbeugung, in: Deutsches Steuerrecht, Heft 38/2006, S. 1714-1721 (Grundlegendes zum Thema Fraud).

Bundesgerichtshof (Hrsg.), Verurteilung wegen Untreue im Fall Siemens bestätigt, Mitteilung der Pressestelle Nr. 160/2008 vom 29.8.2008, im Internet veröffentlicht unter: http://juris.bundesgerichtshof.de/cgi-bin/rechtsprechung/document.py? Gericht=bgh&Art=en&sid=f0b12e3dc085f8dcfd889b5f93b5b8b6&client=[%27[\ %27[% 22[\%27%2C+\%27[%22[\%27]%27%2C+%27[\%27[%22[\%27%2C+ \%27[%22[\ %27]%27]&clint=[%27[\%27[%22[\%27%2C+\%27[%22[\%27]%27 %2C+%27[\% 27[%22[\%27%2C+\%27[%22[\%27]%27]&nr=45050&linked= pm&Blank=1 (Stand: 16.9.2008) (Verurteilung wegen Untreue).

Bundesrechnungshof (Hrsg.), Hinweise und Empfehlungen zur Korruptionsbekämpfung im Straßenbau, im Internet veröffentlicht unter: http://www.zaks.bremen.de/sixcms/media.php/13/KBekStrassenbau.pdf (Stand: 13.1.2009) (Korruptionsbekämpfung).

Burgard, Oliver, Bakschisch-Republik Deutschland, in: Die Zeit, Nr. 13 vom 18.3.2004, S. 83 (Bakschisch-Republik).

Coenen, Tracy L., Essentials of Corporate Fraud, Hoboken 2008 (Corporate Fraud).

Dahlkamp, Jürgen/Deckstein, Dinah/Schmitt, Jörg, Die Firma, in: Der Spiegel, Nr. 16 vom 14.4.2008, S. 76-90 (Die Firma).

Dahlkamp, Jürgen/Deckstein, Dinah/Latsch, Günther/Schmitt, Jörg, Soldaten von Siemens in: Der Spiegel, Nr. 17 vom 21.4.2008, S. 94-97 (Soldaten von Siemens).

DPR (Hrsg.), Tätigkeitsbericht 2008, Berlin 2009 (Tätigkeitsbericht 2008).

Dölling, Dieter (Hrsg.), Handbuch der Korruptionsprävention für Wirtschaftsunternehmen und öffentliche Verwaltung, München 2007 (zitiert: BEARBEITER, in: Handbuch Korruptionsprävention).

Escott, Phil/Glormann, Frank/Kocagil, Ahmet E., Moody's RiskCalc^{TM} für nicht börsennotierte Unternehmen: Das deutsche Modell, 2001, veröffentlicht im Internet unter: http://www.moodyskmv.com/research/whitepaper/720441.pdf (Stand: 24.11.2008) (Moody's RiskCalc^{TM}).

Hamann, Christian, Die Aufdeckung doloser Handlungen im Unternehmen und die anschließende Berichterstattung durch den Wirtschaftsprüfer im Rahmen der gesetzlichen Jahresabschlussprüfung, Göttingen 2003 (Aufdeckung doloser Handlungen).

Hardt, Christoph, Verbot für schwarze Kassen, in: Handelsblatt Nr. 169 vom 1.9.2008, S. 11 (Verbot für schwarze Kassen).

IDW (Hrsg.), IDW Prüfungsstandard: Zur Aufdeckung von Unregelmäßigkeiten im Rahmen der Abschlussprüfung (IDW PS 210), Stand: 6.9.2006, in: Die Wirtschaftsprüfung, Heft 22/2006, S. 1422-1433 (IDW PS 210).

IDW (Hrsg.), WP Handbuch 2006. Wirtschaftsprüfung, Rechnungslegung, Beratung. Band I, 13. Aufl., bearb. v. Geib, Gerd u. a., Düsseldorf 2006 (zitiert: IDW (Hrsg.), WP-Handbuch 2006).

IDW (Hrsg.), Besondere Prüfungsfragen im Kontext der aktuellen Wirtschafts- und Finanzmarktkrise, in: IDW Fachnachrichten, Nummer 1-2/09, S. 3-21 (Prüfungsfragen im Kontext der Wirtschaftskrise).

Janke, Günther, Kompendium Wirtschaftskriminalität, Frankfurt a. M. 2008 (Kompendium Wirtschaftskriminalität).

Kempf, Dieter/Fischer, Andreas, Digitale Datenanalyse – ein adäquates Mittel zur Aufdeckung von Unregelmäßigkeiten in der Rechnungslegung, in: Brennpunkte der Wirtschaftsprüfung und des Steuerrechts – Orientierungshilfen für die Praxis, Festschrift Prof. Dr. Hanns Robby Skopp, hrsg. v. Kern, Paul Peter, Straubing 2008, S. 27-44 (Digitale Datenanalyse).

KPMG (Hrsg.), Profile of a Fraudster. Studie 2007, veröffentlicht im Internet unter: http:// www.kpmg.de/docs/070420_Profile_of_a_Fraudster.pdf (Stand: 15.9.2008) (Profile of a Fraudster).

Kresse, Werner, Kann das Rechnungswesen beim Aufdecken von Bestechungshandlungen helfen?, in: BFuP, Heft 4/1970, 22. Jg. S. 193-208 (Aufdecken von Bestechungshandlungen).

Leffson, Ulrich, Wirtschaftsprüfung, 4. Aufl., Wiesbaden 1988 (Wirtschaftsprüfung).

Leffson, Ulrich/Lippmann, Klaus/Baetge, Jörg, Zur Sicherheit und Wirtschaftlichkeit der Urteilsbildung bei Prüfungen, Düsseldorf 1969 (Sicherheit und Wirtschaftlichkeit).

Leyendecker, Hans, Schwarze Kassen sind strafbar, in: Süddeutsche Zeitung, Nr. 202, vom 30./31. August 2008, S. 23 (Schwarze Kassen sind strafbar).

Leyendecker, Hans/Ott, Klaus, Was haften bleibt, in: Süddeutsche Zeitung, Nr. 173 vom 26./27.7.2008 (Was haften bleibt).

Ludewig, Rainer, Abschlussprüfung und kriminelle Energien im Unternehmen, in: Internationale Wirtschaftsprüfung. Festschrift zum 65. Geburtstag von Prof. Dr. Dr. h.c. Hans Havermann, hrsg. v. Lanfermann, Josef, Düsseldorf 1995, S. 397-412 (Abschlussprüfung und kriminelle Energie).

Meier, Lutz, Alstom unter Korruptionsverdacht, in: FTD vom 7.5.2008, S. 1-2 (Korruptionsverdacht).

Melcher, Thorsten, Aufdeckung wirtschaftskrimineller Handlungen, Lohmar 2009 (Aufdeckung).

Meyer zu Lösebeck, Heiner, Unterschlagungsverhütung und Unterschlagungsprüfung, Düsseldorf 1983, (Unterschlagungsverhütung).

Odenthal, Roger, Prüfsoftware im Einsatz. Handbuch für die praktische Analyse von Unternehmensdaten, Nürnberg 2006 (Prüfsoftware im Einsatz).

Odenthal, Roger, Wissen Sie... Wie Betrüger denken?, in: 3. Deggendorfer Forum zur digitalen Datenanalyse, Tagungsband des Deggendorfer Forum zur digitalen Datenanalyse 2007, hrsg. v. Herde, Georg, Deggendorf 2008, S. 279-289 (Wie Betrüger denken).

o. V. (2007), What did KPMG know?, in: The Wall Street Journal Europe, Wochenendausgabe 23.- 25.2.2007, S. 1 und 28.

o. V. (2008), BGH-Entscheid zu Siemens – Urteil ächtet Besitzer schwarzer Kassen, im Internet veröffentlicht unter: http://www.ftd.de/unternehmen/industrie/ :BGH_Entscheid_zu_Siemens_Urteil_%E4chtet_Besitzer_schwarzer_Kassen/ 407069.html (Stand: 9.9.2008) (Urteil ächtet Besitzer schwarzer Kassen).

Poerting, Peter/Vahlenkamp, Werner, Leitfaden zur Korruptionsprävention, in: Zeitschrift Interne Revision, 1/2000, S. 12-17 (Leitfaden Korruptionsprävention).

Salvenmoser, Steffen, Schaden feststellen und ausgleichen. Interdisziplinäre Lösungswege in komplexen Korruptionsfällen, in: Zeitschrift Interne Revision, 1/2007, S. 2-7 (Schaden feststellen).

Samson, Erich/Langrock, Marc, Bekämpfung von Wirtschaftskriminalität im und durch Unternehmen, in: Der Betrieb, Heft 31 vom 3.8.2007, S. 1684-1689 (Bekämpfung von Wirtschaftskriminalität).

Schmalenbach, Eugen, Kostenrechnung und Preispolitik, 8. Aufl., Köln/Opladen 1963 (Kostenrechnung).

Schruff, Wienand, Zur Aufdeckung von Top-Management-Fraud durch den Wirtschaftsprüfer im Rahmen der Jahresabschlussprüfung, in: Die Wirtschaftsprüfung, Heft 17/2003, Jg. 56, S. 901-911 (Aufdeckung von Top-Management-Fraud).

Stierle, Jürgen, Korruptionscontrolling in öffentlichen und privaten Unternehmen, München/Mering 2006 (Korruptionscontrolling).

Storn, Arne, Tatort Deutschland, in: Die Zeit, Nr. 29 vom 14.7.2005, S. 21 (Tatort Deutschland).

Transparency International (Hrsg.), A-B-C der Korruptionsprävention. Leitfaden für Unternehmen, im Internet veröffentlicht unter: www.transparency.de/uploads/ media/ DOK514_ABC_2004.pdf (Stand: 27.8.2008) (Korruptionsprävention).

Transparency International (Hrsg.), Transpareny International 2008 Corruption Perceptions Index, im Internet veröffentlicht unter: http://www.transparency.de/ Tabellarisches-Ranking.1237.0.html (Stand: 28.9.2008) (Corruption Perceptions Index 2008).

Wells, Joseph T., Irrational Ratios, in: Journal of Accountancy, August 2001, S. 80-83 (Irrational Ratios).

Wells, Joseph T., Corruption: Causes and Cures, in: Journal of Accountancy, April 2003, S. 49-52 (Corruption).

Wells, Joseph T./Kopetzky, Matthias, Handbuch Wirtschaftskriminalität in Unternehmen. Aufklärung und Prävention, Wien 2006 (Handbuch Wirtschaftskriminalität).

Zusammenarbeit von Aufsichtsrat, Vorstand und Abschlussprüfer in Zeiten der Unternehmenskrise

Änderungen durch das BilMoG und das VorstAG

WP StB Prof. Dr. Peter Wollmert, WP StB Dr. Norbert Roß

1   Krisen als Herausforderung für Corporate Governance und Corporate Compliance

Die Weltwirtschaft befindet sich seit 2008 in einer dramatischen Krise. In diesem Kontext wurde zuletzt auch wieder häufiger – positiv oder negativ – der Zustand der Corporate Governance oder Corporate Compliance in Deutschland gewürdigt. So konstatierte z.b. die Regierungskommission Deutscher Corporate Governance Kodex zu Beginn des Jahres 2009: „Einhellig vertrat die Kommission die Meinung, dass sich die deutsche Corporate Governance in der aktuellen Krise grundsätzlich bewährt hat."[1]

Corporate Governance betrifft die Regeln für eine gute und verantwortungsvolle Unternehmensleitung und -überwachung.[2] Im Vordergrund der Corporate Compliance stehen einerseits diejenigen Maßnahmen, die ein rechtmäßiges Verhalten gewährleisten sollen und andererseits diejenigen Maßnahmen, die zur Risikofrüherkennung und -minimierung beitragen.[3] „Unter Corporate Compliance werden sämtliche Systeme und Regelungen zur Sicherstellung normenkonformen Verhaltens aller Entscheidungsträger im Unternehmen zusammengefasst. Ziel ist dabei nicht nur die Aufdeckung, sondern auch die Prävention von Gesetzesverstößen."[4]

Es ist aber nicht nur die Wirtschaftskrise, welche die Diskussion neu entfacht hat. Vielmehr gab es in der jüngsten Zeit einige Begebenheiten, deren Ursachen zum Teil schon Jahre zurückliegen, die Anlass geben, über Grundsätze guter Unternehmensleitung und -überwachung nachzudenken. Im Einzelnen haben u.a. folgende aktuelle Ereignisse in Deutschland die Diskussion – auch in der Tagespresse – (wieder) belebt:

- Krise des Merckle-Unternehmensgeflechts unter anderem aufgrund von Spekulationsgeschäften des Großaktionärs;

- Schmiergeldzahlungen im Siemens-Konzern und bei der MAN AG;

- „Spitzelaffairen" bei der Deutsche Bahn AG oder der Deutsche Bank AG;

- Konflikte zwischen neuem Großaktionär und Aufsichtsrat bei der Übernahme der Continental AG durch die Schaeffler-Gruppe;

- Vorwurf der unterlassenen Klageerhebung gegen einen Vertragspartner der Arcandor AG, der zugleich Vermögensverwalter des seinerzeitigen Vorstandsvorsitzenden war.

---

[1]   So zu entnehmen einer Pressemitteilung der Regierungskommission vom 16. Januar 2009.

[2]   Vgl. Regierungskommission Deutscher Corporate Governance Kodex; https://www.corporate-governance-code.de/

[3]   Vgl. Eibelshäuser (2007), S. 736.

[4]   Köhler/Marten/Schlereth (2009), S. 1481.

Die genannten Beispiele verdeutlichen, dass die Qualität der Corporate Governance und Corporate Compliance nicht nur von Herausforderungen durch (Wirtschafts-)Krisen berührt ist, sondern vielmehr umgekehrt das Auftreten von Krisensituationen durch bestehende Mängel in der Unternehmensleitung und -überwachung begünstigt wird.

Aus Sicht der Unternehmen – und damit der Corporate Compliance – dienen die aktuellen Diskussionen letztlich dazu auszuloten, welche organisatorischen Maßnahmen ergriffen werden müssen, um das Auftreten missliebiger Zustände, vor allem aber von Haftungsfällen, zu vermeiden. Ein zentraler Ansatzpunkt dabei ist die Zusammenarbeit des Aufsichtsrats mit dem Vorstand und dem Abschlussprüfer.[5]

Der folgende Beitrag möchte deshalb zwei aktuelle Gesetzesänderungen vorstellen, die zum einen das Verhältnis zwischen Aufsichtsrat und Abschlussprüfer und zum anderen die Zusammenarbeit zwischen Aufsichtsrat und Vorstand berühren. Das Gesetz zur Modernisierung des Bilanzrechts (Bilanzrechtsmodernisierungsgesetz – BilMoG)[6] und das Gesetz zur Angemessenheit der Vorstandsvergütung (VorstAG)[7] wurden beide im Jahre 2009 vom Deutschen Bundestag beschlossen. Das BilMoG hat sowohl Auswirkungen auf die Zusammenarbeit des Aufsichtsrats mit dem Vorstand als auch auf die Zusammenarbeit des Aufsichtsrats mit dem Abschlussprüfer. Das VorstAG tangiert das Verhältnis zwischen Aufsichtsrat und Vorstand.

Ziel des folgenden Beitrages ist es, Eckpunkte beider Gesetze auszugsweise (BilMoG) bzw. vollständig (VorstAG) darzustellen, deren Auswirkungen auf die Zusammenarbeit von Vorstand, Aufsichtsrat und Abschlussprüfer zu skizzieren und die Änderungen aus Sicht der Verfasser kurz zu würdigen.

2   BilMoG

2.1   Hintergrund

Am 29. Mai 2009 ist das BilMoG in Kraft getreten. Mit diesem Gesetz wird u. a. die Richtlinie 2006/43/EG des Europäischen Parlaments und des Rates vom 17. Mai 2006 (sog. Abschlussprüferrichtlinie)[8] in deutsches Recht umgesetzt.[9] Bei der Umsetzung bzw. Interpretation der EU-Vorgaben wird in den Gesetzesmaterialien zum BilMoG sowie im Schrifttum[10] regelmäßig auch auf die Empfehlung der

---

5   I.d.S. auch Eibelshäuser (2007), S. 736.

6   BGBl. I 2009, S. 1102 ff.

7   BGBl. I 2009, S. 2509 ff.

8   Abl. EU Nr. L 157, S. 87 ff.

9   Vgl. Eibelshäuser/Stein (2008), S. 486.

10   Vgl. u. a. AKEIÜ (2007), S. 2129 ff.

EU-Kommission vom 15. Februar 2005[11] zu den Aufgaben von Aufsichtsratsmitgliedern sowie zu den Ausschüssen Bezug genommen.[12] Als wesentliche Neuerungen, die auf der Abschlussprüferrichtlinie basieren, können die Pflicht zur Einrichtung eines Prüfungsausschusses sowie die Konkretisierung seiner Aufgaben genannt werden.[13] Außerdem ergeben sich durch das BilMoG – jedenfalls bei Hinzuziehung der Gesetzesmaterialien – Impulse für die Zusammensetzung und die Arbeitsweise eines Prüfungsausschusses.[14]

2.2 Prüfungsausschüsse

2.2.1 Einrichtung

Nach § 107 Abs. 3 Satz 1 AktG kann der Aufsichtsrat seinen Ausschüssen (und damit auch seinem Prüfungsausschuss) vorbereitende, überwachende und beschließende Tätigkeiten übertragen; ausgenommen sind jedoch die allgemeine Überwachungspflicht sowie konkrete Vorbehaltsaufgaben des Aufsichtsratsplenums (z.b. Einberufung der Hauptversammlung; § 107 Abs. 3 Satz 3 AktG).[15] Ein Prüfungsausschuss ist aktienrechtlich nicht etwa ein viertes Organ. Insbesondere bleibt es bei der Gesamtverantwortung des Aufsichtsrats.[16]

Nach dem BilMoG ist nunmehr die Einrichtung eines Prüfungsausschusses u.U. zwingend erforderlich. Nach der Auffangregelung des § 324 HGB müssen sämtliche kapitalmarktorientierte Kapitalgesellschaften i.S.d. § 264d HGB einen Prüfungsausschuss einrichten, sofern kein Aufsichtsrat existiert, der die Voraussetzungen des § 100 Abs. 5 AktG zur Zusammensetzung des Aufsichtsrates[17] erfüllt.[18] Das heißt im Umkehrschluss freilich, dass bei Unternehmen in der Rechtsform einer Aktiengesellschaft die Bildung eines Prüfungsausschusses weiterhin freiwillig bleibt, da Aktiengesellschaften zwingend über einen Aufsichtsrat verfügen, dessen Mitglieder ebenfalls zwingend die Voraussetzungen des durch das BilMoG eingefügten § 100 Abs. 5 AktG erfüllen müssen.[19]

---

[11] Die Empfehlung der Kommission ist zwar unverbindlich, die Mitgliedstaaten können sich allerdings bei der Umsetzung der Richtlinie auf sie berufen.

[12] Der offizielle Titel lautet: „Empfehlung der Kommission vom 15. Februar 2005 zu den Aufgaben von nicht geschäftsführenden Direktoren/Aufsichtsratsmitgliedern/börsennotierter Gesellschaften sowie zu den Ausschüssen des Verwaltungs-/Aufsichtsrats".

[13] Vgl. Eibelshäuser/Stein (2008), S. 486.

[14] Vgl. Nonnenmacher/Pohle/von Werder (2009), S. 1448.

[15] Vgl. Eibelshäuser/Stein (2008), S. 487, die mit Recht darauf hinweisen, dass jedoch eine Vorbereitung von Beschlüssen durch einen Ausschuss des Aufsichtsrates in der Unternehmenspraxis weit verbreitet ist.

[16] Vgl. Lanfermann/Röhricht (2009), S. 888.

[17] Dazu ausführlicher Glpkt. 2.2.3.

[18] Vgl. Velte (2009), S. 343.

[19] Siehe auch Velte (2009), S. 343.

Mit der Einrichtung eines Prüfungsausschusses erhofft sich der Gesetzgeber eine Effizienzsteigerung. Es sei zu erwarten, dass sich die Mitglieder des Prüfungsausschusses stärker mit den ihnen übertragenen Aufgaben identifizieren als dies der Fall wäre, wenn sie als Mitglied des Aufsichtsrats tätig würden; zudem steige die Qualität der Aufsichtsarbeit.[20]

Die Gesetzesänderung ist wichtig, darf jedoch nicht überbewertet werden. Die Einrichtung von Prüfungsausschüssen hat sich nämlich bei Großunternehmen schon lange – auf freiwilliger Basis – durchgesetzt.[21]

2.2.2   Aufgaben

Überblick

Nach dem neuen § 107 Abs. 3 Satz 2 AktG besteht die Aufgabe des Prüfungsausschusses in der Überwachung

- des Rechnungslegungsprozesses,
- der Wirksamkeit des internen Kontrollsystems,
- des Risikomanagementsystems und
- des internen Revisionssystems sowie
- der Abschlussprüfung, hier insbesondere der Unabhängigkeit des Abschlussprüfers und der vom Abschlussprüfer zusätzlich erbrachten Leistungen.[22]

Auswirkungen auf die Zusammenarbeit

Die genannten Aufgaben wirken sich auf vielfältige Weise auf die Zusammenarbeit von Aufsichtsrat/Prüfungsausschuss mit dem Vorstand und dem Abschlussprüfer aus. Hier seien einige wesentliche Aspekte genannt:

Bei der Überwachung des Rechnungslegungsprozesses hat der Prüfungsausschuss auf die Prüfungsergebnisse des Abschlussprüfers zurückzugreifen; er sollte zudem auch die Prüfungsergebnisse der Internen Revision berücksichtigen.[23] „Die Überwachung des Rechnungslegungsprozesses dürfte in der Regel mit der Überwachung des internen Kontrollsystems und des internen Risikomanagementsystems

---

[20] Vgl. Begr. RegE, BT-Drs. 16/10067, S. 102.

[21] Bereits seit 2003 verfügen alle DAX-30-Unternehmen über einen solchen Aufsichtsratsausschuss; auch alle im MDAX vertretenen Gesellschaften haben inzwischen einen Prüfungsausschuss. Vgl. Nonnenmacher/Pohle/von Werder (2009), S. 1447; von Werder/Talaulicar (2009), S. 693 sowie Böcking (2008), S. 364, der zudem (Fn. 25) feststellt: „Der Verbreitungsgrad von Prüfungsausschüssen sinkt mit abnehmender Unternehmensgröße (z. B. gemessen an Börsenumsatz und Börsennotierung), d.h. je kleiner ein Unternehmen ist, desto geringer ist die Bereitschaft, einen Prüfungsausschuss einzurichten.“

[22] Im Kontext der Aufgaben des Prüfungsausschusses ist außerdem § 124 Abs. 3 Satz 2 AktG zu erwähnen, wonach der Prüfungsausschuss eine Empfehlung für den Wahlvorschlag des Abschlussprüfers an die Hauptversammlung unterbreiten soll. Vgl. Velte (2009), S. 343.

[23] Vgl. Nonnenmacher/Pohle/von Werder (2009), S. 1451.

einhergehen."[24] Als Stütze des Rechnungslegungsprozesses hat der Prüfungsausschuss deshalb vor allem auch die Wirksamkeit des internen Kontrollsystems zu überwachen.[25] Hierfür hat er die Vorstandsberichte über die Ausgestaltung des internen Kontrollsystems und die Wirksamkeitskontrollen des Vorstands kritisch zu hinterfragen.[26] Im Übrigen muss der Abschlussprüfer den Prüfungsausschuss unverzüglich über wesentliche Schwächen des internen Kontrollsystems bezogen auf den Rechnungslegungsprozess informieren (§§ 171 Abs. 1 Satz 2 AktG, 321 Abs. 1 Satz 3 HGB).

Die Überwachung der Wirksamkeit des Kontroll- und Risikomanagementsystems setzt eine umfassende Analyse darüber voraus, wie der Vorstand systematisch mit der Erkennung von Risiken, ihrer Steuerung und ihrer Kommunikation umgeht.[27] Der Prüfungsausschuss hat sich vom Vorstand schriftlich über die Ausgestaltung des Risikomanagementsystems und dessen Wirksamkeit berichten zu lassen; bei Bedarf hat er den Vorstand zur Nacherläuterung aufzufordern und ggf. zusätzliche Prüfungshandlungen durch Dritte zu beauftragen.[28]

Zur Überwachung der Wirksamkeit des internen Revisionssystems ist anzumerken, dass der Prüfungsausschuss vom Arbeitsprogramm des internen Prüfers vorab informiert werden sollte. Außerdem sollte er das Recht haben, Revisionsberichte einzusehen und den Leiter der Internen Revision (unter Beachtung des aktienrechtlichen Rahmens) in Abwesenheit des Vorstands befragen zu dürfen.[29] Im Hinblick auf die Zusammenarbeit mit dem Vorstand ist zu betonen, dass der Prüfungsausschuss sich vor allem auch einen Überblick über die wesentlichen Feststellungen der Innenrevision (einschließlich aller gewichtigen Fälle von Betrug, Unterschlagung etc.) und die dazu veranlassten Maßnahmen der verantwortlichen Vorstandsmitglieder verschaffen sollte.[30]

Bei festgestellten Schwachstellen in den erwähnten Systemen (Kontroll-, Risikomanagement- und internes Revisionssystem) sollte sich der Prüfungsausschuss von deren (sachgerechten) Beseitigung überzeugen.[31] Fehlt es gänzlich an einem der genannten Systeme, muss der Prüfungsausschuss selbstverständlich die Notwendigkeit zu deren Einrichtung prüfen.[32]

Dem Prüfungsausschuss kommt ferner die Funktion als „Hüter der Unabhängigkeit des Abschlussprüfers"[33] zu. Die gesetzliche Regelung unterstützt somit die vom

---

[24]   Vgl. Begr. RegE, BT-Drs. 16/10067, S. 103.

[25]   Vgl. Empfehlung der EU-Kommission vom 15.2.2005, ABl. EU L 52, Anhang I, Abschn. 4.2 Rn. 1.

[26]   Vgl. Nonnenmacher/Pohle/von Werder (2009), S. 1451.

[27]   Vgl. Empfehlung der EU-Kommission vom 15.2.2005, ABl. EU L 52, Anhang I, Abschn. 4.2 Rn. 1.

[28]   Vgl. Nonnenmacher/Pohle/von Werder (2009), S. 1451.

[29]   Vgl. Nonnenmacher/Pohle/von Werder (2009), S. 1451.

[30]   Vgl. Nonnenmacher/Pohle/von Werder (2009), S. 1451.

[31]   Vgl. Lanfermann/Röhricht (2009), S. 888.

[32]   Vgl. Lanfermann/Röhricht (2009), S. 889.

[33]   Lanfermann/Röhricht (2009), S. 890.

Abschlussprüfer ohnehin selbst vorzunehmende Selbsteinschätzung seiner Unabhängigkeit.[34] Der Ausschuss soll verbindlich festlegen, welche Nichtprüfungsleistungen ausgeschlossen, nach Überprüfung durch den Ausschuss oder ohne Einschaltung des Prüfungsausschusses zulässig sind.[35] Der Prüfungsausschuss ist aber nicht nur für die Überwachung der Unabhängigkeit des Abschlussprüfers zuständig. Vielmehr umfasst die Überwachungsfunktion für die Abschlussprüfung auch die Pflicht zur Überwachung der Qualität der Abschlussprüfung.[36]

Der Prüfungsausschuss hat an den Aufsichtsrat eine Empfehlung zum Wahlvorschlag für die Bestellung des Abschlussprüfers auszusprechen. Dies setzt voraus, dass sich der Prüfungsausschuss – wie vorstehend ausgeführt – vorab mit der Unabhängigkeit und der fachlichen Eignung des Abschlussprüfers eingehend befasst.[37] Der Prüfungsausschuss sollte den Abschlussprüfer beauftragen; hierfür sollte der Vorsitzende zur Auftragserteilung ermächtigt werden.[38] Nach Tz. 5.3.2 Satz 1 des Deutschen Corporate Governance Kodex (DCGK) sind bei der Auftragserteilung das Prüfungshonorar und die Prüfungsschwerpunkte festzulegen. Sodann hat der Prüfungsausschuss zu überwachen, dass der Abschlussprüfer seinen gesetzlichen Informationspflichten (Prüfungsbericht, mündliche Berichterstattung, Redepflicht) nachkommt.[39]

2.2.3 Zusammensetzung

Nach § 107 Abs. 4 AktG muss mindestens ein Mitglied des Prüfungsausschusses unabhängig sein und über Sachverstand auf den Gebieten Rechnungslegung oder Abschlussprüfung verfügen.

Wie sich aus der Regierungsbegründung[40] ergibt, gefährdet nicht nur die aktuelle Zugehörigkeit zur Geschäftsführung die Unabhängigkeit. Vielmehr können auch andere Gesichtspunkte, insbesondere unmittelbare oder mittelbare geschäftliche, finanzielle oder persönliche Beziehungen zur Geschäftsführung eine Besorgnis der Befangenheit begründen, die der Wahrnehmung der Aufsichtsfunktion entgegensteht. Ausdrücklich betont wird, dass inhaltlichen Aspekten bei der Prüfung der Unabhängigkeit Vorrang vor formalen Kriterien gegeben werden sollte.

Das Erfordernis des Sachverstands setzt voraus, dass mindestens ein Mitglied beruflich mit der Rechnungslegung oder Abschlussprüfung befasst ist oder war. Die Regierungsbegründung nennt neben den Angehörigen der steuerberatenden oder wirtschaftsprüfenden Berufe beispielhaft Finanzvorstände, fachkundige

---

[34] Vgl. Lanfermann/Röhricht (2009), S. 890.

[35] Vgl. Empfehlung der EU-Kommission vom 15.2.2005, ABl. EU L 52, Anhang I, Abschn. 4.2 Rn. 2.

[36] Zutreffend Nonnenmacher/Pohle/von Werder (2009), S. 1450.

[37] Vgl. Nonnenmacher/Pohle/von Werder (2009), S. 1450.

[38] Vgl. Nonnenmacher/Pohle/von Werder (2009), S. 1450.

[39] Vgl. Nonnenmacher/Pohle/von Werder (2009), S. 1450.

[40] Vgl. Begr. RegE, BT-Drs. 16/10067, S. 101 f.

Angestellte aus den Bereichen Rechnungswesen und Controlling, Analysten sowie langjährige Mitglieder in Prüfungsausschüssen oder Betriebsräte, die sich diese Fähigkeit im Zuge ihrer Tätigkeit durch Weiterbildung angeeignet haben.[41]

2.2.4   Arbeitsweise

Die gesetzliche Regelung wurde schon bisher als rudimentär empfunden; das gilt nicht nur in Bezug auf den vom Aufsichtsrat eingerichteten Prüfungsausschuss, sondern vielmehr sogar für den Aufsichtsrat selbst.[42] Aus der Abschlussprüferrichtlinie – und dementsprechend auch nicht dem BilMoG und seiner Gesetzesbegründung – lassen sich praktische Hinweise für die (Binnen-)Organisation und Arbeitsweise eines Prüfungsausschusses entnehmen. Dies darf indes nicht als Manko gesehen werden.[43] Der Gesetzgeber hält sich hierzu vielmehr bewusst zurück.[44]

Das Schrifttum hat hierzu umfangreiche Empfehlungen entwickelt, die teilweise im DCGK ihren Niederschlag gefunden haben:[45] Danach ist insbesondere sicherzustellen, dass der Prüfungsausschuss über eine seinen Aufgaben entsprechende Informationsversorgung verfügt. Außerdem sollten Sitzungsfrequenz, -dauer und -vorbereitung geregelt sein. Ferner kann es sich empfehlen, von vornherein zu regeln, wann Mitglieder des Vorstands oder der Abschlussprüfer an Sitzungen teilnehmen sollen. Schließlich wird betont, dass das Verhältnis zum Aufsichtsratsplenum in Eckpunkten geklärt sein sollte. Hierzu gehört z. B. die Festlegung von Art und Weise der Berichterstattung bei einer vorbereitenden Aufgabendelegation an den Prüfungsausschuss.

2.3   Würdigung

Das BilMoG wird zweifellos eine weitere Intensivierung der Zusammenarbeit zwischen dem Aufsichtsrat bzw. dessen Prüfungsausschuss und dem Abschlussprüfer zur Folge haben.[46]

Durch das BilMoG wird die Verantwortung des Aufsichtsrates für die interne und externe Prüfung stärker als bisher betont. Insbesondere die Überwachung der Wirksamkeit des internen Kontroll-, Risikomanagement- und Revisionssystems stellt eine nicht zu unterschätzende Aufgabe für einen solchen Ausschuss dar. Der Unterstützungsfunktion des Abschlussprüfers bei der Überwachung des Risikofrüherkennungssystems nach § 91 Abs. 2 AktG wird verstärkte Bedeutung zukommen, zumal der Abschlussprüfer gem. § 317 Abs. 4 HGB im Rahmen seiner Prüfung (nur) zu beurteilen hat, ob der Vorstand die ihm nach § 91 Abs. 2 AktG obliegen-

---

[41]   Vgl. Begr. RegE, BT-Drs. 16/10067, S. 102.

[42]   So z.B. das Fazit von Hüffer (2008), § 107 AktG Rn. 19 i.V.m. Rn. 1.

[43]   Gl.A. Nonnenmacher/Pohle/von Werder (2009), S. 1448.

[44]   Vgl. Hüffer (2008), § 107 AktG Rn. 1.

[45]   Vgl. zum Folgenden: Nonnenmacher/Pohle/von Werder (2009), S. 1452 f.

[46]   So auch Eibelshäuser/Stein (2007), S. 486.

den Maßnahmen in einer geeigneten Form getroffen hat und ob das danach ein-
zurichtende Überwachungssystem seine Aufgaben erfüllen kann.[47] Die Überwachung der Wirksamkeit eines solchen Systems unterliegt jedoch allein der Verantwortung des Aufsichtrates bzw. Prüfungsausschusses. Nicht ganz zutreffend ist
deshalb das mitunter vorgetragene lapidare Fazit, durch das BilMoG sei nur das
schon zuvor durch das Aktienrecht (implizit) gedeckte Spektrum an Aufgaben für
einen Prüfungsausschuss abgedeckt worden.[48] Insbesondere die Zuständigkeit des
Prüfungsausschusses für die Wirksamkeit des internen Revisionssystems war bislang keineswegs unumstritten, zumal diese Aufgabe auch nicht im DCGK genannt
wurde.

Die Änderungen im Gesellschaftsrecht bleiben allerdings Stückwerk, wenn sie nicht
von flankierenden Maßnahmen begleitet werden. Im Schrifttum wird in diesem
Zusammenhang insbesondere das sog. „Whistleblowing" genannt. Der Prüfungsausschuss soll die sachgerechte Behandlung von Mitteilungen oder Beschwerden über
mutmaßliche Unregelmäßigkeiten im Unternehmen überwachen und u.U. auf eine
gezielte Untersuchung hinwirken; er soll hinterfragen, ob im Unternehmen Vorkeh-
rungen für eine angemessene, unabhängige Untersuchung und Verfolgung der jeweiligen Angelegenheit getroffen worden sind.[49] „Es bestehen allerdings formelle
Probleme, effektive Whistleblowing-Strukturen in das deutsche Rechtssystem einzu-
führen. So kann nicht sichergestellt werden, dass die Anonymität des Whistleblowers
gewahrt bleibt. Zudem ist es schwierig, das Whistleblowing-Verfahren genau in die
deutsche Corporate Governance-Struktur einzuordnen. Datenschutzbestimmungen
sowie Bank-, Börsen- oder Geschäftsgeheimnisse führen dazu, dass sich die Informa-
tionsweitergabe schnell als rechtswidrig erweisen kann."[50] Weiterhin ist auch das
Verhältnis zwischen der Internen Revision und dem Prüfungsausschuss neu zu justieren. Es wäre notwendig, dass der Prüfungsausschuss stärkeren Einfluss auf die Arbeit
der Internen Revision nehmen kann, da er auf deren Information respektive Kompetenz zur Wahrnehmung seiner Aufgaben angewiesen sein wird. Hier gibt es aber
durch das deutsche dualistische System der Unternehmensverfassung nach wie vor
Grenzen, da es durch § 91 Abs. 2 AktG dem Vorstand die Kompetenz zur Einrichtung und fortlaufenden Pflege der Internen Revision zuweist.[51]

---

[47] Vgl. Eibelshäuser (2007), S. 743.
[48] So Velte (2009), S. 344.
[49] Siehe Empfehlung der EU-Kommission vom 15.2.2005, ABl. EU L 52, Anhang I, Abschn 4.3 Rn. 8.
[50] Eibelshäuser (2007), S. 741.
[51] Zutreffend Velte (2009), S. 343. Zur Zusammenarbeit des Prüfungsausschusses mit der Internen
Revision siehe auch Eibelshäuser (2007), S. 742 f.

3   VorstAG

3.1   Hintergrund

Die als ausufernd empfundene Managervergütung wurde schon seit Jahren kritisch gesehen; insbesondere die Ausgestaltung von Aktienoptionsprogrammen wurde bemängelt.[52] Deshalb haben zahlreiche Unternehmen schon lange vor Verabschiedung des VorstAG ihre Vergütungsstrukturen geändert.[53] Insoweit verwundert es, dass mitunter behauptet wird, erst die Finanzmarktkrise habe Fehlentwicklungen bei den Vorstandsvergütungen aufgedeckt. So konstatiert beispielsweise der Gesetzentwurf des VorstAG: „Es ist eine der Lehren der Finanzmarktkrise, dass von kurzfristig ausgerichteten Vergütungsinstrumenten fehlerhafte Verhaltensanreize ausgehen können."[54]

Überhöhte Managervergütungen als eine zentrale Ursache der Finanzmarktkrise zu bezeichnen, erscheint überzogen.[55] Tatsächlich dürfte eher die Einschätzung zutreffend sein, dass erst die Finanzmarktkrise die (politische) Bereitschaft für eine seit längerem schon eingeforderte Reform erhöht hat. Die Finanzmarktkrise spielt somit eher die Rolle eines Katalysators. Sie wurde zum Anlass für eine seit geraumer Zeit angemahnte, längst überfällige Gesetzesreform genommen, deren Ziel darin besteht, die Managervergütung so zu justieren, dass verstärkt Anreize für eine nachhaltige und auf Langfristigkeit ausgerichtete Unternehmensentwicklung gesetzt werden.[56]

3.2   Vergütung

3.2.1   Angemessenheit

Um die Angemessenheit der Vorstandsvergütung sicherzustellen, sind durch das VorstAG in das AktG Regelungen folgenden Inhalts aufgenommen worden:[57]

---

[52]   Vgl. z. B. Adams (2003), S. 380, der u.a. ausführt: „Haupttreiber der Einkommenssteigerungen sind undurchsichtig und sinnwidrig gestaltete Aktienoptionspläne." Lutter (2003), S. 742, spricht im Zusammenhang mit den durch das KonTraG geänderten §§ 192, 193 AktG von „unglaublichen Fehlentwicklungen" bei der Vorstandsvergütung. Vgl. ferner auch Schwark (2002), S. 96.

[53]   Siehe z. B. FAZ v. 6. März 2009, S. 15: „Unternehmen verändern ihre Vergütungssysteme – Mehr langfristige Anreize, weniger kurzfristiges Denken".

[54]   Gesetzentwurf der Fraktionen der CDU/CSU und SPD, BT-Drs. 16/12278, S. 1

[55]   Gl.A. Hohenstatt (2009), S. 1349. Der Versuch, aktienbasierte Vergütungen (vorschnell) für jedwede Fehlentwicklung in den vergangenen Jahren verantwortlich zu machen, ist indes nicht neu. So konstatiert beispielsweise Heimbürger (2008), S. 117: „Oft mussten sie [gemeint sind Stock Options; Hinzufügung der Verf.] als Sündenbock für Bilanzmanipulationsskandale großen Ausmaßes wie bei Enron und Worldcom herhalten. Zumindest teilweise unrichtig wurde dabei argumentiert, dass Optionsrechte Motiv für waghalsige Manipulationen des Managements seien."

[56]   Vgl. BMJ-Newsletter vom 11. März 2009.

[57]   Vgl. BMJ-Newsletter vom 18. Juni 2009.

Schon bisher sah § 87 AktG eine Obergrenze für Vorstandsgehälter vor.[58] Diese Regelung wird nunmehr durch das VorstAG präzisiert.

Aktienoptionen können künftig frühestens vier Jahre nach Einräumung der Option ausgeübt werden (§ 193 Abs. 2 Nr. 4 AktG). Angesichts der Tatsache, dass Vorstände nach § 84 Abs. 1 Satz 1 AktG für max. fünf Jahre bestellt werden dürfen, ist zu erwarten, dass Aktienoptionen als Element der Vergütungsstruktur einen (weiteren) Bedeutungsverlust erleiden werden.[59] Inwieweit diese Neuregelung auf andere Ausgestaltungen aktienbasierter Vergütungen ausstrahlen wird, bleibt abzuwarten.[60]

Die Möglichkeit des Aufsichtsrats, die Vergütung bei einer Verschlechterung der Lage des Unternehmens nachträglich zu reduzieren, wird durch § 87 Abs. 2 Satz 1 AktG erweitert. Wäre die Weitergewährung trotz Verschlechterung der Lage der Gesellschaft unbillig, muss eine Herabsetzung erfolgen.[61] Setzt der Aufsichtsrat eine unangemessene Vergütung fest, macht er sich im Übrigen gegenüber der Gesellschaft schadensersatzpflichtig (§ 116 Satz 3 AktG).

Beim Abschluss der in der Praxis häufig anzutreffenden sog. „Directors and Officers Liability-Versicherungen" (kurz: D&O-Versicherungen) ist zwingend ein Selbsteinbehalt zu vereinbaren, der nicht niedriger als das Eineinhalbfache der jährlichen Festvergütung sein darf (§ 93 Abs. 2 Satz 3 AktG).[62]

Schließlich kann die Hauptversammlung einer börsennotierten Gesellschaft künftig ein unverbindliches Votum zum System der Vorstandsvergütung abgeben (§ 120 Abs. 4 AktG); insbesondere kann sie dabei auch ihre Missbilligung aussprechen.

3.2.2   Transparenz

Die vorstehenden Maßnahmen werden durch Regelungen ergänzt, welche die Transparenz der Vorstandsvergütung erhöhen sollen:[63]

---

[58] Vgl. Adams (2003), S. 380.

[59] So Hohenstatt (2009), S. 1356.

[60] Vgl. Hohenstatt (2009), S. 1356.

[61] Nach der Gesetzesbegründung (vgl. BT-Drs. 16/12278, S. 7) soll zukünftig eine Insolvenz oder unmittelbare Krise die Voraussetzungen für eine Lageverschlechterung stets erfüllen. Es genüge, wenn die Gesellschaft Entlassungen oder Lohnkürzungen vornehmen muss und keine Gewinne ausschütten kann. Dies wird im Schrifttum scharf kritisiert: „Häufig ist es geradezu die (unpopuläre) Amtspflicht des Vorstands, im Sinne einer kontinuierlichen Kostenoptimierung oder gar zur Abwendung einer Krise Personal abzubauen. Es wäre ganz und gar kontraproduktiv, an derlei pflichtgemäßes Handeln Vergütungsnachteile zu knüpfen"; Hohenstatt (2009), S. 1352. Obgleich diese Kritik nicht unberechtigt ist, lässt sie doch außer Acht, dass (zusätzlich) auch das Tatbestandsmerkmal der „Unbilligkeit" erfüllt sein muss. Unbilligkeit liegt aber nach der Gesetzesbegründung (vgl. BT-Drs. 16/12278, S. 7) außer bei pflichtwidrigem Handeln nur dann vor, wenn die Lageverschlechterung in die jeweilige Zeit der Vorstandsverantwortung fällt und dem betreffenden Vorstand zurechenbar ist.

[62] Freilich bleibt es dem Vorstandsmitglied unbenommen, sich im Hinblick auf den Selbstbehalt persönlich zu versichern. Die dafür aufzuwendende Prämie darf selbstverständlich nicht in die Vergütung eingepreist werden. Vgl. Hohenstatt (2009), S. 1354.

[63] Vgl. BMJ-Newsletter vom 18. Juni 2009.

Zum einen darf die Entscheidung über die Vergütung eines Vorstandsmitglieds künftig – anders als bislang – nicht mehr an einen Ausschuss des Aufsichtsrats delegiert werden, sondern muss vom Plenum des Aufsichtsrats getroffen werden (§ 107 Abs. 3 Satz 3 AktG).[64]

Außerdem werden die Unternehmen zu einer weitergehenden Offenlegung der Vergütungen und Versorgungsleistungen an Vorstandsmitglieder im Falle der vorzeitigen oder regulären Beendigung der Vorstandstätigkeit verpflichtet; hierzu werden die Anhangangaben im handelsrechtlichen Jahres- und Konzernabschluss durch Änderung der §§ 285 Nr. 9, 314 Abs. 1 Nr. 6a HGB erweitert.

3.3   Karenzzeit

Schließlich dürfen ehemalige Vorstandsmitglieder während einer zweijährigen Karenzzeit nach ihrem Ausscheiden nicht Mitglieder des Aufsichtsrats werden (§ 100 Abs. 2 Satz 1 Nr. 4 AktG). Die Karenzzeit gilt jedoch nicht, wenn die Wahl in den Aufsichtsrat auf Vorschlag von Aktionären erfolgt, die mehr als 25 % der Stimmrechte an der Gesellschaft halten; hiermit soll insbesondere den Interessen von Familiengesellschaften Rechnung getragen werden.[65]

Diese Regelung hat augenscheinlich nichts unmittelbar mit dem Gesetzeszweck – Angemessenheit der Vorstandsvergütung – zu tun. Sie fügt sich aber sehr wohl in das generelle Ansinnen des Gesetzgebers, die Corporate Governance zu verbessern. Vorgebeugt werden soll möglichen Interessenkonflikten, die aufgrund vorheriger Vorstandstätigkeit der Aufsichtsratsmitglieder entstehen könnten. Vor allem soll ausgeschlossen werden, dass ein ehemaliges Vorstandsmitglied „die Aufdeckung von Unstimmigkeiten in der Vergangenheit" verhindert.[66]

3.4   Würdigung

Das VorstAG bewirkt in seinem Kernbereich, der Sicherstellung einer angemessenen Vorstandsvergütung, nur eine Akzentverschiebung. Schließlich war der Aufsichtsrat auch bisher schon verpflichtet, (lediglich) eine angemessene Vergütung zu gewähren. Es bleibt deshalb abzuwarten, wie sich das Gesetz tatsächlich – insbesondere in Krisenfällen – auswirkt. Insgesamt unterstreicht das VorstAG aber (wie auch das BilMoG) die erhöhte Verantwortung des Aufsichtsrates. Im Hinblick auf die Angemessenheit der Vorstandsvergütung kommt dem Gesetz deshalb weitgehend eine Appellfunktion zu, dieser Aufgabe mit besonderer Verantwortung zu begegnen.

---

[64]   Krit. Hohenstatt (2009), S. 1355, der bemängelt, dies halte den Aufsichtsrat von seiner Überwachungsaufgabe ab.

[65]   Vgl. BMJ-Newsletter vom 18. Juni 2009.

[66]   Gesetzentwurf der Fraktionen der CDU/CSU und SPD, BT-Drs. 16/12278, S. 8.

Langfristig weitaus bedeutender und für die strukturelle Ausgestaltung der Corporate Governance interessanter ist trotz der vorgesehenen Ausnahmeklausel u.E. die Einführung der Karenzzeit für den Wechsel in den Aufsichtsrat. Naturgemäß haben Vorstände eine exzellente Kenntnis des Unternehmens, die von einem „externen" Aufsichtsratsmitglied so nicht ohne weiteres erwartet werden kann. Folglich war es nicht verwunderlich, dass sich andere Aufsichtsräte häufig an den Auffassungen der ehemaligen Vorstände orientierten und diese meist auch als Aufsichtsratsvorsitzenden wählten. Andererseits besteht – worauf die Gesetzesbegründung abstellt – bei ehemaligen Vorstandsmitgliedern aber immer auch die Gefahr der Befangenheit, wenn sie als Aufsichtsrat fungieren.

Der Gesetzgeber hat sich bewusst dagegen entschieden, die Hauptversammlung über die Vor- und Nachteile des Wechsels eines Vorstandsmitglieds in den Aufsichtsrat befinden zu lassen. Er hat auch darauf verzichtet, nur das Amt des Aufsichtsratsvorsitzenden bei einem Wechsel auszuschließen. Dies ist u.E. angesichts des gesetzgeberischen Reformwillens sachgerecht, weil sich ansonsten vermutlich nicht viel geändert hätte;[67] die Dominanz ehemaliger Vorstände im Aufsichtsrat wäre de facto unangetastet geblieben. Wie auch immer sich die Neuregelung deshalb auswirken mag, eins ist sicher: Ungeachtet rechtlicher Verpflichtungen wird für Aufsichtsratsmitglieder auch faktisch der Zwang wachsen, sich mit dem Unternehmen, dessen Aufsichtsrat man angehört, intensiv(er) zu befassen.

4 Ausblick

Mit dem BilMoG und dem VorstAG wurden bessere Voraussetzungen geschaffen, um professioneller mit unternehmensindividuell verursachten oder global entfachten Krisen umzugehen bzw. deren Auftreten (rechtzeitig) entgegen zu wirken. Der Stellenwert des Aufsichtsrats und seines Prüfungsausschusses haben in den letzten Jahren zweifellos erheblich zugenommen. Das gilt auch für die dahinter stehenden Personen, die diese Gremien konstituieren. Dieser Trend wurde durch die beiden hier betrachteten Gesetze verstärkt. Für die Zusammenarbeit mit dem Vorstand und dem Abschlussprüfer kann dies aus Sicht einer verantwortungsvollen Unternehmensführung und -überwachung nur von Vorteil sein.

Beide Gesetzeswerke betonen indes zugleich die Verantwortung von Aufsichtsratsmitgliedern. Sie setzen neben der gebotenen Unabhängigkeit hohe fachliche, soziale und ethische Kompetenz der dort vertretenen Personen voraus. Zudem müssen diese bereit sein, sich intensiv mit den ihnen anvertrauten Aufgaben zu befassen. Es ist zu erwarten, dass künftig verstärkt nicht nur – wie schon immer – ein Werben um die besten Köpfe im operativen Geschäft entbrennen wird, sondern verstärkt auch nach (Aufsichts-)Personen gesucht werden wird, welche die genannten hohen Anforderungen zu erfüllen versprechen.

---

[67] A.A. Hohenstatt (2009), S. 1355.

Literaturhinweise

Adams, Michael, Pro und Contra: Gesetzliche Begrenzung von Managergehältern Pro, ZRP 2003, S. 380.

Arbeitskreis Externe und Interne Überwachung der Unternehmung der Schmalenbach-Gesellschaft für Betriebswirtschaft e.V. (AKEIÜ), Der Prüfungsausschuss nach der 8. EU-Richtlinie: Thesen zur Umsetzung in deutsches Recht, DB 2007, S. 2129.

Böcking, Hans-Joachim, Prüfungsausschüsse und Corporate Governance, in: Klay, Max Dietrich/Leven, Franz-Josef/Rudolph, Bernd/Schneider, Uwe H., FS Rüdiger von Rosen, Stuttgart 2008, S. 357.

Eibelshäuser, Beate, Corporate Compliance: Ist eine globale Uniformität möglich? – Eine Analyse aus betriebswirtschaftlicher Sicht dargestellt am Beispiel des Prüfungsausschusses, Der Konzern 2007, S. 735.

Eibelshäuser, Beate/Stein, Thomas, Modifikationen der Zusammenarbeit des Prüfungsausschusses mit dem Abschlussprüfer durch den Gesetzentwurf des BilMoG, Der Konzern 2008, S. 486.

Heimbürger, Hans-Joachim, Aufwandswirksame Buchung von Stock Options, WPg 2008, S. 117.

Hohenstatt, Klaus-Stefan, Das Gesetz zur Angemessenheit der Vorstandsvergütung, ZIP 2009, S. 1349.

Hüffer, Uwe, Aktiengesetz, 8. Aufl., München 2008.

Köhler, Annette G./Marten, Kai-Uwe/Schlereth, Dieter, Stärkung der Corporate Governance in Deutschland – Umsetzungsstand und Effektivität, DB 2009, S. 1477.

Lanfermann, Georg/Röhricht, Victoria, Pflichten des Prüfungsausschusses nach dem BilMoG, BB 2009, S. 887.

Lutter, Marcus, Corporate Governance und ihre aktuellen Problemen, vor allem: Vorstandsvergütung und ihre Schranken, ZIP 2003, S. 737.

Nonnenmacher, Rolf/Pohle, Klaus/von Werder, Axel, Aktuelle Anforderungen an Prüfungsausschüsse – Leitfaden für Prüfungsausschüsse (Audit Committees) unter Berücksichtigung des Bilanzrechtsmodernisierungsgesetzes (BilMoG), DB 2009, S. 1447.

Schwark, Eberhard, in: Hommelhoff, Peter et al., Corporate Governance, Heidelberg 2002, S. 75.

Velte, Patrick, Zur Reform des Prüfungsausschusses post BilMoG, StuB 2009, S. 342.

von Werder, Axel/Talaulicar, Till, Kodex Report 2009: Die Akzeptanz der Empfehlungen und Anregungen des Deutschen Corporate Governance Kodex, DB 2009, S. 689.

MaRisk und Risikoberichterstattung bei Versicherungsunternehmen

nach § 64a Abs. 1 Nr. 3. d) VAG

RA StB WP Prof. Dr. Jochen Axer, WP StB Dr. Alexander Basting

1   Stand der Regelungen zum Risikomanagement von Versicherungsunternehmen

Bereits seit etlichen Jahren wird auf Ebene der Europäischen Union an europaweit geltenden Regelungen zur Beaufsichtigung von Versicherungsunternehmen und -konzernen gearbeitet (sog. Solvency II-Projekt). Mit der Einführung der verbindlichen Regelungen wird im Jahre 2012 gerechnet. Die zu treffenden Regularien betreffen Anforderungen sowohl an das von den Versicherungsunternehmen und -gruppen mindestens vorzuhaltende haftende Kapital als auch zur Organisation des Risikomanagements und der zu veröffentlichen Informationen. Zur Vorbereitung der Unternehmen auf die zu erwartenden Normen wurden vom Deutschen Gesetzgeber im Jahre 2007 der Inhalt des § 64a VAG im Rahmen des Neunten Gesetzes zur Änderung des VAG („9. VAG-Novelle")[1] um entsprechende Anforderungen zur Ausgestaltung des Risikomanagements und der internen Risikoberichterstattung der Versicherungsunternehmen erweitert. Zur Interpretation der relativ abstrakten gesetzlichen Regelungen wurde nach mehr als einem Jahr Konsultationszeit im Januar 2009 in Form eines Rundschreibens der Bundesanstalt für Finanzdienstleistungsaufsicht (BaFin)[2] eine umfangreiche Erläuterung veröffentlicht, die Mindestanforderungen an das Risikomanagement und die interne Risikoberichterstattung von Versicherungsunternehmen recht detailliert konkretisiert (MaRisk für Versicherungen). Diese Veröffentlichung verarbeitet nicht zuletzt Vorschläge und Anregungen des Ausschusses der Europäischen Aufsichtsbehörden für das Versicherungswesen und die betriebliche Altersversorgung (CEIOPS-Committee of European Insurance and Occupational Pensions Supervisors) aus dem Jahre 2008. Sie nimmt faktisch einen Teil der zu erwartenden qualitativen Anforderungen der Säule II des Solvency II-Projekts vorweg. Sie steht zudem im Kontext der nationalen Regelungen des KontraG,[3] Deutscher Rechnungslegungsstandards wie DRS 5, DRS 15 und die Ergänzung DRS 5-20, der älteren BaFin-Rundschreiben, (etwa 6/2005 und 15/2005) sowie der Diskussionen und Anforderungen an die Corporate Governance, international ursprünglich der 8. EU-Richtlinie[4] und der neueren Abschlussprüfer-Richtlinie[5] 2006/43/EG, des Sarbanes-Oxley-Act sowie der internationalen Rechnungslegungsregeln der IAS und IFRS. Nicht besprochen werden – und auch nicht zu verwechseln mit den „MaRisk VA" – die entsprechenden und zeitlich bereits seit 01.01.2005 existenten MaRisk für die Banken; diese wurden am 14.08.2009 bereits novelliert[6] und sind aufgrund der Diskussion um die Neuregelung zu „Personal-

---

[1]   Neuntes Gesetz zur Änderung des Versicherungsaufsichtsgesetzes vom 23.01.2007, BGBl 2007 I, 3248, vgl. auch Weber-Rey, AG 2008, S. 345, 356 ff.

[2]   R 3/2009 vom 22.01.2009; vgl. dazu Bürkle, Compliance, § 6; Weber-Rey, AG-Report 2009, R 124

[3]   Gesetz zur Kontrolle und Transparenz im Unternehmensbereich vom 27.04.1998, BGBl I 1998, S. 786

[4]   84/253/EWG

[5]   2006/43/EG

[6]   vgl. http://www.bundesbank.de/download/bankenaufsicht/pdf/marisk/090814_as.pdf

und Anreizsystemen" in den Blickpunkt geraten; ein derartiger Abschnitt ist mangels vergleichbarer Vergütungs-Auswüchse in der Versicherungswirtschaft und damit mangels Notwendigkeit in der MaRisk VA nicht enthalten.[7] Inzwischen wurden Seitens der BaFin zwei gesonderte Rundschreiben, die sich nur und ausschließlich mit den Anforderungen an Vergütungssysteme einerseits von Banken, andererseits von Versicherungen befassen, im Dezember 2008 veröffentlicht.[8]

2 Zusammengefasste Darstellung der Anforderungen der MaRisk an das Risikomanagement von Versicherungsunternehmen

Der Leitsatz des § 64a VAG ist, dass die Unternehmen eine zu ihrer Geschäftsstrategie passende Risikostrategie entwickeln und umsetzen müssen. Die wesentlichen hieraus resultierenden Anforderungen der MaRisk an das Risikomanagement von Versicherungsunternehmen lassen sich wie folgt systematisieren, wobei ein Teil der Anforderungen bereits durch die Regelungen des KonTraG gesetzlich gefordert wurden; hieraus resultiert der Aufbau der nachstehenden Darstellung:

- Risikoidentifikation, -analyse und -bewertung
  - Jährliche Risikoinventur
  - Laufende Risikoüberwachung
- Strategisches Risikomanagement
  - Strategische Planung
  - Ermittlung des riskierten Kapitals
  - Zuordnung des riskierten Kapitals auf die relevanten Steuerungssegmente
  - Vor- und Nachkalkulation der Rentabilität der einzelnen Segmente
  - Vorgabe von Managementregeln an die leitenden Mitarbeiter
  - Management von Reputationsrisiken
- Operatives Risikomanagement (Risikofrüherkennung)
  - Markt- und Umfeldbeobachtung
  - Überwachung der finanziellen Entwicklung der Gesellschaften
  - Überwachung der Angemessenheit der versicherungstechnischen Rückstellungen

---

[7]   vgl. zur bankbezogenen MaRisk-Novelle z. B.: Langen/Schielke/Zöll, BB 2009, S. 2479 ff.

[8]   Rundschreiben zur Anforderungen an Vergütungssysteme von Banken vom 21.12.2009 (22/2009, BA); Rundschreiben zu Anforderungen an Vergütungssysteme von Versicherungen vom 21.12.2009 (23/2009, VA)

- Ad hoc Risikoberichterstattung
- Prozesskontrollen
  - Implementierte Prozesskontrollen (IKS)
  - Controllingauswertungen
  - Berichte der leitenden Angestellten
- Notfallpläne
  - Technische Notfallpläne
  - Fachliche Notfallpläne

Die Inhalte der wesentlichen Anforderungen lassen sich wie folgt skizzieren:

2.1 Risikoidentifikation, -analyse und -bewertung

Jährliche Risikoübersicht

Wie bereits zur Erfüllung der Anforderungen des KonTraG notwendig, sind alle relevanten Risiken in Form einer Risikoinventur zu erfassen und die Ergebnisse der Risikobewertung in einer Risikoübersicht aufzuzeichnen.

Laufende Risikoüberwachung

Über die jährliche Risikoinventur hinaus hat die Gesellschaft Maßnahmen zu treffen, die sie in die Lage versetzt, sich anbahnende neue Risiken rechtzeitig zu erkennen.

2.2 Strategisches Risikomanagement

Strategische Planung

Strategische Planung und Abweichungsanalyse sind wesentliche Instrumente der strategischen Steuerung und des strategischen Risikomanagements. Diese kann etwa in Planungen mit 3 bis 5 Jahres-Horizont bestehen. Hierbei handelt es sich vielfach um finanzielle Planungsrechnungen, die durch Planungen des Mengengerüstes (z. B. Neugeschäft, Storno, Prämie pro Vertrag) unterlegt werden.

Ermittlung des riskierten Kapitals

Bei dem riskierten Kapital handelt es sich um den mit einer definierten Wahrscheinlichkeit maximal zu erwartenden Verlust (Worst case Szenario), der durch Eigenmittel zu decken ist. Die Ermittlung dieses riskierten Kapitals kann auf Basis eines internen Risikomodells oder mit Hilfe eines sog. Standardrisikomodells (z. B. QIS 4)[9] erfolgen. Obwohl interne Modelle im Hinblick auf Fragen der Unternehmenssteuerung eindeutige Vorteile haben, wird es für kleinere Unternehmen oftmals sinnvoll

---

[9]   http://www.ceiops.eu/media/files/consultations/QIS/CEIOPS-SEC-82-08%20QIS4%20Report.pdf

und jedenfalls kostengünstiger sein, hier zumindest mit Standardmodellen zu beginnen. Diese sind wesentlich schneller zu implementieren. Außerdem kann das Unternehmen auf diese Weise mit relativ geringem Aufwand Erfahrungen sammeln.

Zuordnung des riskierten Kapitals auf die Steuerungssegmente

Für eine zielgerichtete finanziellen Steuerung des Unternehmens ist es erforderlich, dass ermittelte riskierte Kapital den verschiedenen Steuerungssegmenten (z. B. Kapitalanlageverwaltung[10] oder Versicherungstechnik (hier weitere Trennung in Versicherungssegmente und/oder Bruttobeträge und passive Rückversicherung)) zuzuordnen. Hierbei sind entstehende Diversifikationseffekte zu beachten. Auf Grund der Diversifikationseffekte wird die Summe der Risikokapitalien je Segment immer größer sein als das Risikokapital für das gesamte Unternehmen. Das Ergebnis der Berechnung bildet das dem jeweiligen Steuerungssegment zuzurechnende riskierte Eigenkapital ab. Dieses Eigenkapital ist von diesem Segment entsprechend den Unternehmenszielen zu verzinsen.

Vor- und Nachkalkulation der Performance der Steuerungseinheiten

Um die angestrebte Rentabilität je Steuerungseinheit zu kontrollieren sollte an Hand des zugeordneten riskierten Kapitals und der vom Vorstand festgelegten Zielrendite je Steuerungssegment zu Jahresbeginn eine Vorkalkulation des zu erwartenden Erfolgsbeitrags durchgeführt werden.

Am Jahresende wird eine Nachkalkulation der jeweiligen Ergebnisse vorgenommen, um auf diese Weise Informationen über die Verlässlichkeit der angewendeten Planungsverfahren zu erzielen.

Managementregeln

Die MaRisk legt nahe, dass der Vorstand den leitenden Mitarbeitern Ziele kommuniziert und Verhaltensweisen bei drohender Zielverfehlung vorschreibt. Dies kann z. B. in der Weise umgesetzt werden, dass zu Beginn des Jahres die Vorstände mit den jeweiligen Abteilungsleitern die wesentlichen Ziele und Verhaltensregelungen besprechen und vereinbaren. Die Ziele bestehen i. d. R. aus finanziellen und nicht finanziellen Zielen. Zur Zielverfolgung werden die betreffenden finanziellen Größen (Zielerreichungsgrad) den Abteilungsleitern monatlich zur Verfügung gestellt.

Management von Reputationsrisiken

Reputationsrisiken sind frühzeitig zu erkennen und zu bekämpfen. Hierzu ist es in der Regel notwendig, entsprechende Vorgaben für mögliche Reputationsrisiken zu treffen.

---

[10]   vgl. zur Kapitalanlage und Marktrisiken auch Segler/Schalk/Bennemann, VW 2009, S. 1439

2.3 Operatives Risikomanagement

Markt- und Umfeldbeobachtung

Die wesentlichen Markt- und Umfeldrisiken sind sorgfältig zu beobachten. Beispiele für mögliche Risiken sind Veränderungen in der Produktlandschaft, Konzentrationen im Maklerbereich, neue Gesetze und geänderte Rechtsprechung sowie negative Berichterstattung in der Presse über das Unternehmen / die Gruppe. Hierzu gehört sowohl die Erkennung als auch die Kommunikation der Entwicklung entsprechender Risiken. Hierbei ist es in der Regel sinnvoll, zwischen versicherungsproduktbezogenen und anderen Risiken zu unterscheiden.

Überwachung der finanziellen Entwicklung

Hierunter fallen im Wesentlichen die:

• Ergebnisplanung, Kapitaleinsatz- und Renditeüberwachung

• Liquiditätsplanung

• Laufende Überwachung der Risikotragfähigkeit und Solvabilität

• Laufende Überwachung der Geschäftsentwicklung

Die Überwachung kann im Wesentlichen auf Basis der weiter oben angesprochenen Methoden vorgenommen werden. Darüber hinaus werden i. d. R. monatliche Berichte benötigt, aus denen sich die Entwicklung der wesentlichen finanziellen und nicht finanziellen Größen im Zeitablauf und im Verhältnis zur Planung ablesen lässt. Zusammen mit den Markt- und Umfeldbeobachtungen können hieraus Anstöße zu Strategiewechseln (z. B. Änderung des Produktemixes, Entwicklung neuer Produkte) entstehen.

Überwachung der Angemessenheit der versicherungstechnischen Rückstellungen

Die Überwachung der Angemessenheit bzw. Auskömmlichkeit der gebildeten versicherungstechnischen Rückstellungen ist integraler Bestand von Risikomanagementsystemen und wird regelmäßig von Aktuaren durchgeführt.

Ad-hoc Berichterstattung

Die Mitarbeiter werden verpflichtet, beim Eintritt definierter und sonstiger wichtiger Ereignisse unmittelbar Bericht an ihre Vorgesetzten oder ggf. unmittelbar an den Vorstand zu erstatten. Auch hier besteht eine Verbindung zu der bereits aus dem KonTraG bekannten Anforderungen an die ad-hoc-Berichterstattung.

2.4 Prozesskontrollen

Implementierte Prozesskontrollen (Internes Kontrollsystem – IKS)

Interne Prozesskontrollen sind notwendiger Bestandteil eines jeden Risikomanagementsystems. Neben der Effizienz der implementierten Kontrollen spielt auch deren Dokumentation eine wesentliche Rolle.

Controllingauswertungen und Berichte der leitenden Angestellten

Die Erstellung von monatlichen Berichten und deren Kommentierung durch die leitenden Angestellten sind wesentlicher Bestandteil der Risikofrüherkennung. Diese betreffen regelmäßig folgende Funktionsbereiche und Aufgabenschwerpunkte:

- Versicherungstechnik Brutto (mit den relevanten Produktgruppen)
  - Überwachung der verschiedenen Vertriebswege
  - Überwachung von Veränderungen der Bestandszusammensetzung
  - Überwachung von Stornorisiken
  - Überwachung der Schadenentwicklung
  - Überwachung der Rentabilität der Produktgruppen

- Passive Rückversicherung
  - Risikoangemessenheit des Rückversicherungsschutzes
  - Möglichkeit der Einforderung von Schadeneinschüssen im Bedarfsfall
  - Bonität der Rückversicherer

- Kapitalanlageverwaltung
  - Sicherstellung einer angemessenen Kapitalanlagestrategie
  - Regelungen zur Kapitalanlage und Administration
  - Ständige Überwachung der Marktrisiken
  - Überwachung der Bonitätsrisiken

- Verwaltungskosten
  - Budgetierung der Verwaltungskosten
  - Überwachung der Entwicklung der Verwaltungskosten durch das Rechnungswesen

2.5   Notfallpläne

Sowohl für den Bereich der IT[11] als auch für die Fachbereiche sollten Notfallpläne[12] zur Verfügung stehen, die sicherstellen, dass im Katastrophenfall die zeit-
gerechte Fortführung des Unternehmens sichergestellt ist.

3   Zusammenfassung der Anforderungen der MaRisk an die Risikoberichterstattung

§ 64a VAG schreibt bereits vor, dass periodisch eine Risikoberichterstattung[13] an
die Geschäftsleitung zu erfolgen hat, die unter anderem nachfolgende Informa-
tionsbedürfnisse erfüllt:

1. Wesentliche Ziele des Risikomanagements

2. Zur Risikomessung angewendete Methoden

3. Zur Risikosteuerung angewendete Risikomanagementmaßnahmen

4. Wirkung der implementierten Risikomanagementmaßnahmen.

Die MaRisk ergänzen diese Regelungen dahingehend, dass eine Darstellung der
wesentlichen definierten Limite[14] und Schwellenwerte sowie deren aktuelle Auslastung als weiterer integraler Teil der Berichterstattung geregelt sowie die Pflicht
zur Berichterstattung über Geschäftsbeziehungen zu wesentlichen Zweckgesellschaften implementiert wird.

Weiterhin wird klargestellt, dass den verantwortlichen Mitarbeitern die für sie relevanten Informationen aus den Risikoberichten zur Verfügung gestellt werden müssen.

---

[11]   vgl. allgemein zu IT-Outsourcing auch Wendt, VW 2009, S. 784

[12]   Willert/Kinzelbach in Ellenbürger/Ott/Frey/Boetius, S. 311 ff.

[13]   vgl. auch Dreher/Schaaf, VersR 2009, S. 1151 ff.

[14]   Röhl/Brandt, VW 2009, S. 613; Frey/Kaschner/Dotterweich, VW 2009, S. 349 ff.

4   Unterschiede ...

... zwischen den Anforderungen der MaRisk (VA) und den Regelungen des HGB nach Änderungen durch das Bilanzrechtsmodernisierungsgesetz (BilMoG) sowie der DRS 5 und DRS 15 einschließlich DRS 5-20 zum Risikomanagement

Wie weiter oben skizziert fordern die MaRisk für Versicherungsunternehmen ein ganzheitliches Risikomanagement. Ausgehend von der Geschäftsstrategie ist eine hierzu passende Risikostrategie zu entwickeln und im Unternehmen / der Gruppe zu implementieren und zu betreiben. Das Reporting ist hierbei nur ein Bestandteil des Risikomanagements. Lediglich im Hinblick auf die Quantifizierung der Realisation von Risiken unter Berücksichtigung der Effekte möglicher Interaktionen mit anderen Chancen und Risiken werden den Unternehmen noch weite Spielräume eingeräumt. Insoweit wartet das BaFin die künftigen Regelungen des Solvency II Projektes ab, das hierfür EU-weit verbindliche Vorgehensweisen regeln wird.

Nach den Regelungen des § 91 Abs. 2 AktG (von den Änderungen des BilMoG[15] nicht betroffen) hat der Vorstand ein Überwachungssystem einzurichten, mit dessen Hilfe den Fortbestand der Gesellschaft gefährdende Entwicklungen frühzeitig erkannt werden können. Der zunächst wesentliche Unterschied zu den Regelungen der MaRisk besteht darin, dass der Umfang der im Aktiengesetz angesprochenen Risiken erheblich geringer ist. Dementsprechend sind die Anforderungen an eine Umsetzung deutlich geringer.

Darüber hinaus regelt das HGB bereits bislang und auch nach BilMoG eine Mehrzahl von Berichtspflichten zu Risiken im Zusammenhang mit bilanzierten und (noch) nicht bilanzierten Vermögensgegenständen und Schulden. Weiterhin sind im Lagebericht Informationen zu der erwarteten künftigen Entwicklung der Gesellschaft/Gruppe zu machen sowie den Risiken und Chancen der künftigen Geschäftsentwicklung.

Schließlich sind Angaben zum internen Kontrollsystem und dem implementierten Risikomanagementsystem im Hinblick auf die Rechnungslegung zu machen.

Im Unterschied zur MaRisk handelt es sich hierbei nur um Berichtspflichten im Rahmen der (Jahres-)Abschlüsse der Unternehmen, nicht jedoch um Anforderungen im Hinblick auf den Umfang und die Qualität des zu implementierenden Risikomanagementsystems. Die geforderten Angaben zum Risikomanagement beziehen sich nur auf den rechnungslegungsrelevanten Teil.

Die Regelungen der DRS 5 und 15 sowie des ergänzenden DRS 5-20 für Versicherungsunternehmen sind Regelungen im Hinblick auf den Inhalt der Risikoberichterstattung im Konzernlagebericht. Die dort getroffenen Anforderungen beziehen

---

[15]   Bilanzrechtsmodernisierungsgesetz vom 25.05.2009, BGBl. I, S. 1102

sich auf eine Berichterstattung über die Auswirkungen möglicher Risiken auf die Gruppe nach der Wirkung der Risikomanagementmaßnahmen. Es werden Angaben zu allen für den externen Abschlussleser relevanten Risiken verlangt, die nach Möglichkeit auch quantitativ dargestellt werden sollen. Der Umfang der Risiken, über die zu berichten ist, wird somit erheblich weiter gespannt als nach dem KonTraG. Abweichend von den MaRisk betreffen diese Regelungen nur Informationspflichten; nicht geregelt ist, wie das entsprechende Risikomanagement- und Berichtssystem aufzubauen ist. Insoweit gehen auch hier die Anforderungen der MaRisk an das Risikomanagementsystem und die interne Risikoberichterstattung erheblich weiter als die gesetzliche Regelung. Dies betrifft sowohl die Anforderungen an die Ausgestaltung des Risikomanagementsystems als an den Umfang der internen Berichtspflichten. So stellen die MaRisk neben einer Berichterstattung über die konkrete Ausgestaltung des Risikomanagementsystems hinaus auch die Anforderung, dass über die möglichen Auswirkungen von Risikorealisationen vor und nach den getroffenen Risikomanagementmaßnahmen berichtet werden muss, wogegen nach HGB und DRS über die Wirkungen von Risikomanagementmaßnahmen nur im Anschluss und aufgrund solcher getroffenen Maßnahmen berichtet werden muss.

5 Herausforderungen an die Organisation eines Risikomanagements entsprechend den Regelungen der MaRisk (VA)

Das Geschäftsmodell der Versicherungsunternehmen ist die bewusste Übernahme von Risiken gegen Entgelt. Dieser Ansatz unterscheidet Versicherungen in deutlicher Weise von allen anderen unternehmerischen Bereichen, in denen regelmäßig Risiko vermieden oder minimiert werden soll. So verwundert es nicht, dass Risikomanagement für Versicherungsunternehmen schon aus Eigeninteresse seit jeher ein wesentliches Thema darstellt, zumindest soweit es die sogenannten versicherungstechnischen Risiken betrifft. So setzten sich insbesondere Rückversicherungsunternehmen, aber auch nahezu alle Erstversicherungsunternehmen mit der Quantifizierung derartiger Risiken schon lange vor dem Start des Solvency II Projektes auseinander. Neben den deutlich gestiegenen Dokumentationsanforderungen[16] (u. a. bedingt durch die neu geregelten Revisionspflichten des Risikomanagementsystems) stellt eine wesentliche Herausforderung der MaRisk der weitgehende Zwang zu einer mehrjährigen wertorientierten Planung und zu einer Quantifizierung der Risiken dar.

---

[16] Willert/Kinzelbach in Ellenbürger/Ott/Frey/Boetius, S. 318 ff.

Mehrjährige wertorientierte Planungsrechnungen

Mehrjährige Planungsrechnungen stellen Instrumente einer modernen strategischen Unternehmensführung dar. Hierbei liegt der Fokus weniger auf der Bestimmung des tatsächlich zu erzielenden Ergebnisses, sondern vielmehr auf der Analyse der Unternehmenspotentiale und -risiken und der sich hieraus ergebenden möglichen Resultate. Aus diesem Grund macht es wenig Sinn, eine Mehrjahresplanung einwertig darzustellen, wie es derzeit häufig praktiziert wird. Vielmehr sollte sie zum einen dazu genutzt werden, die Auswirkungen unterschiedlicher Entwicklungen auf den Teilmärkten auf die Unternehmen und die Gruppe insgesamt zu untersuchen und ggf. nach Lösungsmöglichkeiten zur Bekämpfung von ungünstigen Entwicklungen zu suchen, zum anderen zur Simulation der Konsequenzen unterschiedlicher strategischer Entscheidungen. Letzteres soll an einem kleinen Beispiel erläutert werden.

Erhöhungen der Prämien haben in der Regel verschiedene Auswirkungen. Sie können führen zu:

* einem Rückgang der Schadenquote

* einem Rückgang der Verwaltungskostenquote

* einem Rückgang des Neugeschäfts und

* einem Anstieg der Stornoquote.

Nur die simultane Berücksichtigung all dieser Effekte über einen mehrjährigen Zeitraum ermöglicht ein Verständnis der tatsächlichen Effekte, die als Basis einer effektiven Entscheidung über die Zielkonformität von zu treffenden Maßnahmen notwendig sind. Analoge Wirkungszusammenhänge gibt es beispielsweise bei vertrieblichen Entscheidungsproblemen (Änderungen der Provisionen, Änderungen der Vertriebsstruktur etc.).

Ungeachtet der Problemstellung, dass selbstverständlich immer Annahmen über den Zusammenhang von Maßnahme und Auswirkung getroffen werden müssen, ermöglicht eine moderne Mehrjahresplanung die Untersuchung solcher Fragestellungen, wie von den MaRisk gefordert.

Ein effizienter **Ansatz** hierfür lässt sich wie folgt skizzieren:

Zur Komplexitätsreduktion ist es hilfreich, den Planungsansatz in Gruppen dreistufig zu gestalten.

Die Modelle der **ersten Stufe**, die grundsätzlich mehrperiodisch ist, bilden folgende Komponenten des Bruttogeschäftes simultan ab:

* Versicherungstechnische Größen der GuV (Beiträge, Provisionen, Schäden)

* Verwaltungskosten

* Stand und Entwicklung der versicherungstechnischen Rückstellungen

* Stand und Entwicklung der übrigen mit der Versicherungstechnik in Zusammenhang stehenden Zinsträger

* Ermittlung der entsprechenden Kapitalanlageerträge auf Basis der Zinsträger und vorgegebener Renditen pro Anlageklasse.

Graphisch stellen sich die Zusammenhänge wie folgt dar:

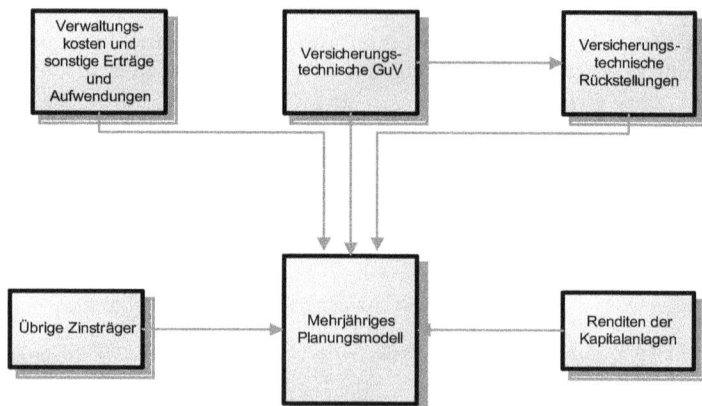

Um die notwendige Flexibilität für die Untersuchung alternativer Strategien zu bieten, sollte es hinsichtlich der Zeitkomponente scheibenförmig zusammengesetzt sein. Jede Scheibe modelliert einen in der ersten Periode vorhandenen bzw. neu abgeschlossenen Bestand und berechnet dessen künftigen Abrieb durch Storno. In der ersten Scheibe ist das vorhandene Bestandsgeschäft abgebildet. Die nachfolgenden Scheiben modellieren das jeweilige künftige Neugeschäft.

Dieser Zusammenhang lässt sich vereinfachend für ein Produkt/Produktgruppe in der nachfolgenden Graphik veranschaulichen:

Planungsjahr	1	2	3	4	ff.
Finanzielle Ergebnisse aus dem vorhandenen Versicherungsbestand	xxxx	xxxx	xxxx	xxxx	xxxx
Finanzielle Ergebnisse aus dem Neugeschäft des Planjahres 2		xxxx	xxxx	xxxx	xxxx
Finanzielle Ergebnisse aus dem Neugeschäft des Planjahres 3			xxxx	xxxx	xxxx
Finanzielle Ergebnisse aus dem Neugeschäft des Planjahres 4				xxxx	xxxx
Finanzielle Ergebnisse aus dem Neugeschäft des Planjahres ff.					xxxx
Finanzielles Ergebnis des Bilanzjahres	xxxx	xxxx	xxxx	xxxx	xxxx

Struktur einer Scheibenlogik

In einem Regelteil werden die unterstellten, oben bereits angesprochenen Ursache/ Wirkungszusammenhänge abgebildet, die vom Modell zur Berechnung der Konsequenzen der jeweiligen Strategie herangezogen werden.

Das Ergebnis der Berechnungen sind finanzielle Projektionen, die die bilanziellen Ergebnisse pro Produkt / Produktgruppe und über alle modellierten Produkte pro Planungsperiode sowie deren Barwerte anzeigen.

Durch Variation der Ausprägung einzelner Kenngrößen (z. B. Schadenquoten) sind darüber hinaus beliebige Szenariorechnungen möglich, deren Auswirkungen sowohl auf der Ebene des betroffenen Produktes als auch des Unternehmens analysiert werden können.

Auf einer **zweiten Stufe** werden für die Ergebnisse der Planung des Bruttogeschäfts die Rückversicherungsergebnisse ermittelt. Die Übergabe der Ergebnisse des Bruttogeschäfts erfolgt sinnvoller Weise automatisch über eine Schnittstelle.

Auf einer **dritten Stufe** erfolgt die Zusammenführung aller Gesellschaften zum Konzern.

Graphisch lassen sich die Zusammenhänge wie folgt darstellen:

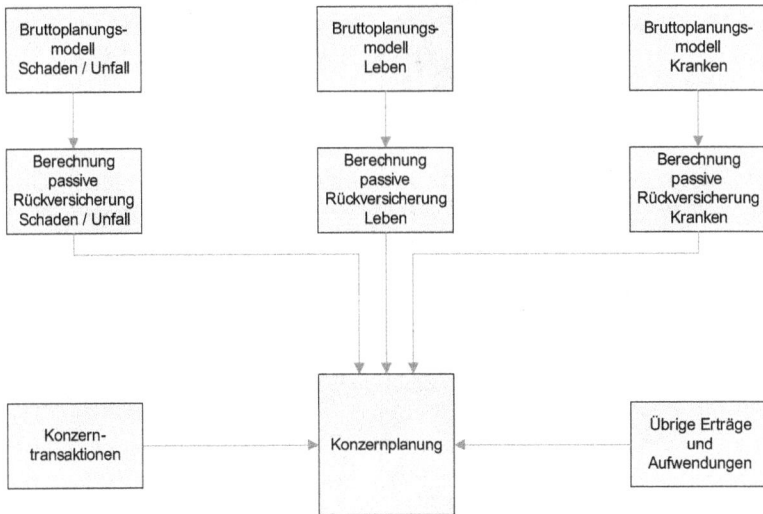

Bruttoplanungs-modell Schaden / Unfall	Bruttoplanungs-modell Leben	Bruttoplanungs-modell Kranken
Berechnung passive Rückversicherung Schaden / Unfall	Berechnung passive Rückversicherung Leben	Berechnung passive Rückversicherung Kranken
Konzern-transaktionen	Konzernplanung	Übrige Erträge und Aufwendungen

Der Zusammenhang zwischen aktuellen Erwartungen für das laufende Geschäftsjahr und künftige Planjahre sollte auf allen Ebenen durch Schnittstellen zur Erwartungsrechnung sichergestellt werden.

Die Wertorientierung wird im Rahmen der Mehrjahresplanung dadurch eingeführt, dass die geplanten Ergebnisse hinsichtlich ihrer Rentabilität bewertet werden. Unabhängig von dem konkret gewählten Renditekonzept bedeutet dies, dass für die relevanten strategischen Einheiten sowohl die in einer abgelaufenen Periode erzielten Renditen im Sinne einer Nachkalkulation ermittelt werden müssen als auch für künftige Perioden im Sinne einer Vorkalkulation bzw. Überprüfung der Erreichung der strategisch erforderlichen Rentabilität. Die Berechnung sollte optimalerweise auf allen relevanten Aggregatebenen möglich sein.

Zur Berechnung der Rentabilitäten bedarf es, je nach Zielsetzung, drei verschiedener Informationen:

- Periodenergebnisse

- Barwerte

- Eingesetztes Eigenkapital

Periodenergebnisse werden immer dann benötigt, wenn bilanzielle Rentabilitäten ermittelt werden sollen. Diese spielen in der Regel eine wesentliche Rolle in der Steuerung der Außenwirkung der Gesellschaft bzw. des Konzerns.

Zur ökonomischen Steuerung werden in erster Linie Barwertrenditen herangezogen, da diese die finanzielle Leistungserbringung modelltheoretisch korrekt abbilden.

Sowohl Periodenergebnisse als auch deren Barwerte sind in den oben skizzierten Ansätzen in Form von Zahlen der Vergangenheit als auch Planzahlen enthalten. Zur Berechnung der jeweiligen Eigenkapitalrentabilitäten ist eine Quantifizierung der jeweiligen Risiken notwendig.

Quantifizierung der Risiken

Das riskierte Kapital wird entweder mittels eines faktorbasiertes Modells oder eines internen Risikomodells ermittelt. Das so ermittelte riskierte Kapital kann sowohl für die Risikosteuerung als auch für eine wertorientierte Steuerung genutzt werden. In jedem Fall ist das riskierte Kapital für die Renditeberechnung zu übernehmen. Um die Renditeberechnung auch auf der Ebene von Produkten / Produktgruppen vornehmen zu können, muss das riskierte Kapital vom Kapitalmodell auf diesem Detaillierungsniveau unter Berücksichtigung der relevanten Diversifikationseffekte ermittelt werden. Die nachfolgende graphische Darstellung zeigt eine fiktive Risikoverteilung für die versicherungstechnische Brutto- und Nettorechnung, die in Verbindung mit der vorgegebenen Ruinwahrscheinlichkeit zur Bestimmung des riskierten Kapitals genutzt wird. In der Realität werden solche Verteilungen für alle relevanten Geschäftssegmente benötigt.

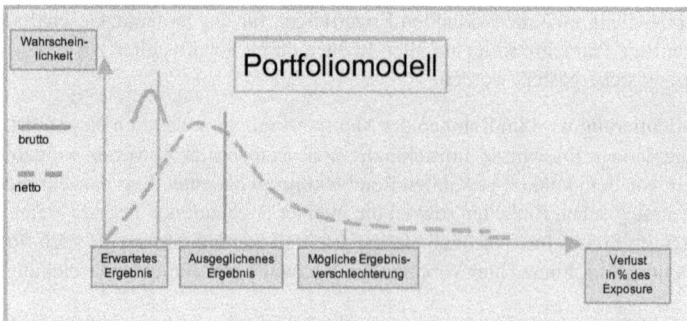

Aus diesen Ausführungen lässt sich erkennen, dass eine konsequente Umsetzung der Anforderungen der MaRisk und der zu erwartenden Regelungen aus dem Solvency II Projekt bei vielen Unternehmen erhebliche Investitionen in neue Planungssysteme erfordert. Zwar fordern die derzeit gültigen MaRisk explizit nicht die Verwendung von stochastischen Risikomodellen zur Ermittlung des jeweils riskierten Kapitals. Vielmehr bleibt es dem Unternehmen noch freigestellt, wie es zu den jeweiligen Einschätzungen kommt. Ebenfalls werden noch keine expliziten Anforderungen an den Detaillierungsgrad der Planungsmodelle gestellt. Es ist jedoch zu erwarten, dass sich diese Anforderungen unter den künftigen Regelungen von Solvency II verschärfen werden. Die derzeitige Vorgabe ermöglicht also, sich mit den Anforderungen vertraut zu machen. Die grundsätzliche Herausforderung bleibt jedoch bestehen.

6 Transparenzgewinn durch die gesetzlichen Anforderungen an die interne Risikoberichterstattung?

Um ein Bild über einen möglichen Transparenzgewinn durch die Berichtsanforderungen nach § 64a VAG zu erhalten, ist es notwendig, diese mit den bisher vorgenommenen Berichterstattungen zu vergleichen. Selbstverständlich unterschieden sich die Inhalte dieser Berichterstattungen in der Vergangenheit zum Teil erheblich. Eine nicht unwesentliche Rolle spielte dabei auch die Größe der jeweiligen Versicherung und Versicherungsgruppe.

Zunächst einmal ist festzustellen, dass durch die Anforderungen der MaRisk tendenziell eine Verbesserung der externen Risikoberichterstattung zu erwarten ist. Je detaillierter die interne Risikoberichterstattung ist, umso höhere Anforderungen stellen sich nach DRS 5 und 15 auch an die externe Risikoberichterstattung im Lagebericht. Darüber hinaus sind die internen Risikoberichte nach MaRisk umfangreicher als diejenigen nach KonTraG. So ist erheblich detaillierter über die bestehenden Risikomanagementmaßnahmen, deren Wirkungsweise, über die Ziele des Risikomanagements, Limite und Schwellenwerte sowie deren Auslastung und mögliche Maximalrisikowirkungen (riskiertes Kapital) zu berichten. Die Erfüllung der Berichtsanforderungen zwingt in vielen Fällen zu einer Verbesserung des bestehenden Risikomanagements. Insbesondere müssen die Interdependenzen der Risiken stärker in den Fordergrund gestellt werden. Dies wiederum erfordert in vielen Fällen eine systematische Analyse des Zusammenspiels der verschiedenen Risiken sowie eine Verbesserung der Kommunikation auf einer Mehrzahl von Ebenen. Je nach Komplexität des betriebenen Geschäftes ist ein effektives Risikomanagement nicht ohne den Aufbau und die Implementierung eines internen Risikomodells möglich. Schließlich bedarf eine getreue interne Risikoberichterstattung auch des Berichtes über das Management von operativen Risiken, Reputationsrisiken und künftigen Risiken. Dies wiederum erfordert, dass entsprechende Umfeldanalysen regelmäßig vorgenommen und die Ergebnisse des operativen Risikomanagements wiederkehrend dokumentiert werden sowie bestehende Informationssysteme regelmäßig gepflegt werden.

Insgesamt ist davon auszugehen, dass sich durch die neuen Anforderungen an das Risikomanagement die Qualität des Risikomanagements in vielen Unternehmen verbessern wird. Dies insbesondere in solchen Häusern, die in der Vergangenheit die gesetzlichen Regelungen zum Risikomanagement lediglich als eine Pflichtübung ansahen.

7   Zentrale Philosophien der MaRisk (VA)

Die Vielzahl der auch hier dargestellten Komponenten verstellt häufig den Blick auf die zentralen Philosophien, die hinter MaRisk (VA) stehen.

- Kernelement der EU-weit beabsichtigten und angestrebten Aufsichtssysteme ist und bleibt die Prinzipienorientierung. Dieser Ansatz soll eine dem jeweiligen Unternehmen adäquate Modellierung der Risikoanforderungen ermöglichen und die zentrale Aufgabe einer risikoorientierten Unternehmenssteuerung betonen. Regelbasierte Anwendung aufsichtsrechtlicher Vorgaben mag die Normen erfüllen, erzielt aber nicht die gewünschte Managementleistung eines risikobasierten Ansatzes.

- Eine Risikostrategie als Teil der Geschäftsstrategie ist eindeutig zu formulieren und zu adressieren. Dies soll eingebettet sein in eine unternehmens- und/oder gruppenspezifische Risikokultur, diese wiederum als Teil der ganzheitlichen Unternehmenskultur; letztlich bedeutet dies nichts anderes als das offene Ansprechen von Risken (Kommunikation), die Installation von Geschäftsprozessen zur Identifikation, Analyse, Bewertung, Behandlung und dauerhafter Überwachung von Risiken.

- Organisatorische Rahmenbedingungen sind zu schaffen, die die Dokumentation und Schnittstellen aller Risikoprozesse abbilden müssen; zudem sind Funktionstrennung zwischen Controlling (des Risikos), operativer (originärer) Verantwortlichkeit und interner Revision sicherzustellen. Wie weit diese zu gehen hat, insbesondere welche zwingenden Notwendigkeiten hieraus gerade bei kleineren Firmen zu ziehen ist, ist weiterhin aktuell in der Diskussion.[17] Entscheidend ist, dass unternehmensinterne Interessenkonflikte bei Risikoübernahme, -entscheidung und -kontrolle möglichst vermieden werden sollen; der Umfang der Verwirklichung dieses Grundsatzes wird bei der Beurteilung der Risikomanagementorganisation (Aufbau/Ablauf) berücksichtigt werden.

---

[17] vgl. z. Bsp. GDV-Rundschreiben 0351/2009 vom 25.02.2009

- Notwendig ist ein Internes Kontrollsystem (IKS), das ein nachvollziehbares Risikotragfähigkeitskonzept enthält, das operativ die Einrichtung eines Limitsystems erfordert; der hieraus abzuleitende Risikobericht ist Entscheidungsgrundlage für die Geschäftsleitung und muss für die Entscheidungen hinreichende Informationen enthalten.

8 Rechtliche Verbindlichkeit der MaRisk (VA)

Aus der oben vorgenommenen Darstellung erhellt, dass die praktischen Vollzugsthemen im Vordergrund stehen und die Versicherungsunternehmen sich derzeit um eine ausreichende, gleichzeitig im Eigeninteresse hilfreiche und zukunftsorientierte Umsetzung der umfangreichen Anforderungen aus der MaRisk (VA) bemühen, ohne dass insbesondere die kleineren und mittleren Unternehmen überfordert werden. Die Diskussion in der Literatur befasst sich neben den praktischen Organisations- und Umsetzungsthemen[18] im wesentlichen mit rechtlichen Fragen der MaRisk (VA), wie etwa ihrer rechtlichen Verbindlichkeit oder den Verantwortlichkeiten für ihre Umsetzung in den einzelnen Organen.[19]

Richtig an all dieser Diskussion ist, dass eine Verordnungsermächtigung in den §§ 64a und 55c VAG nicht enthalten ist und seitens der Aufsichtsbehörde auch nicht erbeten wurde; vielmehr soll es bei der bisherigen Praxis verbleiben, durch Rundschreiben faktisch sehr weitgehend die Vorgaben der Versicherer zu formulieren, ohne eine unmittelbare Rechtsverbindlichkeit der eigenen „Äußerung" der Aufsicht zu erzeugen. Gerade im vorliegenden Zusammenhang werden „Testphasen" erzeugt, die in eine faktische Verbindlichkeit münden können. Der damit in der wissenschaftlichen Diskussion mit Recht kritisierte „Formenmissbrauch"[20] mag unter rechtsstaatlichen Gesichtspunkten problematisch sein, für die überkommene Praxis des Aufsichtsamtes ist er „geübt"; die durchaus vorhandene Einflussnahmemöglichkeit der Versicherer in dieser Phase dürfte für die Praxis eine günstigere Möglichkeit sein, eigene Interessen zu Gehör zu bringen als in Bausch und Bogen dasjenige nicht zur Kenntnis zu nehmen, was nicht durch ein parlamentarisches Verfahren gedeckt ist. Damit würde allenfalls Zeit gewonnen, um dann aber um so mehr gesetzliche Regularien auszulösen. Die Versicherungswirtschaft ist sich hierüber wohl bewusst und erkennbar grundsätzlich bereit, auf die Anforderungen in der Testphase einzugehen, auch in der Erkenntnis, dass jedenfalls ab 2012 im

---

[18] vgl. Gröbel/Kinzelbach in Ellenbürger/Ott/Frey/Boetius, S. 156 f.; Bürkle, VersR 2009, S. 866 ff.; Dotterweich/Frey/Borowski, VW 2009, S. 578

[19] Bürkle, VersR 2009, S. 866 ff.; Schaaf, ZVersWiss Supplement 2009; Dreher, VersR 2008, S. 998; Dreher/Schaaf WM 2008, S. 1765ff.; Wehling, Treber VW 2008, S. 178 f.; zu den Organzuständigkeiten etwa Görsdorf-Kegel, VW 2009, S. 1466 und Bürkle, VersR 2009, S. 866, 869ff.; vgl. auch Dreher, FAZ 216/2009, 22

[20] so Dreher, ZVersWiss 2009, S. 187, 216 ff.

Zuge der Umsetzung der Sovency-II-Anforderungen kein Weg an der Erfüllung der aufsichtsrechtlichen Anforderungen vorbei geht. Die Praxis wird sich somit, wenn auch teilweise mit Zähneknirschen, arrangieren. Die eigentliche Fragestellung wird darin liegen zu verhindern, durch Implementierung und Nutzung der Risikomodelle in eine Modellgläubigkeit zu geraten, die ihrerseits die Plausibilisierung des tatsächlichen und nicht nur modellhaft dargestellten Risikos erschwert; eine solche Plausibilisierung muss möglich bleiben, und zwar unter Einsatz bereits bislang üblicher „Methoden", und seien es „nur" Erfahrung und gesunder Menschenverstand.

Literaturhinweise

Bürkle, Jürgen (Hrsg.), Compliance in Versicherungsunternehmen 2009

Bürkle, Jürgen, Die rechtlichen Auswirkungen der MaRisk VA auf die Geschäftsorganisation von Versicherungsunternehmen, VersR 2009, 866 ff.

Dotterweich, Alexander/Frey, Clemens/Borowski, Karl – Risikolimitierung durch Verzahnung der Planungs- und Controllingprozesse, VW 2009, 578 ff.

Dreher, Meinrad / Schaaf, Martin, Inhalt und Organisation des Risiko- und des Revisionsberichts, VersR 2009, 1151 ff.

Dreher, Meinrad, Die Veröffentlichungspflichten von Versicherungsunternehmen gegenüber der BaFin, ZVersWiss 2009, 187 – 219

Dreher, Meinrad, FAZ 216/2009, 22 ff.

Ellenbürger/Ott/Frey/Boetius (Hrsg.), Mindestanforderungen an das Risikomanagement (MaRisk) für Versicherungen 2009

Frey, Clemens / Kaschner, Nils / Dotterweich, Alexander, Limitsysteme – Anforderungen und praktische Umsetzung, VW 2009, 349 ff.

Görsdorf-Kegel, Susanne, MaRisk-Anforderungen bringen Gremien in Besetzungsnot, VW 2009, 1466 ff.

Langen, Markus/Schielke, Christian/Zöll, Oliver, Schluß mit Boni? Vergütung in Instituten nach der MaRisk Novelle, BB 2009, 2479 ff.

Röhl, Arne/Brandt, Katja Aufbau konsistenter Limitsysteme gemäß MaRis(VA), VW 2009, 613 ff.

Segler, Gerald/Schalk, Alexander/Bennemann, Christoph Marktrisiken MaRisk – konform steuern, VW 2009, 1439 ff.

Weber-Rey, Daniela, Gesellschafts- und aufsichtsrechtliche Herausforderungen an die Unternehmensorganisation – Aktuelle Entwicklungen im Bereich Corporate Governance, Compliance und Risikomanagement, AG 2008, 345, 356 ff.

Weber-Rey, Daniela, Die MaRisk VA sind da- ein Kind der Finanzkrise, AG-Report 2009, R124 ff.

Wendt, Stefan, MA-Risk VA: Outsourcing-Projekte bei der Risikosteuerung berücksichtigen, VW 2009, 784 ff.

Latente Steuern nach dem Bilanzrechtsmodernisierungsgesetz (BilMoG)

WP StB Matthias Walz

1   Einleitung

Am 29. Mai 2009 ist das Bilanzrechtsmodernisierungsgesetz (BilMoG) in Kraft getreten. Durch die grundlegendste Reform des HGB seit Inkrafttreten des Bilanzrichtlinie-Gesetzes im Jahre 1985 soll die nationale Rechnungslegung des HGB an die in den IFRS kodifizierte internationale Rechnungslegung angeglichen werden.

Die vollständige Neukonzeption der Abgrenzung latenter Steuern ist eine der wesentlichsten Änderungen durch das BilMoG und wird bei den Unternehmen zu einem deutlich erhöhten Bilanzierungsaufwand führen. Eine wesentliche Änderung ergibt sich aus der Umstellung des Konzeptes zur Bilanzierung latenter Steuern. Nach dem neuen § 274 HGB wird die bisher vorgesehene Ermittlung der latenten Steuern nach einer GuV-orientierten Methode auf die bilanzorientierte Methode umgestellt. Im Gegensatz zur Ansatzpflicht einer sich insgesamt ergebenden Steuerbelastung (passive latente Steuern), bleibt es im Einzelabschluss bei einem Ansatzwahlrecht für eine sich insgesamt ergebende Steuerentlastung (aktive latente Steuern).

Unter BilMoG wird zudem erstmals eine Steuerabgrenzung für Verlustvorträge im Handelsrecht eingeführt, soweit diese innerhalb der nachfolgenden fünf Jahre voraussichtlich mit ertragsteuerlichen Gewinnen ausgeglichen werden können.

Der Arbeitsaufwand der Unternehmen aus der Neuregelung der latenten Steuerabgrenzung wird ab dem Jahre 2010 deutlich ansteigen.

Die nachfolgenden Ausführungen sollen neben der Erläuterung der Änderungen durch die Neuregelungen auch die Auswirkungen auf die Unternehmen, den Wirtschaftsprüfer und Unternehmensberater aufzeigen.

2   Wechsel vom Timing zum Temporary Konzept

Bis zur Verabschiedung des BilMoG galt für die Abgrenzung latenter Steuern nach § 274 HGB im Einzelabschluss noch das sogenannte Timing Konzept (GuV Methode), welches auf Differenzen zwischen handelsrechtlichem Ergebnis und steuerlichem Gewinn abstellte.

Nach dem Wechsel auf das international übliche Temporary Konzept, welches auch als bilanzorientiertes bzw. Liability Konzept bezeichnet wird, sind grundsätzlich alle Bilanzierungs- und Bewertungsdifferenzen zwischen Handelsbilanz und Steuerbilanz in die Ermittlung latenter Steuern einzubeziehen. Das Temporary Konzept gilt damit sowohl für den Einzelabschluss (§ 274 HGB) als auch für die Steuerabgrenzung im Konzernabschluss (§ 306 HGB).

Im Vergleich zur Altregelung werden nun auch erfolgsneutral entstandene Vorgänge berücksichtigt. Diese können sich im Einzelabschluss beispielsweise im Rahmen eines Asset deals, einer Einbringung zum Buchwert nach § 20 Abs. 2 S. 2 UmwStG oder aufgrund von steuerfreien Investitionszulagen ergeben. Daneben werden nun auch die sogenannten quasi-permanenten Differenzen mit latenten Steuern belegt. Dabei handelt es sich um Abweichungen, die zwar zeitlich begrenzt sind, deren Abbau jedoch von der Disposition des Unternehmens abhängig sind bzw. erst bei Liquidation des Unternehmens erfolgt (z. B. Betriebsgrundstück).

Sowohl im Timing als auch im Temporary Konzept werden permanente Differenzen (z. B. steuerfreie Erträge und nicht abziehbare Betriebsausgaben) nicht in die Steuerabgrenzung einzubeziehen.

Das Temporary Konzept ist auch unter IAS 12 und US-GAAP (SFAS 109) vorgeschrieben. Somit führt der Wechsel zu einer Angleichung des HGB an die internationale Methode im Einzelabschluss. Unternehmen, welche bisher einen reinen HGB Abschluss erstellen werden unter BilMoG erstmals bereits im Rahmen der Jahresabschlusserstellung zur parallelen Erstellung einer aktuellen Steuerbilanz verpflichtet. Bisher genügte hier eine Überleitungsrechnung vom handelsrechtlichen Ergebnis zum Ergebnis laut steuerrechtlicher Gewinnermittlung.

3   Aufhebung der umgekehrten Maßgeblichkeit

Im Rahmen des BilMoG wurde das in § 5 Abs. 1 Satz 2 EStG verankerte Prinzip der umgekehrten Maßgeblichkeit aufgehoben. Dadurch können zukünftig steuerrechtliche Wahlrechte unabhängig von der Bilanzierung in der Handelsbilanz ausgeübt werden. Bisher mussten steuerrechtliche Wahlrechte wie z. B. steuerliche Sonderabschreibungen oder die Reinvestitionsrücklage nach § 6b Abs. 3 EStG in Übereinstimmung mit der Handelsbilanz bilanziert werden.

Da diese steuerlich motivierten Posten zukünftig keinen Eingang in die handelsrechtliche Rechnungslegung mehr finden, wird die Vermögens-, Finanz- und Ertragslage zukünftig dadurch nicht mehr verzerrt und die Informationsfunktion des handelsrechtlichen Abschlusses gestärkt.[1]

Allerdings führt die Aufhebung der umgekehrten Maßgeblichkeit zu weiteren Unterschieden zwischen den Wertansätzen in der Handels- und Steuerbilanz, was wiederum zu einer höheren Notwendigkeit der Abgrenzung latenter Steuern führt. Die Einheitsbilanz wird wohl nur noch selten möglich sein.

---

[1]   Vgl. van Hall, in: Kessler/Leinen/Strickmann, Bilanzrechtsmodernisierungsgesetz, 2008, 78.

Durch den neu eingeführten § 5 Abs. 1 Satz 2 und 3 EStG wird die Ausübung steuerrechtlicher Wahlrechte in Abweichung zum Handelsrecht zudem an umfangreiche Dokumentationsvoraussetzungen geknüpft. Es sind besondere und laufend zu führende Verzeichnisse zu führen, die den Tag der Anschaffung oder Herstellung, die Anschaffungs- oder Herstellungskosten, die Vorschrift des ausgeübten Wahlrechts und die vorgenommenen Abschreibungen nachweisen.

4 Die Bilanzierung von latenten Steuern im Einzelabschluss

4.1 Ansatz und Bewertung

Nach § 274 Abs. 1 Satz 1 und 2 HGB ist der Ansatz latenter Steuern im Einzelabschluss an folgende Voraussetzungen geknüpft:

- Zwischen den handelsrechtlichen Wertansätzen von Vermögensgegenständen, Schulden und Rechnungsabgrenzungsposten und ihren steuerlichen Wertansätzen bestehen Differenzen,
- diese bauen sich in späteren Geschäftsjahren voraussichtlich ab und
- hieraus ergibt sich insgesamt eine künftige Steuerentlastung oder Steuerbelastung

Während eine Steuerbelastung als passive latente Steuer auszuweisen ist, besteht für den Ausweis von aktiven latenten Steuern aufgrund einer Steuerentlastung wie vor BilMoG ein Wahlrecht. Die Ausübung des Wahlrechts unterliegt dabei dem Stetigkeitsgebot, welches durch die Einführung des neuen § 246 Abs. 3 HGB erstmals auch für eine Ansatzmethode gesetzlich verankert wurde.

Das Wahlrecht ermöglicht allerdings nicht die Möglichkeit, lediglich einen Teilbetrag der insgesamt zu erwarteten künftigen Steuerentlastung zu bilanzieren.[2]

Im Gegensatz zu den Regelungen unter IAS 12 ist bei der Beurteilung der Wahrscheinlichkeit, ob sich die Differenzen voraussichtlich ganz oder teilweise abbauen werden das handelsrechtliche Vorsichtsprinzip zu beachten.

Eine künftige Steuerentlastung oder Steuerbelastung entsteht bei Personengesellschaften nur hinsichtlich der Gewerbesteuer, daher bilanzieren diese auch nur latente Gewerbesteuern. Die latente Körperschaftsteuer wird beim Gesellschafter ausgewiesen. Steuerliche Ergänzungsbilanzen sind bei einer Personengesellschaft im Rahmen der Steuerabgrenzung zu berücksichtigen.[3] Da die Vermögensgegen-

---

[2] Vgl. IDW ERS HFA 27, Tz 11.

stände und Schulden des Sonderbetriebsvermögens zivilrechtlich häufig außenstehenden Gesellschaftern zuzuordnen sind, werden die Sonderbilanzen wie unter IFRS nicht in die Steuerabgrenzung einbezogen.[4]

Ob bei vorliegenden ertragsteuerlichen Organschaften die latenten Steuern bei der Organgesellschaft oder dem Organträger auszuweisen sind, ist unter BilMoG nicht geregelt. Das IDW hält einen Ansatz latenter Steuern in den Einzelabschlüssen der Organgesellschaft für nicht zulässig, da sich künftige Steuerbe- und –entlastungen aus temporären Differenzen nur beim Organträger auswirken.[5] Dies entspricht auch der derzeitigen Regelung unter IAS 12.

Nach dem Entwurf des IASB für einen neuen Standard zur Abbildung von Ertragsteuern (ED/2009/2) sollen unter IFRS zukünftig latente und tatsächliche Steuern bei der Organgesellschaft auszuweisen sein. Dabei wird unterstellt, dass die Organgesellschaften selbst Steuerschuldner wäre. Sollte der neue Standard in der derzeitigen Form im Laufe des Jahrs 2010 verabschiedet werden, müssten Unternehmen, die sowohl nach HGB als auch IFRS bilanzieren, ihre Organgesellschaften für IFRS und den lokalen Abschluss nach HGB unterschiedlich behandeln.

Sofern sich der Bilanzierende für die Aktivierung latenter Steuern entscheidet, unterliegt der Betrag, um den die aktiven die passiven latenten Steuern übersteigen, einer Ausschüttungssperre gemäß § 268 Abs. 8 HGB.

Der Ansatz aktiver latenter Steuern umfasst nach § 274 Abs. 1 S. 4 HGB erstmals explizit auch steuerliche Verlustvorträge, welche allerdings nur insoweit berücksichtigt werden, in dem innerhalb der nächsten fünf Jahre eine Verlustverrechnung zu erwarten ist.

Die Limitierung des Planungshorizonts auf 5 Jahre steht im Gegensatz zu den Regelungen unter IAS 12, welcher den Planungshorizont offen hält, gilt allerdings nur für Verlustvorträge und nicht für die sonstigen aktiven latenten Steuern auf temporäre Differenzen. Ausdruck des Vorsichtsprinzip bei der Bewertung von Verlustvorträgen sind dabei auch die hohen Anforderungen für die Untermauerung einer hinreichenden Wahrscheinlichkeit für künftige steuerpflichtige Einkünfte zur Realisierung aktiver latenter Steuern, welche um so mehr gilt, wenn das Unternehmen in der Vergangenheit keine ausreichenden nachhaltigen Einkünfte erzielt hat.[6]

Nach dem Gesetzestext ist die Behandlung von aktiven latenten Steuern auf Steuergutschriften und Zinsvorträge i. S. d. § 4 h Abs. 1 S. 2 EStG, die sich in den Folgeperioden voraussichtlich steuerlich wirksam umkehren, nicht ausdrücklich

---

3   Vgl. IDW ERS HFA 27, Tz 9, 10.

4   Vgl. Loitz, DB 2009, S. 916.

5   Vgl. IDW ERS HFA 27, Tz 21.

6   Vgl. BMJ, Regierungsentwurf Gesetz zur Modernisierung des Bilanzrechts, Gesetzesbegründung zu § 274 HGB-E, S. 147.

geregelt. Nach der Gesetzesbegründung ist der § 274 Abs. 1 S. 4 HGB allerdings auch auf vergleichbare Sachverhalte anzuwenden.[7]

Hinsichtlich der Bewertung von latenten Steuern ergibt sich durch das BilMoG keine Neuerung. Die latenten Steuern werden nach § 274 Abs. 2 und 306 HGB nicht abgezinst. Die Berechnung erfolgt auf Basis der unternehmensindividuellen Steuersätze im Zeitpunkt des voraussichtlichen Abbaus der temporären Differenzen.

Gemäß § 274a Nr. 5 HGB sind kleine Kapitalgesellschaften von der Anwendung des § 274 HGB befreit.

Da die Neuregelungen zu den latenten Steuern erstmals nach Art. 66 Abs. 5 EGHGB auf Jahres- und Konzernabschlüsse für das nach dem 31. Dezember 2009 beginnende Geschäftsjahr anzuwenden sind, ist ein Bilanzvergleich erstmals zum 31. Dezember 2010 erforderlich. Viele Unternehmen werden sich bereits Anfang 2010 mit der Umstellung beschäftigen und eine Eröffnungsbilanz erstellen.

4.2   Ausweis

Nach § 274 Abs. 1 HGB besteht im Einzelabschluss ein Wahlrecht, die aktiven und passiven latenten Steuern saldiert oder unsaldiert auszuweisen.

Bei der unsaldierten Darstellung kann eine bilanzpostenbezogene Betrachtung herangezogen werden, das heißt innerhalb des jeweiligen Bilanzpostens kommt es zu einer Saldierung von aktiven und passiven Latenzen. Analog zum Ansatzwahlrecht bei einem Überhang aktiver Latenzen ist auch beim Saldierungswahlrecht die Ausweisstetigkeit zu beachten.[8]

Die latenten Steuern erhalten nach BilMoG im Bilanzierungsschema des § 266 Abs. 2 und 3 HGB eine deutliche Aufwertung, indem erstmals eine eigenständige Position „Aktive latente Steuern" mit Gliederungsposten D auf der Aktivseite und „Passive latente Steuern" mit Gliederungsposten E auf der Passivseite vorgesehen ist.

Künftig muss der HGB Bilanzierer im Anhang gemäß § 285 Nr. 29 HGB erläutern, auf welchen Differenzen bzw. steuerlichen Verlustvorträgen die latenten Steuern beruhen und mit welchen Steuersätzen sie bewertet wurden.

Die Erläuterung im Anhang hat in einer bilanzorientierten Übersicht der bewerteten aktiven und passiven latenten Steuern zu erfolgen.[9] Sofern auf die Bilanzierung latenter Steuern verzichtet wurde, da vom Aktivierungswahlrecht bei einem Überhang der aktiven Latenzen Gebrauch gemacht wurde, ist die Angabe auf welchen Differenzen oder steuerlichen Verlustvorträgen per Saldo ein Ausweis unterbleibt besonders geboten.[10]

---

[7]   Vgl. BMJ, Regierungsentwurf Gesetz zur Modernisierung des Bilanzrechts, Gesetzesbegründung zu § 274 HGB-E, S. 148.

[8]   Vgl. IDW ERS HFA 27, Tz 30, 31.

[9]   Vgl. Petersen/Zwirner, BilMoG, S. 483.

Vor BilMoG konnte wegen der generellen Annahme eines Aktivüberhangs auf die Ermittlung latenter Steuern und deren Erläuterung im Anhang meist verzichtet werden.[11]

Durch den Wegfall der umgekehrten Maßgeblichkeit sowie neue vom Steuerrecht abweichende handelsrechtliche Bilanzierungsvorschriften wird die Bedeutung der passiven latenten Steuern zunehmen und ein Aktivüberhang kann nicht mehr ohne weiteres unterstellt werden.

Die Pflicht zur Anhangangabe bewirkt eine faktische Ermittlungspflicht der latenten Steuern trotz Wahlrecht bei einem Überhang aktiver Latenzen.

Im Anhang sind auch die Gründe für eine Aktivierung latenter Steuern auf Verlustvorträge, Zinsvorträge und Steuergutschriften detailliert anzugeben, insbesondere auch dann, wenn das Unternehmen nicht über nachhaltige Gewinne verfügt.[12]

In der Praxis wird der Erfassungs- und Dokumentationsaufwand der latenten Steuern im HGB Abschluss deutlich zunehmen.[13]

Das IDW hält qualitative Angaben zu den bestehenden Differenzen dabei für ausreichend, um die Erläuterungspflicht zu erfüllen. Außerdem sollen nach Meinung des IDW bei dem Verzicht auf den Ausweis von latenten Steuern bei einem Aktivüberhang, nur die aktiven und passiven latenten Steuern bis zum Saldierungsbereich zu erläutern sein.[14]

Unter IAS 12.81 und DRS 10 kommt der steuerlichen Überleitungsrechnung eine ganz besondere Bedeutung zu. Die Überleitung erfolgt dabei vom ausgewiesenen Steueraufwand bzw. -ertrag auf den erwarteten Steueraufwand bzw. -ertrag. Während eine steuerliche Überleitungsrechnung für die externen Abschlussadressaten die Transparenz der Steuerposition erhöht, ist sie aus interner Sicht ein hervorragendes Instrument, um eine Verprobung der korrekten Ermittlung der latenten und tatsächlichen Steuern im Jahresabschluss herzustellen.

Nach BilMoG wurde gesetzlich keine Verpflichtung zum Ausweis einer Überleitungsrechnung verankert, obwohl dies im Regierungsentwurf noch vorgesehen war.[15] Das IDW erachtet es als zulässig, statt einer Überleitungsrechnung auch durch andere sachgerechte Erläuterungen die ausgewiesenen latenten Steuern im Anhang verständlich darzustellen, ohne dabei konkrete Alternativen aufzuzeigen.[16] In der Praxis wird sich wohl die Darstellung der international anerkannten steuerlichen Überleitungsrechnung auch im HGB Einzelabschluss durchsetzen.

---

[10] Vgl. auch BT-Drucks. 16/12407 zu Art. 1 Nr. 30 (§ 285 Nr. 29 HGB), S. 116.

[11] Vgl. Herzig/Vossel, BB 2009, S. 1174.

[12] Vgl. Küting/Zwirner, WPg 2007, S. 558.

[13] Vgl. Küting/Seel, DB, S. 925.

[14] Vgl. IDW ERS HFA 27, Tz 36.

[15] Vgl. BMJ, Regierungsentwurf Gesetz zur Modernisierung des Bilanzrechts, Gesetzesbegründung zu § 274 HGB-E, S. 149.

[16] Vgl. IDW ERS HFA 27, Tz. 35.

4.3   Vorgehensweise bei der Ermittlung

Die folgende Darstellung fasst den umfangreichen Ermittlungsprozess verbunden mit den Wahlrechten zur Aktivierung und Saldierung zusammen:

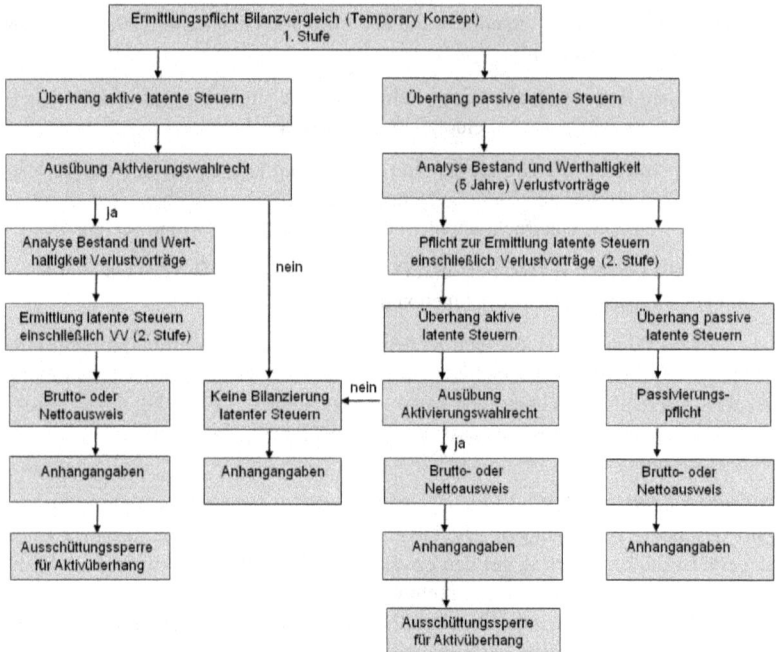

Quelle: eigene Darstellung

Trotz Aktivierungswahlrecht bei einem Überhang von aktiven Latenzen besteht eine Ermittlungspflicht nach dem Bilanzvergleich und die Unternehmen müssen zukünftig bereits zur Erstellung des HGB Jahresabschlusses eine aktuelle Steuerbilanz vorweisen, die für den Bilanzvergleich benötigt wird. Neben der Entscheidung über die Ausübung der beiden Wahlrechte (Ansatzwahlrecht aktive latente Steuern, Brutto- oder Nettoausweis) wird auch die Analyse der Verlustvorträge und insbesondere die Anhangangaben, die in jedem Fall zu berücksichtigen sind, zu einem erheblichen Mehraufwand im Rahmen der Jahresabschlusserstellung und Abschlussprüfung führen.

5   Die Bilanzierung von latenten Steuern im Konzernabschluss

Auch im Konzernabschluss erfolgt durch die Neufassung der Konzeption in § 306 HGB ein Übergang vom bisher anzuwendenden Timing-Konzept zum Temporary-Konzept. Die im Einzelabschluss der konsolidierten Unternehmen bilanzierten Steuern werden zunächst in den Konzernabschluss übernommen.

Unterschiede zwischen den handelsrechtlichen und steuerlichen Wertansätzen, die aus den Konsolidierungsmaßnahmen der §§ 300 bis 307 HGB resultieren, werden auch mit latenten Steuern belegt, sofern sie nicht permanent sind. In DRS 10 ist für den Anhang eine steuerliche Überleitungsrechnung vorgesehen.

Eine Ausnahmeregelung besteht für die sogenannten Outside Basis Differences. Dabei handelt es sich um die Differenz zwischen dem Nettovermögen des Tochterunternehmens (d. h. Vermögensgegenstände abzüglich Schulden) und dem Buchwert der Anteile in der nationalen Steuerbilanz des Gesellschafters. Durch einen Verkauf der Anteile oder eine Ausschüttung könnten sich diese Differenzen in der Zukunft steuerwirksam umkehren. Die Neuregelung in § 306 S.4 i.V.m. S. 3 HGB sieht hier allerdings eine Ausnahme zur Bilanzierung latenter Steuern vor wodurch eine wesentliche Erleichterung im Vergleich zur Ausnahmeregelung des IAS 12.39 und IAS 12.44 erreicht wurde.

6   Auswirkungen der Neuregelung auf die Unternehmenspraxis und Wirtschaftsprüfung

6.1   Empfohlene Maßnahmen

Die Neuregelungen zu den latenten Steuern werden zu weitreichendem Anpassungsbedarf bei der Bilanzierung, der Gestaltung des Abschlussprozesses und dem Einsatz von EDV-gestützten Tools führen.

Die folgende Übersicht veranschaulicht die Themengebiete, welche im Rahmen der Umstellung auf BilMoG von den Unternehmen abgearbeitet werden müssen.

Ansatz von latenten Steuern	• Aufbau von Fachkenntnissen zu latenten Steuern • Vollständige Einzelgegenüberstellung von Vermögensgegenständen und Schulden ist erforderlich → Erstellung von Bilanzierungsrichtlinien → sorgfältiges Mapping der Posten unter fachlicher Qualifizierung der jeweiligen Bilanzdifferenzen • Steuerbilanzen sind für den Abschluss zeitnah zu erstellen → Aufarbeitung von Rückständen → Einarbeitung u. Fortschreibung einer Betriebsprüfung → Ergänzungsbilanzen bei Personengesellschaften • Der Bestand an Verlustvorträgen, Zinsvorträgen, Steuergutschriften zum Bilanzstichtag ist zu ermitteln • Konzernabschlussbuchungen sind auf ihre (latente) Steuerrelevanz zu prüfen
Bewertung von latenten Steuern	• Vorliegende Verlustvorträge sind auf ihre Werthaltigkeit zu prüfen → Erstellung einer steuerlichen Planungsrechnung (fünf Jahre, Prognose der Nutzbarkeit, Mindestbesteuerung) • Latente Steuern sind in jedem Jahr auf ihre Werthaltigkeit zu untersuchen • Die Bewertung anhand des verabschiedeten Steuersatzes ist ständig zu beobachten
Ausweis von latenten Steuern	• Kontenrahmen für latente Steuern erweitern – Bilanzschema erweitern (Sonderposten eigener Art) • Umfassende Anhangangaben, Überleitungsrechnung? • Latente Steuern führen zu einer höheren Transparenz der steuerlichen Situation, besseren Vergleichbarkeit mit anderen Unternehmen und zu mehr Fragen von Externen (z.B. Bewertung Verlustvorträge) • Analyse der Zweckmäßigkeit der Bilanzierung eines Überhangs an aktiven latenten Steuern (Inanspruchnahme Wahlrecht), bzw. Brutto- oder Nettoausweis unter Berücksichtigung des neuen Stetigkeitsgebots
Anpassung der Systeme	• Einführung oder Modifikation von Tools zur Berechnung latenter Steuern und Ermittlung der Anhangangaben • Evtl. Anpassung des steuerlichen Berichtswesens („Reporting Package")

Anpassung des Abschlussprozesses	• Prozessoptimierung Latente Steuern gehören zu den zeitlich letzten Arbeiten im Abschluss. Die Terminabschlusskalender und die Finanzberichterstattungsprozesse sind darauf auszurichten → Analyse der Auswirkungen der Neuregelungen → Einplanung von Zeitreserven in den Ermittlungsprozess → Frühzeitige Einbindung der Steuerabteilung → Verantwortlichkeiten und Aufgabenverteilung → Zusammenarbeit zwischen Steuer- und Finanzabteilung, Controlling, Personalabteilung → evtl. „Outsourcing" (z.B Erstellung Steuerbilanz) • Umsetzung interner Kontrollen in den Prozessen (z.B. 4 Augen Prinzip) • IFRS Bilanzierer müssen die Abweichungen zwischen IFRS und HGB analysieren und im Abschlussprozess und Berichtswesen berücksichtigen
Gesonderte Analyse von Problembereichen	• Analyse der steuerlichen Auswirkungen von wesentlichen Geschäftsvorfällen und Transaktionen (z.B. § 8 c KStG) • Besonderheiten für steuerliche Organschaften • Umwandlungs- und Einbringungsfälle ziehen Auswirkungen auf die latenten Steuern und damit auf die (Konzern-) Steuerquote nach sich. Daher ist künftig bei jeder Steuerstrukturierung eine Betrachtung der latenten Steuerwirkungen unerlässlich. Dokumentation historischer Vorgänge (z.B. einbringungsgeborene Anteile) • Berücksichtigung der Ausschüttungssperre • Freiwillige Erstanwendung bereits für 2009 vorteilhaft?

Quelle: eigene Darstellung

6.2 Erstellung der Steuerbilanz

Die Erstellung einer gleichlaufenden Handelsbilanz und Steuerbilanz wurde bereits in den letzten Jahren für Unternehmen zunehmend schwieriger. Sofern eine sogenannte Einheitsbilanz nicht möglich war, ist nach § 60 EStDV eine Aufstellung der Abweichungen in der Bilanz erstellt worden. Durch die Abweichungsberechnung konnten die Unternehmen meist auf die Erstellung einer Steuerbilanz verzichten.

Die Abschaffung der umgekehrten Maßgeblichkeit und zahlreiche neue Bilanzierungsvorschriften nach BilMoG führen zu einer weitreichenden Entkoppelung der Handelsbilanz von der Steuerbilanz. Die Abweichungen werden insgesamt signifikant zunehmen. Daneben ist das gesondert zu führende Verzeichnis nach § 5 Abs. 1 Satz 2 EStG faktisch eine weitere Verpflichtung zur Erstellung einer eigenen Steuerbilanz.

Durch die signifikant zunehmenden Abweichungen zwischen Handels- und Steuerbilanz und der Einführung des Temporary Konzepts bei der Ermittlung der latenten Steuern verbunden mit den Anhangangaben, müssen die Unternehmen zukünftig eine Steuerbilanz erstellen. Während vor BilMoG die Erstellung der Steuerbilanz im Rahmen der Steuerdeklarationsarbeiten erfolgte, müssen die Unternehmen diese nun parallel zur Handelsbilanz erstellen.

Dazu müssen Steuererklärungsrückstände aufgearbeitet werden und Betriebsprüfungsergebnisse zeitnah eingearbeitet bzw. fortgeschrieben werden.

Während für IFRS Bilanzierer der Aufwand nicht wesentlich steigt, ist die zeitnahe Erstellung der Steuerbilanz im Rahmen des engen Korsetts der Abschlusserstellung für den reinen HGB Bilanzierer eine neue Herausforderung.

6.3   Anpassung von Prozessen und Systemen

Die in Kapitel 4.3 dargestellte Ermittlungsreihenfolge erfordert eine Anpassung der Prozesse im Rahmen der Jahresabschlusserstellung. Um die Steuerbilanz parallel zur Handelsbilanz erstellen zu können, müssen diese Aufgaben zeitlich vorgelagert werden.

Es empfiehlt sich, einen klaren Prozessablauf zu definieren. Dieser sollte den zeitlichen Ablauf und die Art der notwendigen Tätigkeiten klar definieren. In diesem Zusammenhang ist auch die Zuordnung von Verantwortlichkeiten und die Einbindung aller notwendigen Abteilungen (z. B. Steuerabteilung, Controlling, Finanzen) als erfolgskritisch zu sehen. Die Implementierung von internen Kontrollen, wie z. B. einer Kontrolle der Berechnungen durch eine zweite Person (Vier-Augen-Prinzip) oder Plausibilitätskontrollen bis hin zu einer vollständig abgestimmten Überleitungsrechnung ist eine weitere Maßnahme, die bereits bei der Umstellung auf BilMoG beachtet werden muss.

Die zunehmende Entkoppelung der Steuerbilanz von der Handelsbilanz, sowie die Verpflichtung zur Verzeichnisführung bei der Inanspruchnahme steuerlicher Wahlrechte erfordert bei vielen Unternehmen zukünftig eine steuerliche Buchführung, um beispielsweise Abschreibungsreihen für Wirtschaftsgüter unterschiedlich fortzuentwickeln und die Steuerbilanz zeitnah erstellen zu können.

Mit einer integrierten Steuerbuchführung können die Unternehmen ihr Buchführungs- bzw. ERP-System so einstellen, dass bereits unterjährig steuerlich abweichende Sachverhalte gebucht werden. Die Kontenplanmethode mit einem gemeinsamen Kontenplan, einer führenden Rechnungslegungsvorschrift (IFRS oder HGB) unter Verwendung der Bruttomethode ist grundsätzlich mit allen gängigen Buchführungssystemen realisierbar. Daneben ermöglichen ERP-Systeme (z. B. SAP order Oracle) oft anwenderspezifische Methoden, die unterschiedliche Sichten auf ein Konto ermöglichen und die integrierte Steuerbuchführung erleichtern.

Die Einführung einer IT-Lösung für die Ermittlung der tatsächlichen und latenten Steuern empfiehlt sich insbesondere bei internationalen Konzernen. Diese Tools sind stark prozessorientiert aufgebaut und können mit Schnittstellen zum Rechnungswesen verbunden werden. Die IFRS oder HGB Konten werden in der Regel über Schnittstellen übertragen und den korrespondierenden Steuerkonten gegenübergestellt (Mapping). Durch die Zusammenfassung der Ergebnisse unter Berücksichtigung der Konzernstruktur und bestehender Organschaften, verbunden mit internen Rechenkontrollen bis hin zu einer automatisch generierten steuerlichen Überleitungsrechnung lässt sich der Jahresabschlussprozess deutlich erleichtern und beschleunigen.

6.4 Änderungen für den Wirtschaftsprüfer, Unternehmensberater und die Interne Revision

Auch für den Wirtschaftsprüfer und internen Revisor werden die neuen Regelungen unter BilMoG zu einem erhöhten Aufwand führen. Im Rahmen der Prüfungsplanung sind bereits zeitliche Ressourcen für dieses in der Zukunft doch recht umfangreiche und komplexe Prüfungsgebiet einzuplanen.

Neben der Prüfung des Internen Kontrollsystems, analytischen Prüfungshandlungen und der Prüfung des Ermittlungsprozesses, müssen zukünftig auch Sondersachverhalte aufgegriffen werden.

Die Prüfung der aktiven latenten Steuern auf Verlustvorträge wird dabei als neues Prüfungsgebiet große Bedeutung erlangen und untergliedert sich in eine Bestandsanalyse und steuerliche Planungsrechnung. Im Rahmen der Bestandsanalyse sind alle offenen Veranlagungszeiträume zu untersuchen, denn der Verlustvortrag könnte durch Umwandlungen (z. B. § 4 Abs. 2 Satz 2, § 12 Abs. 3, § 15 Abs. 3 UmwStG) oder schädliche Beteiligungserwerbe (§ 8 c KStG, § 10a Satz 9 GewStG) untergegangen sein. Sofern der Verlustvortrag noch besteht, muss der Wirtschaftsprüfer anschließend die steuerliche Planungsrechnung, die in der Regel von einer IFRS oder HGB Planung abgeleitet wird, kritisch hinterfragen und dabei auf den vorgeschriebenen 5 Jahres Zeitraum abstellen. Dabei ist auch die Mindestbesteuerung (§ 10d EStG) zu beachten. Diese Vorgehensweise ist bei bestehenden Zinsvorträgen und Steuergutschriften identisch und erlangt eine zusätzliche Komplexität bei im Ausland vorliegenden Sachverhalten, die die Kenntnis des dortigen Steuerrechts unter Berücksichtigung eines zumeist längeren Planungshorizonts als unter IFRS erfordern. Das Vorsichtsprinzip ist zu beachten.

Bei vorliegenden Organschaften und Konzernen wird die Komplexität auch ansteigen. Während im Einzelabschluss eine fehlerhafte Ermittlung der latenten Steuern
oder Nichtbeachtung der Ausschüttungssperre dazu führen kann, dass ein Unternehmen einen höheren Betrag als das ausschüttbare handelsrechtliche Ergebnis an
die Anteilseigner ausschüttet und Haftungsfragen generiert, könnte bei Organschaften eine fehlerhafte Gewinnabführung die Anerkennung der Organschaft
ernsthaft gefährden.

Die Neuregelungen führen sicherlich auch zu einem neuen Betätigungsfeld für
Unternehmensberater, da eine korrekte Ermittlung bei fehlendem Fachwissen aus-
gelagert werden muss. Unternehmen, welche nach HGB ihre Planungsrechnung
aufstellen, werden durch die Berücksichtigung von latenten Steuern auf Verlustvorträge in vielen Fällen externe Beratung bei der Anpassung der Planung in Anspruch
nehmen. Daneben wird die Einführung oder Modifikation von IT-Tools zur Berechnung der tatsächlichen und latenten Steuern und zur steuerlichen Nachweisbuch-
führung bei vielen Unternehmen notwendig.

Insgesamt wird dabei auch die Messung, Planung und Steuerung der Konzernsteu-
erquote an Bedeutung gewinnen. Als Hilfsmittel dazu sollte eine steuerliche Überleitungsrechnung zumindest für die interne Steuerung erstellt werden.

7   Zusammenfassung

Durch den Wegfall der umgekehrten Maßgeblichkeit und neue handelsrechtliche
Bilanzierungsvorschriften werden die Abweichungen zwischen Handelsbilanz und
Steuerbilanz größer. Die neuen Verpflichtungen von Anhangangaben zu den laten-
ten Steuern, unabhängig ob diese ausgewiesen werden oder vom Aktivierungs-
wahlrecht Gebrauch gemacht wird, führen zu einer faktischen Ermittlungspflicht.
Die Durchführung eines Bilanzvergleichs ist damit in jedem Fall notwendig.

Dies führt nicht nur für Unternehmen, sondern auch für Wirtschaftsprüfer, Interne
Revision und Unternehmensberater zu neuen Herausforderungen und Betätigungs-
feldern im Rahmen der Bilanzierung im HGB Einzelabschluss.

Insgesamt bewirkt die Neukonzeption der latenten Steuern eine Annäherung der
HGB Bilanzierung an die IFRS bzw. US GAAP Rechnungslegung. Der Aufwand
für bisher nur nach HGB bilanzierende Unternehmen wird deutlich steigen.

Literaturverzeichnis

BMJ: Regierungsentwurf Gesetz zur Modernisierung des Bilanzrechts, Gesetzesbegründung zu § 274 HGB-E, S. 146-150.

BT-Drucks 16/12407: Deutscher Bundestag, Beschlussempfehlung und Bericht des Rechtsausschusses zu dem Gesetzentwurf der Bundesregierung. Entwurf eines Gesetzes zur Modernisierung des Bilanzrechts vom 24. März 2009.

Herzig, Norbert und Vossel, Stephan: Paradigmenwechsel bei latenten Steuern nach dem ilMoG. In: Betriebsberater 2009, S. 1174-1179.

Institut der Wirtschaftsprüfer in Deutschland e.V.: ERS HFA 27: IDW Stellungnahme zur Rechnungslegung: Einzelfragen zur Bilanzierung latenter Steuern nach den Vorschriften des HGB in der Fassung des Bilanzrechtsmodernisierungsgesetzes.

Küting, Karlheinz und Seel, Christoph: Die Ungereimtheiten der Regelungen zu latenten Steuern im neuen Bilanzrecht. In: Der Betrieb 2009, S. 922-925.

Küting, Karlheinz und Zwirner, Christian: Abgrenzung latenter Steuern nach IFRS in der Bilanzierungspraxis in Deutschland. In: Die Wirtschaftsprüfung 2007, S. 555-559.

Loitz, Rüdiger: Latente Steuern nach dem Bilanzrechtsmodernisierungsgesetz (BilMoG) – ein Wahlrecht als Modelpackung ?. In: Der Betrieb 2009, S. 913-921.

Petersen, Karl und Zwirner, Christian (Hrsg.): BilMoG, Gesetze, Materialien, Erläuterungen, München 2009.

Van Hall, Georg, In: Kessler/Leinen/Strickmann, Bilanzrechtsmodernisierungsgesetz, Freiburg 2008.

Compliance in der Internen Revision

Dr. Thomas Knoll, Henning Bosse

1   Einführung

Spektakuläre Unternehmenszusammenbrüche und Bilanzskandale US-amerikani-scher Konzerne (Enron, WorldCom)[1] sowie die in den letzten Jahren stark zuneh-mende Anzahl an Vermögensschädigungen bei Unternehmen, i. d. R. ausgelöst durch einmalige oder besondere Geschäftsvorfälle,[2] hat das Thema Kontrollmecha-nismen in den Fokus gerückt. Mit dem Sarbanes-Oxley Act (S-OX) wurden die Aufgaben und Verantwortlichkeiten des Leitungsorgans, des Audit Committees und des Abschlussprüfers US-gelisteter Unternehmen genauer definiert sowie die Einrichtung stringenter Finanzkontroll- und Publizitätssysteme vorgeschrieben.[3] Diese Bestrebungen finden in Deutschland auch im BilMoG[4] ihren Ausdruck, mit dem der Versuch unternommen wird, einen Kompromiss zwischen einer verbesser-

---

[1] Vgl. Fahrion, H.-J. und Rust, D.: Auswirkungen des Sarbanes-Oxley Act auf die Arbeit der Inter-nen Revision – Vor dem Hintergrund aktueller Entwicklungen im Rahmen des deutschen Corporate Governance Systems, in: Lück, W. (Hrsg.): Anforderungen an die Interne Revision – Grundsätze, Methoden, Perspektiven, Berlin 2009, S. 155.

[2] Vgl. Schoberth, J.: Compliance und Revision, in: Lück, W. (Hrsg.): Anforderungen an die Interne Revision – Grundsätze, Methoden, Perspektiven, Berlin 2009, S. 301.

[3] Vgl. Glaum, M., Thomaschewski, D., Weber, S.: Die Vorschriften zur Einrichtung und Dokumenta-tion eines internen Kontrollsystems nach Section 404 Sarbanes-Oxley Act: Umsetzung durch deut-sche Unternehmen, in: Zeitschrift für internationale und kapitalmarktorientierte Rechnungslegung 2006, S. 206.

ten Informationsfunktion und der Beibehaltung der Zahlungsbemessungsfunktion des HGB-Abschlusses zu finden – auch für steuerliche Zwecke.

Neben dieser primär auf die Ausgestaltung und Prüfung des Internen Kontrollsystems (IKS) der Finanzberichtserstattung ausgerichteten speziellen Regelung hat die allgemeine Einhaltung von Gesetzen und Richtlinien, aber auch von freiwilligen Regelungen und Kodices unter dem Begriff „Compliance" stark an Bedeutung gewonnen. Mittlerweile gilt Compliance als ein bedeutendes Element einer ordnungsgemäßen Unternehmensführung (Corporate Governance).[5]

Die Interne Revision ist von dieser Entwicklung in beiden Fällen direkt betroffen: Zum einen ist es ihre originäre Aufgabe, das Interne Kontrollsystem zu prüfen. Zum anderen hat die Interne Revision selbst sicherzustellen, dass sie bei der Ausübung ihrer Prüfungstätigkeit die eigene Compliance berücksichtigt.[6] Zur Erfüllung ihrer originären Aufgabe muss die Revision sich auf die Definition des Internen Kontrollsystems festlegen. Hier liefert das COSO-Modell[7] einen grundlegenden Ansatz, der sich in der täglichen Praxis bewährt hat. Dieses Modell geht zurück auf die bereits im Jahr 1994 von der COSO veröffentlichte Verlautbarung „Internal Control – Integrated Framework", die neben der einheitlichen Definition auch einen Standard für die unternehmerische Praxis geschaffen hat.[8]

Das COSO-Modell hat in der Folge weiter an Bedeutung gewonnen, da die Funktionsfähigkeit des Internen Kontrollsystems eines Unternehmens die Basis für eine nachhaltige Verbesserung der Corporate Governance ist.[9] Während die Anforderungen, die sich aus dem COSO-Modell ergeben, und deren Umsetzung in Prüfungshandlungen – insbesondere zur Überwachung des Internen Kontrollsystems – in der Literatur vielfach behandelt wurden und in der Praxis inzwischen auch weitgehend etabliert sind, hat die Auseinandersetzung damit, welche Voraussetzungen die Interne Revision selbst erfüllen muss, um „compliant" zu sein, bislang weniger Beachtung gefunden.

---

[4]   Das Bilanzrechtsmodernisierungsgesetz (BilMoG) stellt die größte Reform des Bilanzrechts seit 1985 dar. Ziel des Gesetzes ist die Modernisierung des HGB-Bilanzrechts und damit die Annäherung an die internationalen Rechnungslegungsstandards (IFRS).

[5]   Vgl. zum Begriff der „Corporate Governance", definiert als Führung, Verwaltung und Überwachung von Unternehmen z. B. Lück, W. (Hrsg.): Risikomanagementsystem und Überwachungssystem. KonTraG: Anforderungen und Umsetzung in der betrieblichen Praxis. Band 5 der Schriftenreihe des Universitäts-Forums für Rechnungslegung, Steuern und Prüfung, Karlsruhe 2001.

[6]   Vgl. Schoberth, J.: Compliance und Revision, in: Lück, W. (Hrsg.): Anforderungen an die Interne Revision – Grundsätze, Methoden, Perspektiven, Berlin 2009, S. 303.

[7]   Vgl. Committee of Sponsoring Organizations of the Treadway Commission (COSO): Internal Control – Integrated Framework, Jersey City 1994.

[8]   Paetzmann, K.: Bedeutung der Internen Revision im Rahmen der Reformbestrebungen zur Verbesserung der Corporate Governance, in: Freidank, C.-C., Peemöller, V. H. (Hrsg.): Corporate Governance und Interne Revision, Berlin 2008, S. 23.

[9]   Ebd., S. 24.

Insgesamt ist in den vergangenen Jahren eine Zunahme der Compliance-Anforderungen auch an die Revision festzustellen. So bildet die Revision im Rahmen des Sarbanes-Oxley Acts ein wichtiges Element des Kontrollumfelds (sogenannte „Company Level Control" (CLC)), das Unternehmen, die die Anforderungen aus S-OX erfüllen müssen, zu definieren haben. Als ein solches Element wird die Revision in diesen Unternehmen mindestens einmal im Jahr durch den Abschlussprüfer auf ihre Funktionsfähigkeit und die Einhaltung von Standards getestet. Auch das neue BilMoG legt über den §107 (3) AktG[10] fest, dass der Prüfungsausschuss die Wirksamkeit der Revision zu überprüfen hat. Damit spielen nicht mehr nur die Arbeitsergebnisse der Revision eine Rolle, sondern auch die Art und Weise, wie die Revision arbeitet, welche Prozesse, Verfahren und Instrumentarien sie verwendet und inwieweit sie sich in ihrem Tun „compliant" verhält.

Die genannten Regelungen erhöhen insgesamt die Anforderungen an Umfang und Zuverlässigkeit der Dokumentation. Auch für die Interne Revision wird damit – nicht nur auf Basis der Sorgfaltspflicht,[11] der jeder Revisor ohnehin unterliegt – eine transparente Dokumentation von Auftrag, Verfahren, Prüfungsprogramm, Revisionsergebnis, Maßnahmenumsetzung und Weiterentwicklung des Gesamtsystems Revision immer wichtiger. Es ist zu prüfen, inwieweit nicht bereits bestehende Regelwerke und darauf aufsetzende Kontrollen gegeben sind, die Compliance der Internen Revision nachzuweisen, und – wenn diese Regelungen gegeben sein sollten – wie sie auszugestalten sind, um eine Revision auf einem „best-in-class"-Niveau in diesem Bereich zu etablieren.

Grundsätzlich gilt für jede Revision weltweit, dass die Basiselemente eines jeden unternehmensinternen Kontrollsystems, wie z. B. das „Vier-Augen-Prinzip", Vertretungsrichtlinien, Unterschriftenrichtlinien, Wertgrenzenregelungen, etc., auch in der Revision zur Anwendung kommen. Darüber hinaus verfügt die Interne Revision mit den Standards des Institute of Internal Auditors (IIA)[12] bereits über eine umfassende Norm, die die Basis für ein compliancegemäßes Verhalten und Arbeiten einer Internen Revision legt. Diese Standards sind durch geeignete Maßnahmen für ein Unternehmen zu konkretisieren, zudem kann deren Einhaltung jährlich bzw. in regelmäßigen Abständen überprüft werden. Wie das im Einzelnen geschehen und mit welchen Anforderungen eine Interne Revision in der Praxis geprüft werden kann, soll im folgenden Kapitel dargestellt werden, bevor abschließend eine Bewertung dieses Vorgehensmodells erfolgt.

---

[10] Gem. § 107 (3) AktG kann der Aufsichtsrat aus seiner Mitte einen oder mehrere Ausschüsse bestellen ... Er kann insbesondere einen Prüfungsausschuss bestellen, der sich mit der Überwachung des Rechnungslegungsprozesses, der Wirksamkeit des internen Kontrollsystems, des Risikomanagementsystems und des internen Revisionssystems ... befasst.

[11] Vgl. IIA-Standard 1200: „Aufträge müssen mit Fachkompetenz und der erforderlichen beruflichen Sorgfalt durchgeführt werden." (IIA 2009).

[12] Vgl. The Institute of Internal Auditors (IIA) (Hrsg.): Internationale Standards für die berufliche Praxis der Internen Revision 2009, Wien 2009.

2   Anforderungen an die Interne Revision

2.1   Statische Anforderungen

Zur Erfüllung dieser Anforderungen ist im Wesentlichen die Existenz notwendiger organisatorischer Strukturen und Regelungen erforderlich, die in statistischen Dokumenten (Geschäftsaufträge, Organigramme, Handbücher und Konzeptionen) niedergelegt sind bzw. durch diese nachgewiesen werden.

2.1.1   Beachtung der Internationalen Standards für die berufliche Praxis

„Die Revision arbeitet analog zu den Standards des Institutes of Internal Auditors (IIA) und des nationalen Institutes für Interne Revision (DIIR)". Obwohl die Ausübung der Revisionstätigkeit nach rechtlichen und gesellschaftlichen Rahmenbedingungen sowie nach der Art der Organisation variiert, muss ein interner Revisor die internationalen Standards einhalten, um seiner Verantwortung gerecht zu werden.

Die Standards dienen folgenden Zwecken:[13]

1. Darstellen der verbindlichen Grundprinzipien der Berufsausübung der Internen Revision.

2. Bereitstellen eines Rahmenwerks für Ausführung und Förderung eines breiten Spektrums wertschöpfender Aktivitäten der Internen Revision.

3. Festlegen von Beurteilungskriterien für die Leistung der Internen Revision.

4. Fördern von verbesserten Prozessen und Ergebnissen einer Organisation.

Die Standards sind prinzipienbasierte, verbindliche Anforderungen, die aus folgenden Komponenten bestehen:[14]

• Festlegungen grundlegender Anforderungen an die Berufsausübung der Internen Revision und zur Beurteilung der Wirksamkeit ihrer Ausübung, die international sowohl auf Ebene von Einzelpersonen als auch von Organisationen anwendbar sind.

• Erläuterungen, die in den Festlegungen enthaltene Begriffe oder Konzepte verdeutlichen.

---

[13] Vgl. The Institute of Internal Auditors (IIA) (Hrsg.): Internationale Standards für die berufliche Praxis der Internen Revision 2009, Wien 2009, S. 20 (Einleitung).

[14] Ebd., S. 20.

Die Wichtigkeit dieses Regelwerks und seiner Umsetzung in der praktischen Arbeit wird durch eine Verpflichtungserklärung jedes einzelnen Revisors untermauert und nach außen transparent gemacht.[15]

2.1.2 Aufgabenstellung, Befugnisse, Verantwortung

„Es gibt ein vom Vorstand verabschiedetes Regelwerk (Geschäftsauftrag/Charter), das Aufgaben, Rechte und Pflichten der Revision dokumentiert". Der IIA-Standard 1000 verlangt, dass Aufgabenstellungen, Befugnisse und Verantwortung der Internen Revision formell in einer Geschäftsordnung bestimmt sein müssen. Dieser müssen die Definition der Internen Revision, der Ethikkodex und die Standards für die berufliche Praxis zugrunde liegen. Die Geschäftsordnung ist regelmäßig zu überprüfen und der Geschäftsleitung zur Genehmigung vorzulegen.[16]

Sinnvoll ist es hier, sich eines im Unternehmen vorhandenen Standarddokumentes zu bedienen. Der Geschäftsauftrag ist ein solches Dokument, das im Auftrag des Vorstands/der Geschäftsleitung durch die Organisationsabteilung erlassen wird und das die überschneidungsfreie Aufgabenzuordnung im Unternehmen gewährleisten soll. Die Elemente eines Geschäftsauftrags, die die Anforderungen des IIA erfüllen, können sich folgendermaßen darstellen: Im Abschnitt „Zielsetzung/Zweck" werden Aufgabenstellung, Befugnisse und Verantwortung festgelegt, ferner wird die Interne Revision definiert sowie auf die Arbeit entsprechend Ethikkodex und IIA-Standards (IIA-Standard 1010)[17] hingewiesen. Im Abschnitt „Aufgaben im Unternehmen" wird die Art der zu erbringenden Prüfungs- (IIA-Standard 1000.A1)[18] und Beratungsleistungen (IIA-Standard 1000.C1)[19] definiert.

2.1.3 Datenschutz und Datensicherheit

„Die besonderen Anforderungen, denen die Interne Revision hinsichtlich Datenschutz und Datensicherheit unterliegt, sind in einer mit dem Datenschutzbeauftragten abgestimmten Konzeption dokumentiert". Aus dem neuen BDSG[20] sowie

---

15 Z. B. als Verpflichtung auf Einhaltung der „Standards für die berufliche Praxis der Internen Revision".

16 Vgl. IIA-Standard 1000: „Aufgabenstellung, Befugnisse und Verantwortung der Internen Revision müssen formell in einer Geschäftsordnung der Internen Revision bestimmt sein, der die Definition der Internen Revision, der Ethikkodex und die Standards zu Grunde liegen. Der Leiter der Internen Revision muss die Geschäftsordnung regelmäßig überprüfen und der Geschäftsleitung bzw. dem Überwachungsorgan zur Genehmigung vorlegen." (IIA 2009).

17 Vgl. IIA-Standard 1010: „Die Verbindlichkeit der Definition der Internen Revision, des Ethikkodex und der Standards muss in der Geschäftsordnung der Internen Revision berücksichtigt sein. ..." (IIA 2009).

18 Vgl. IIA-Standard 1000.A1: „Die Art der zu erbringenden Prüfungsleistungen muss in der Geschäftsordnung der Internen Revision festgelegt werden. Wenn Prüfungsleistungen für Dritte erbracht werden, müssen diese ebenfalls in der Geschäftsordnung der Internen Revision definiert werden." (IIA 2009).

19 Vgl. IIA-Standard 1000.C1: „Die Art der zu erbringenden Beratungsleistungen muss in der Geschäftsordnung der Internen Revision festgelegt werden." (IIA 2009).

aus TKG[21] und TMG[22] ergeben sich Beschränkungen bei personenbezogenen Auswertungen, die von der Internen Revision im Rahmen ihrer Prüfungen zu beachten sind. Ziel eines Datenschutzkonzepts ist es daher, den datenschutzrechtlich zulässigen Rahmen darzustellen und damit der Durchsetzung des datenschutzrechtlichen Verbots mit Erlaubnisvorbehalt – d. h. keine Datenverarbeitung ohne gesetzliche Erlaubnis – zu entsprechen.

Eine enge Abstimmung und Zusammenarbeit zwischen der Revision und dem Datenschutz ist hier notwendig, um den gesetzlichen Anforderungen entsprechen zu können. Gleichzeitig ist es notwendig, dass ein Unternehmen seinen Pflichten aus anderen Gesetzen nachkommt. So sind u. a. im Rahmen von S-OX-Kontrollen Prüfungen mit Personenbezug notwendig, wenn es z. B. um IT-Berechtigungen und Funktionstrennungen geht. Solche systemischen Prüfungen müssen nach Abstimmung mit dem Datenschutz weiterhin möglich sein, wenn die Revision ihre Aufgaben vollumfänglich erfüllen will.

Im Datenschutzkonzept[23] werden allgemeinverbindliche und grundsätzliche Regeln zum Umgang mit personenbezogenen Daten für die Mitarbeiter der Internen Revision transparent und verständlich dargestellt. Durch dieses Dokument sollen immer wiederkehrende Fragestellungen zwischen dem Datenschutzbeauftragten und der Internen Revision beantwortet, dokumentiert und standardisiert werden; es stellt damit die wesentlichen datenschutzrechtlichen Grundlagen für datenschutzkonformes Handeln im Rahmen des Geschäftsauftrags der Internen Revision dar.

Das Datensicherheitskonzept[24] ist fester Bestandteil des Datenschutzkonzeptes und gibt Hinweise, wie in der Internen Revision mit vertraulichen und streng vertraulichen Daten, in Papierform oder auf elektronischen Datenträgern, verfahren wird;

---

[20]   Zweck des Bundesdatenschutzgesetzes (BDSG) ist es, den Einzelnen davor zu schützen, dass er durch den Umgang mit seinen personenbezogenen Daten in seinem Persönlichkeitsrecht beeinträchtigt wird; dieses Gesetz gilt für die Erhebung, Verarbeitung und Nutzung personenbezogener Daten. Mit der zweiten Novelle des BDSG ist eine Generalklausel zum Arbeitnehmerdatenschutz eingeführt worden; der neue § 32 BDSG sieht dabei insbesondere Einschränkungen in Bezug auf Screening-Maßnahmen vor, die sich im Bereich von Präventiv-Audits erheblich auf die Arbeit der Internen Revision auswirken.

[21]   Grundsätzlich ist zu unterscheiden zwischen dem „normalen" Datenschutz, der im BDSG geregelt ist, und dem Telekommunikationsdatenschutz, der als Spezialgesetz im Telekommunikationsgesetz (TKG) geregelt ist. Das TKG schreibt für Daten, die mittels Telekommunikationsgeräten verarbeitet werden, besonders strenge Datenschutzvorgaben vor, weil grundsätzlich davon auszugehen ist, dass aufgrund des Mediums hier besonders sensible Daten verarbeitet werden, die z. T. sogar dem grundgesetzlich geschützten Fernmeldegeheimnis unterliegen.

[22]* Für Telemedien wie Musicload, Videoload, Gamesload oder Online Portale gelten wiederum besondere Datenschutzvorschriften. Dass sogenannte Telemediendatenschutzrecht ist im Telemediengesetz (TMG) geregelt. Für Fraudermittlungen im Rahmen von Revisionsprüfungen gibt es auch hier eine Erlaubnisnorm, den § 15 Abs. 8 TMG. Dieser erlaubt die Nutzung von Kundendaten nur für Fraudermittlungen, die in Zusammenhang mit einem Entgeltbetrug stehen.

[23]   Im Datenschutzkonzept werden die für eine datenschutzrechtliche Beurteilung notwendigen Informationen zur Erhebung, Verarbeitung und Nutzung personenbezogener Daten beschrieben. Weiterhin werden die umgesetzten technischen und organisatorischen Maßnahmen zum Datenschutz nach § 9 BDSG dokumentiert.

es ist für die Mitarbeiter bindend. Im Datensicherheitskonzept werden die notwendigen Informationen zum technischen Umgang mit klassifizierten Daten dokumentiert. Insbesondere zur Gewährleistung des Persönlichkeitsrechts beim Umgang mit personenbezogenen Daten sind die konkreten technischen und organisatorischen Maßnahmen zum Schutz dieser Daten detailliert beschrieben.

2.1.4 Unabhängigkeit und Objektivität

„Die Revision ist unmittelbar dem Vorstand unterstellt. Der Leiter der Revision hat unmittelbaren Zugang zum Audit Committee". Der IIA-Standard 1100 verlangt, dass eine Interne Revision unabhängig sein muss und dass interne Revisoren bei der Durchführung ihrer Aufgaben objektiv vorgehen.[25] Um einen für die wirksame Ausführung der Revisionsaufgaben hinreichenden Grad der Unabhängigkeit zu erzielen, soll der Leiter der Internen Revision direkten und unbeschränkten Zugang zu Geschäftsleitung und Überwachungsorgan haben. Sinnvoll ist hierbei die Festschreibung über den Geschäftsauftrag, der ein jederzeitiges Berichtsrecht des Leiters der Internen Revision an den Vorstand/die Geschäftsleitung und den Prüfungsausschuss des Unternehmens festlegt.

2.1.5 Organisatorische Unabhängigkeit

„Die Revision ist organisatorisch unabhängig von anderen Funktionen im Unternehmen. Sie trägt gegenüber den geprüften Bereichen keine operative Verantwortung". Die organisatorische Unabhängigkeit (IIA-Standard 1110) soll dadurch gewährleistet werden, dass der Leiter der Internen Revision der Ebene innerhalb der Organisation untersteht, die sicherstellen kann, dass die Interne Revision ihre Aufgaben sachgerecht erfüllt.[26] Die direkte Berichtslinie des Leiters der Internen Revision an den Vorstandsvorsitzenden oder den Finanzvorstand ist im Unternehmensorganigramm zu dokumentieren.

---

[24] Durch das Datensicherheitskonzept wird die Informationssicherheit gewährleistet. Sie bezieht sich auf alle relevanten Informationen einer Organisation oder eines Unternehmens einschließlich personenbezogener Daten in den Dimensionen Vertraulichkeit (Daten dürfen lediglich von autorisierten Benutzern gelesen bzw. modifiziert werden, dies gilt sowohl beim Zugriff auf gespeicherte Daten als auch während der Datenübertragung), Integrität (Daten dürfen nicht unbemerkt verändert werden, resp. es müssen alle Änderungen nachvollziehbar sein) und Verfügbarkeit (Verhinderung von Systemausfällen; Zugriff auf Daten muss innerhalb eines vereinbarten Zeitrahmens gewährleistet werden).

[25] Vgl. IIA-Standard 1100: „Die Interne Revision muss unabhängig sein, und die internen Revisoren müssen bei der Durchführung ihrer Aufgaben objektiv vorgehen." (IIA 2009).

[26] Vgl. IIA-Standard 1110: „Der Leiter der Internen Revision muss der Ebene innerhalb der Organisation unterstehen, die sicherstellen kann, dass die Interne Revision ihre Aufgaben sachgerecht erfüllen kann. ..." (IIA 2009).

In letzter Zeit wird zunehmend in Fachkreisen die Meinung vertreten, dass der Leiter der Internen Revision einen ungehinderten Zugang zum Prüfungsausschuss und insbesondere zum Vorsitzenden des Ausschusses haben sollte. In der praktischen Ausführung wird das in einem deutschen Governance-System oftmals über die Teilnahme des Leiters der Internen Revision an den Sitzungen des Prüfungsausschusses und vorbereitenden Gesprächen mit dem Ausschussvorsitzenden umgesetzt. Hierbei ist es im deutschen Governance-System wichtig, dass die verantwortlichen Vorstandsmitglieder die Möglichkeit haben, sich an solchen Gesprächen zu beteiligen.

Weiterhin darf die Interne Revision bei der Festlegung des Umfangs der internen Prüfungen, bei der Auftragsdurchführung und bei der Berichterstattung nicht behindert werden (IIA-Standard 1110.A1)[27], d. h. *„die Revision hat ein uneingeschränktes Prüfungs- und Beratungsrecht".* Diese umfassenden Informations-, Prüf- und Eintrittsrechte in allen Einheiten des Unternehmens werden ebenfalls im Geschäftsauftrag festgeschrieben.

2.1.6 Fachkompetenz und berufliche Sorgfaltspflicht

„Die Mitarbeiter sind für ihre Aufgaben fachlich und persönlich ausreichend qualifiziert und bilden sich fort". Der IIA-Standard 1200 schreibt vor, dass Aufträge mit Fachkompetenz und der erforderlichen beruflichen Sorgfaltspflicht durchzuführen sind.[28] Zur Fachkompetenz wird dabei weiter ausgeführt, dass sowohl der einzelne Revisor als auch die Interne Revision insgesamt über das Wissen, die Fähigkeiten und sonstige Qualifikationen verfügen müssen, die erforderlich sind, um ihren Aufgaben und ihrer Verantwortung gerecht zu werden.[29] Es wird empfohlen, die Fachkompetenz durch Erlangung von beruflichen Kenntnis- und Befähigungsnachweisen zu belegen; daher werden diese Zertifikate regelmäßig erhoben. Ein sinnvoller Anteil von Mitarbeitern mit berufsspezifischen Zertifikaten hat sich in der beruflichen Praxis bei 20 % bis 30 % bewährt.

Die Umsetzung dieses IIA-Standards ist für die Ausgestaltung einer Revision, die sich „compliant" verhalten will, von herausragender Bedeutung. Ein strukturiertes Personalentwicklungskonzept bildet die Grundlage für eine erfolgreiche Ausrichtung einer Revision. Nur gut ausgebildete Revisoren werden sich auch compliant verhalten können. Ein in der Praxis bewährtes Personalentwicklungskonzept setzt sich aus vier Bausteinen zusammen:

---

[27] Vgl. IIA-Standard 1110.A1: „Die Interne Revision darf bei der Festlegung des Umfangs der internen Prüfungen, bei der Auftragsdurchführung und bei der Berichterstattung nicht behindert werden." (IIA 2009).

[28] Vgl. IIA-Standard 1200: „Aufträge müssen mit Fachkompetenz und der erforderlichen beruflichen Sorgfalt durchgeführt werden." (IIA 2009).

[29] Vgl. IIA-Standard 1210: „Interne Revisoren müssen über das Wissen, die Fähigkeiten und sonstige Qualifikationen verfügen, die erforderlich sind, um ihrer Verantwortung gerecht zu werden. Die Interne Revision muss insgesamt das Wissen, die Fähigkeiten und sonstige Qualifikationen besitzen oder sich beschaffen, die erforderlich sind, um ihre Aufgaben wahrzunehmen." (IIA 2009).

1. Rekrutierung,

2. Qualifizierung,

3. Know how-Transfer *und*

4. Karrieremodell.

Die persönlichen und fachlichen Grundvoraussetzungen eines jeden neuen Mitarbeiters werden in einem Assessment Center-Verfahren geprüft. Dadurch werden nicht nur die am besten geeigneten Mitarbeiter identifiziert und ausgewählt; gleichzeitig wird mit den Assessment-Ergebnissen eine Ist-Analyse der persönlichen und fachlichen Kompetenzen als Basis für die weitere Entwicklung des jeweiligen Mitarbeiters geschaffen.

Aufbauend auf dem Rekrutierungsprozess erfolgt nach erfolgreicher Einstellung eine umfassende Einarbeitung und Qualifizierung. Durch dieses Qualifizierungsprogramm wird auch der IIA-Standard 1230 zur regelmäßigen fachlichen Weiterbildung abgedeckt, der Revisoren vorschreibt, ihr Wissen, ihre Fähigkeiten und ihre sonstigen Qualifikationen durch regelmäßige fachliche Weiterbildung zu erweitern.[30] Dies schließt Compliance-Schulungen ausdrücklich mit ein und erfolgt sinnvoller Weise in Basisseminaren,[31] die jeder Revisor durchlaufen muss, sowie im Rahmen einer Individualentwicklung, die maßgeschneidert auf das notwendige Profil des einzelnen Revisors abgestimmt ist; hierbei sind u. a. die Vorbereitungskurse zum CIA[32] bzw. CISA[33] zu nennen.

Neben der individuellen Weiterentwicklung ist die Entwicklung eines umfassenden Know how-Transfers von entscheidender Bedeutung. In den Dimensionen „interner Wissenstransfer" (Best Practice Teams mit Fachexperten aus der Internen Revision für funktionsübergreifende Themen), „externer Wissenstransfer" (Informationsaustausch innerhalb des eigenen Unternehmens und zu anderen Unternehmen durch Vorträge und Diskussionsrunden) und „Praxistransfer" (Übergreifende Audits der Revisionsbereiche, Job Visiting und Job Rotation innerhalb und außerhalb der Internen Revision) wird dabei der gezielte Austausch von Wissen gefördert.

Das Karrieremodell rundet das Personalentwicklungskonzept ab. Dabei steht die Identifikation und gezielte Förderung von Potenzialträgern im Mittelpunkt, um sowohl national als auch international eine Nachfolgeplanung in der Internen Revision realisieren zu können. Neben der Entwicklung künftiger Führungskräfte wird

---

[30] Vgl. IIA-Standard 1230: „Interne Revisoren müssen ihr Wissen, ihre Fähigkeiten und ihre sonstigen Qualifikationen durch regelmäßige fachliche Weiterbildung erweitern." (IIA 2009).

[31] Z. B. als halbtägiges „Warm Up" (Einweisung des Revisors in sein unmittelbares Arbeitsumfeld), dreitägige Grundlagen-Schulung (Grundlagen, Methoden und Arbeitstechniken der Internen Revision, Rolle, Aufgaben und Einbindung der Internen Revision im Unternehmen), zweitägige IKS-Schulung (Anforderungen an Wirksamkeit und Gestaltung von Internen Kontrollsystemen) und zweitägige Schulung zur Berichterstellung (Informationsverdichtung nach dem Pyramiden-Prinzip, Berichterstellung nach dem Storyboard-Ansatz).

[32] Certified Internal Auditor (IIA).

[33] Certified Information Systems Auditor (ISACA).

dabei ein besonderer Wert auf die Ausgestaltung von Fachkarrieren gelegt und Perspektiven sowohl innerhalb der Internen Revision als auch im gesamten Unternehmen geboten. Für das Unternehmen bietet sich darüber hinaus die Möglichkeit, Mitarbeiter der Internen Revision in anderen Bereichen einzusetzen und sie so als Multiplikatoren für Compliance zu nutzen.

2.1.7 Programm zur Qualitätssicherung und -verbesserung

„Eine stetige Qualitätskontrolle ist im Prozess implementiert". Der Leiter der Internen Revision muss ein Programm zur Qualitätssicherung und -verbesserung, das alle Aufgabengebiete der Internen Revision umfasst, entwickeln und pflegen (IIA-Standard 1300).[34] Ziel ist die Möglichkeit zur Beurteilung der Revisionsfunktion in Bezug auf ihre Übereinstimmung mit der Definition der Internen Revision und die Einhaltung der Standards.

Die Etablierung eines solchen Programms lässt sich durch eine umfassende Prozessdokumentation[35] und insbesondere durch einen schriftlichen Nachweis in jeder einzelnen Prüfung erbringen. Dazu ist ein Berichtsbegleitbogen[36] als Kernelement der Qualitätssicherung in allen Phasen einer Prüfung entwickelt worden. Er dient der laufenden Überwachung der Aufgabenerfüllung der Internen Revision und der regelmäßigen Selbstbeurteilung. Darüber hinaus wird die Arbeit der Revision auf diese Weise detailliert dokumentiert. Unter dem Aspekt der Compliance ist dies ein wichtiger Faktor, da genau geprüft werden kann, wer zu welchem Zeitpunkt für was im Revisionsprozess welche Verantwortung hat bzw. hatte.

Darüber hinaus ist mindestens alle fünf Jahre von einem qualifizierten, unabhängigen Prüfer oder Prüfungsteam, der bzw. das nicht der Organisation angehört, eine externe Beurteilung durchzuführen (IIA-Standard 1312),[37] d. h. *„es existieren externe Qualitätselemente, mit deren Hilfe die Qualität der Revision einer unabhängigen Überprüfung unterzogen wird"*. Eine solche externe Qualitätsprüfung wird durch einen entsprechenden Abschlussbericht nachgewiesen. Damit wird die Revision neben der eigenen Überprüfung durch einen externen Dritten betrachtet, der die Funktionsfä-

---

[34]   Vgl. IIA-Standard 1300: „Der Leiter der Internen Revision muss ein Programm zur Qualitätssicherung und -verbesserung, das alle Aufgabengebiete der Internen Revision umfasst, entwickeln und pflegen." (IIA 2009).

[35]   Das Prozessmodell des Revisionsgesamtsystems sollte dabei bis auf die Ebene der einzelnen Tätigkeit beschrieben sein und eine Zuordnung von Verantwortlichkeiten (z. B. nach der RACI-Logik = Responsible, Accountable, to be conducted, to be informed) beinhalten.

[36]   Der Berichtsbegleitbogen beinhaltet alle wesentlichen Prozessschritte des Prozessmodells (von der Planung bis zur Archivierung eines Audits), deren ordnungsgemäße Durchführung von dem jeweils Verantwortlichen mit Unterschrift bestätigt wird.

[37]   Vgl. IIA-Standard 1312: „Externe Beurteilungen müssen mindestens alle fünf Jahre von einem qualifizierten, unabhängigen Prüfer oder Prüfungsteam durchgeführt werden, der bzw. das nicht der Organisation angehört." (IIA 2009)

higkeit und letztendlich damit auch die Wirksamkeit bewertet – gerade im Hinblick auf die Anforderungen des §107 (3) AktG ein wichtiges Element.

2.2 Kontinuierliche Anforderungen

Wesentliche Grundlage für die Erfüllung der kontinuierlichen Anforderungen ist die explizite Beschreibung des Vorgehens in einem Prozessmodell, das neben dem chronologischen Tätigkeitsablauf auch die Verantwortlichkeiten und die zu nutzenden Dokumente enthält.

2.2.1 Leitung der Internen Revision

„Es gibt einen standardisierten, risikoorientierten Planungsansatz für die Jahresrevisionsprogrammplanung. Zusätzlich führt die Revision Ad-hoc-Prüfungen durch". Der Leiter der Internen Revision muss die Interne Revision wirksam führen, um ihren Wertbeitrag für die Organisation sicherzustellen (IIA-Standard 2000).[38] Dazu legt er in der Planung die Prioritäten nach Risikokriterien und im Einklang mit den Organisationszielen fest (IIA-Standard 2010).[39] Hierzu ist neben dem Prozessmodell, in dem das Vorgehen beschrieben ist, insbesondere die lückenlose Dokumentation der Planung erforderlich.[40]

Das finale Prüfungsprogramm muss sich der Leiter der Internen Revision durch die Geschäftsleitung genehmigen lassen und dem Prüfungsausschuss zur Kenntnis geben (IIA-Standard 2020).[41] Dies erfolgt mittels Vorstandsvorlage bzw. Information für den Prüfungsausschuss, die entsprechenden Gremienbeschlüsse sind den Protokollen zu entnehmen. Zwischenzeitliche wesentliche Änderungen sind der Geschäftsleitung zur Genehmigung, dem Prüfungsausschuss zur Kenntnisnahme vorzulegen (IIA-Standard 2020);[42] dies erfolgt mittels der Quartalsberichte bzw. des Jahresrevisionsberichts (siehe auch Abschnitt *Berichterstattung*). Durch dieses

---

[38] Vgl. IIA-Standard 2000: „Der Leiter der Internen Revision muss die Interne Revision wirksam führen, um ihren Wertbeitrag für die Organisation sicherzustellen." (IIA 2009)

[39] Vgl. IIA-Standard 2010: „Der Leiter der Internen Revision legt in der Planung die Prioritäten nach Risikokriterien und im Einklang mit den Organisationszielen fest." (IIA 2009).

[40] Z. B. können für jeden Planungsbereich die nachfolgenden Unterlagen zur Dokumentation des Planungsprozesses heran gezogen werden: Fokusanalysen, Unterlagen vor Risk Assessment 1 (RA1 = Online-Befragung der Führungskräfte), Vorbereitung Fragenkatalog für RA1, Vorbereitung Teilnehmerauswahl für RA1, RA1-Ergebnisse, Vorbereitung des Risk Assessment 2 (RA2 = Interviews mit dem Top-Management), Ergebnisse aus den RA2-Interviews, Unterlagen nach RA2, Finalisierte Planungsunterlagen, Ableitung von Prüfungsideen, Priorisierung und Auswahl der Audits, Finale Beschreibung der Revisionsobjekte.

[41] Vgl. IIA-Standard 2020: „Der Leiter der Internen Revision muss der Geschäftsleitung und dem Überwachungsorgan die Planung der Internen Revision ... zur Kenntnisnahme und Genehmigung berichten." (IIA 2009).

[42] Vgl. IIA-Standard 2020: „Der Leiter der Internen Revision muss der Geschäftsleitung und dem Überwachungsorgan ... zwischenzeitliche wesentliche Änderungen zur Kenntnisnahme und Genehmigung berichten." (IIA 2009).

Vorgehen wird sichergestellt, dass die Revision die Geschäftsleitung über ihre Tätigkeiten kontinuierlich informiert. Es etabliert auch implizit ein „Vier-Augen-Prinzip", welches sicherstellt, dass eine Revision nicht ohne Kenntnis ihrer Geschäftsleitung agiert und Audits durchführt, die nicht gesetzlichen Regelungen oder internen Richtlinien entsprechen.

Die Erfüllung der genehmigten Planung ist durch den Leiter der Internen Revision dadurch sicherzustellen, dass die Ressourcen der Internen Revision angemessen und ausreichend sind sowie wirksam eingesetzt werden (IIA-Standards 2030).[43] Daher ist zu gewährleisten, dass *„eine angemessene quantitative und qualitative Sach- und Personalausstattung existiert"*. Dieser Nachweis wird durch die jährliche Budgetplanung und -freigabe erbracht.

Weiterhin muss der Leiter der Internen Revision Richtlinien und Verfahren für die Führung der Internen Revision festlegen (IIA-Standard 2040),[44] d. h. *„es gibt ein von der Internen Revision verabschiedetes Revisionshandbuch, dass die Tätigkeiten und Prozesse der Revision im Unternehmen darstellt"*. Form und Inhalt von Richtlinien und Verfahren sind von Größe und Struktur der Internen Revision sowie von der Komplexität ihrer Aufgaben abhängig. Ein Revisionshandbuch, das mindestens einmal jährlich überprüft wird, und eine umfassende Prozessdarstellung erfüllen diese Anforderung vollumfänglich und bieten den Mitarbeitern der Internen Revision neben der Transparenz auch eine erhöhte Handlungssicherheit. Damit wird die Nachvollziehbarkeit der Tätigkeit einer Revision sichergestellt, was ein wichtiges Complianceelement darstellt.

2.2.2   Art der Arbeiten

„Die Durchführung der Prüfung vor Ort erfolgt nach einem standardisierten Verfahren". Entsprechend IIA-Standard 2100 muss die Interne Revision durch die Anwendung eines systematischen und zielgerichteten Vorgehens Unternehmensprozesse bewerten und zu deren Verbesserung beitragen.[45] Grundlage eines standardisierten, systematischen Vorgehens ist die Entwicklung eines gemeinsamen Verständnisses für Prüfungsabläufe bei allen Revisoren durch eine entsprechende Aus- und Weiterbildung, in- und externen Know how-Transfer und die Qualitätssicherung durch entsprechende Feedbackschleifen in jeder einzelnen Prüfung.[46]

---

[43]   Vgl. IIA-Standard 2030: „Der Leiter der Internen Revision muss sicherstellen, dass die Ressourcen der Internen Revision angemessen und ausreichend sind und wirksam eingesetzt werden, um die genehmigte Planung erfüllen zu können." (IIA 2009).

[44]   Vgl. IIA-Standard 2040: „Der Leiter der Internen Revision muss Richtlinien und Verfahren für die Führung der Internen Revision festlegen." (IIA 2009).

[45]   Vgl. IIA-Standard 2100: „Die Interne Revision muss durch die Anwendung eines systematischen und zielgerichteten Vorgehens Führungs-, Überwachungs-, Risikomanagement- und Kontrollprozesse bewerten und zu deren Verbesserung beitragen." (IIA 2009).

[46]   Aus- und Weiterbildung sowie in- und externer Know how-Transfer werden durch das Personalentwicklungskonzept der Internen Revision (siehe Abschnitt *Fachkompetenz und berufliche Sorgfaltspflicht*) abgedeckt.

Insbesondere für das letztere Instrument ist es notwendig, die wesentlichen Phasen einer Prüfung festzulegen und innerhalb dieser Phasen Kontrollpunkte und Kontrollverantwortliche festzulegen. Hierzu ist die Entwicklung eines Berichtsbegleitbogens dienlich, der ein Auditprojekt von der Planung über die Prüfungsdurchführung und die Berichtserstellung bis zur Maßnahmenverfolgung und schließlich zur Archivierung „begleitet". In diesem werden alle wesentlichen, bei einer Revisionsprüfung zu beachtenden Vorgaben und integrierten Qualitätssicherungsmaßnahmen dargestellt. Der Berichtsbegleitbogen gewährleistet damit zum einen ein standardisiertes Vorgehen, zum anderen dokumentiert er nachvollziehbar die Einhaltung von Standards und Regelungen bei der Prüfungsdurchführung und Maßnahmenverfolgung.

2.2.3 Planung einzelner Aufträge und Durchführung von Aufträgen

Der Berichtsbegleitbogen ist gleichzeitig aber auch ein Nachweis für die Vollständigkeit der Prüfungsunterlagen, d. h. das eine *„lückenlose und nachvollziehbare Dokumentation der Prüfungstätigkeit und der Ergebnisse durch das ordnungsgemäße Führen der Arbeitspapiere"* gewährleistet ist. Darüber hinaus sind natürlich auch die Prüfungsordner selbst nach einem einheitlichen Schema anzulegen, das es einem sachkundigen Dritten erlaubt, Prüfungsauftrag (IIA-Standards 2210[47] und 2220[48]), Ressourcen (IIA-Standard 2230)[49] und Prüfungsplanung (IIA-Standard 2240)[50], aber auch die Durchführung nachvollziehen und bewerten zu können.

Gem. IIA-Standard 2300[51] müssen interne Revisoren Informationen identifizieren (IIA-Standard 2310)[52], analysieren, bewerten (IIA-Standard 2320)[53] und dokumentieren (IIA-Standard 2330)[54], die ausreichend zum Erreichen der Auftragsziele sind. Die Überprüfbarkeit dieser Standards wird ebenfalls durch einen einheitlichen Aufbau der Prüfungsordner entsprochen. Der Berichtsbegleitbogen wiederum

---

[47] Vgl. IIA-Standard 2210: „Für jeden Auftrag müssen Ziele festgelegt werden." (IIA 2009).

[48] Vgl. IIA-Standard 2220: „Der festgelegte Umfang muss ausreichend sein, um das Erreichen der Auftragsziele zu ermöglichen." (IIA 2009).

[49] Vgl. IIA-Standard 2230: „Interne Revisoren müssen eine angemessene und zum Erreichen der Auftragsziele ausreichende Ressourcenausstattung festlegen. Dabei sind Art und Komplexität des Auftrags, Zeitvorgaben und die zur Verfügung stehenden Ressourcen zu berücksichtigen." (IIA 2009).

[50] Vgl. IIA-Standard 2240: „Interne Revisoren müssen Arbeitsprogramme entwickeln und dokumentieren, die dem Erreichen der Auftragsziele dienen." (IIA 2009).

[51] Vgl. IIA-Standard 2300: „Interne Revisoren müssen Informationen identifizieren, analysieren, bewerten und dokumentieren, die ausreichend zum Erreichen der Auftragsziele sind." (IIA 2009).

[52] Vgl. IIA-Standard 2310: „Interne Revisoren müssen zum Erreichen der Auftragsziele ausreichende, zuverlässige, relevante und nützliche Informationen identifizieren." (IIA 2009).

[53] Vgl. IIA-Standard 2320: „Interne Revisoren müssen ihre Schlussfolgerungen und Revisionsergebnisse auf geeignete Analysen und Bewertungen stützen." (IIA 2009).

[54] Vgl. IIA-Standard 2330: „Interne Revisoren müssen die zur Begründung der Schlussfolgerungen und Revisionsergebnisse relevanten Informationen aufzeichnen." (IIA 2009).

gewährleistet die Einhaltung des IIA-Standards 2340, wonach die Durchführung der Aufträge in geeigneter Weise zu überwachen ist, um sicherzustellen, dass die Auftrags- und Qualitätsziele erreicht werden.[55]

2.2.4 Berücksichtigung des Datenschutzes

„Bei der Prüfung ist die Beachtung datenschutzrechtlicher Vorgaben gewährleistet". Datenschutz-Compliance wird erreicht, wenn die definierten Prüfungsprozesse eingehalten werden und das dort definierte Verfahren zur Einbindung des Datenschutzes bei datenschutzrelevanten Prüfungen durchgeführt wird. Hierbei unterstützt eine Datenschutzcheckliste, die bei jedem Audit mit datenschutzrechtlicher Relevanz auszufüllen ist. Insbesondere sind die dort definierten Informations- und Beteiligungspflichten des Datenschutzbeauftragten zu beachten.

Die Checkliste[56] ist in den Prozessen der Internen Revision fest verankert. An speziell definierten Haltepunkten („Gates") ist die Datenschutzprüfung gemäß Checkliste durchzuführen. Durch dieses Vorgehen wird sichergestellt, dass alle Mitarbeiter der Internen Revision die Datenschutzprüfung auf derselben fachlichen Grundlage durchführen (vgl. auch Abschnitt *Datenschutz und Datensicherheit*). Stellen sich dennoch Zweifel bei der Durchführung einer Revisionsprüfung ein, so kann der Datenschutzbeauftragte auch außerhalb des festgelegten Verfahrens durch den Revisor individuell angesprochen werden.

2.2.5 Berichterstattung

„Die Kommunikation der Prüfungsergebnisse erfolgt in standardisierter Form". Interne Revisoren müssen über die Ergebnisse der jeweiligen Prüfungs- und Beratungsaufträge berichten (IIA-Standard 2400)[57] und die Berichterstattung muss Ziele und Umfang sowie diesbezügliche Schlussfolgerungen, Empfehlungen und Aktionspläne enthalten (IIA-Standard 2410).[58]

Hierzu ist die Definition einer einheitlichen Formatvorlage sinnvoll, die die o. a. Kriterien berücksichtigt, z. B. als Powerpoint-Format, das auf der Titelfolie neben dem Namen der Prüfung auch alle Berichtsempfänger enthält (IIA-Standard 2440),[59] auf der Summary-Seite das Ziel, die in der Prüfung gemachten Feststellungen sowie die daraus abgeleiteten Maßnahmen, auf der vorletzten Seite den

---

[55] Vgl. IIA-Standard 2340: „Die Durchführung der Aufträge ist in geeigneter Weise zu überwachen, um sicherzustellen, dass die Auftrags- und Qualitätsziele erreicht werden ..." (IIA 2009).

[56] In der Checkliste werden der Zweck/das Ziel der Prüfung, Methodik, Art und Umfang der Überprüfung personenbezogener oder -beziehbarer Daten, die betroffenen Bereiche bzw. der betroffene Personenkreis, die Beschreibung des oder der abzufragenden IT-Systeme und Datensammlungen und die benötigten Daten abgefragt, um dem Datenschutzbeauftragten eine Entscheidungsgrundlage zu geben.

[57] Vgl. IIA-Standard 2400: „Interne Revisoren müssen über die Ergebnisse der jeweiligen Prüfungs- bzw. Beratungsaufträge berichten." (IIA 2009).

[58] Vgl. IIA-Standard 2410: „Die Berichterstattung muss Ziele und Umfang sowie diesbezügliche Schlussfolgerungen, Empfehlungen und Aktionspläne enthalten." (IIA 2009).

Maßnahmenüberblick (Aktionsplan) mit den fachseitig Verantwortlichen und auf der letzten Seite Prüfungsdetails (Zeitraum der Prüfung, geprüfte Bereiche, Prüfungsleiter sowie weitere beteiligte Revisoren, etc.) enthält. Dieser Musterprüfungsbericht kann als in Powerpoint-integriertes Tool (.ppx-Tool) jedem Revisor zur Verfügung gestellt werden, die Nutzung dieser Vorlage wird im Rahmen des Berichtsveröffentlichungsprozesses überwacht.

„Es erfolgt eine regelmäßige Information an den Vorstand über die Revisionsaktivitäten" – dieser Anforderung wird durch die Erstellung von Quartalsberichten, in denen die wesentlichen Ergebnisse von Revisionsprüfungen und Maßnahmenumsetzungen, aber auch ggf. bestehender Eskalationsbedarf bei ausbleibenden Aktivitäten zur Erledigung der Feststellungen (siehe dazu auch Abschnitt *Überwachung des weiteren Vorgehens*) berichtet werden, erfüllt. In den Quartalsberichten und im Jahresrevisionsbericht werden darüber hinaus dem Vorstand bzw. der Geschäftsleitung verschobene und nicht mehr durchzuführende Prüfungen der Jahresplanung zur Genehmigung vorgelegt, wie es IIA-Standard 2020 vorschreibt[60] (siehe auch Abschnitt *Leitung der Internen Revision*).

2.2.6 Überwachung des weiteren Vorgehens

„Die Umsetzung der vereinbarten Maßnahmen unterliegt einem standardisierten Monitoring mit Eskalationsprozess". Der Leiter der Internen Revision muss zur Überwachung der Erledigung der Feststellungen ein entsprechendes System entwickeln und pflegen (IIA-Standard 2500),[61] d. h. sicherstellen, dass vereinbarte Maßnahmen wirksam umgesetzt werden oder die Geschäftsleitung das Risiko auf sich genommen hat, keine Maßnahmen durchzuführen (IIA-Standard 2500.A1).[62]

Maßnahmen sind daher exakt zu formulieren und der umsetzenden Fachseite sind im Abschlussgespräch Hinweise zu geben, wie der entsprechende „Sollzustand" aussieht. Ebenso sind die Umsetzungstermine und -verantwortlichkeiten verbindlich festzulegen. Dem Revisor kommt anschließend die Aufgabe zu, diese Maßnahmenumsetzung zeitlich und inhaltlich zu überwachen sowie ausbleibende Rückmeldungen der Fachseite einzufordern und bei Bedarf über den Leiter der Internen Revision zu eskalieren.

---

[59] Vgl. IIA-Standard 2440: „Der Leiter der Internen Revision muss alle zweckmäßigen Parteien über die Ergebnisse informieren." (IIA 2009).

[60] Vgl. IIA-Standard 2020: „Der Leiter der Internen Revision muss der Geschäftsleitung und dem Überwachungsorgan die Planung der Internen Revision ... sowie zwischenzeitliche wesentliche Änderungen zur Kenntnisnahme und Genehmigung berichten." (IIA 2009).

[61] Vgl. IIA-Standard 2500: „Der Leiter der Internen Revision muss zur Überwachung der Erledigung der Feststellungen in den dem Management übergebenen Revisionsberichten ein entsprechendes System entwickeln und pflegen." (IIA 2009).

[62] Vgl. IIA-Standard 2500.A1: „Der Leiter der Internen Revision muss ein Follow-up-Verfahren einrichten, mit dem überwacht und sichergestellt wird, dass vereinbarte Maßnahmen wirksam umgesetzt werden oder die Geschäftsleitung das Risiko auf sich genommen hat, keine Maßnahmen durchzuführen." (IIA 2009).

Sowohl im Rahmen der gesamten Prüfungsdokumentation als auch insbesondere
für die Beschreitung des vorab definierten Eskalationspfades ist eine vollständige
und nachvollziehbare Beschreibung aller Aktivitäten erforderlich; auch hierzu
dient die einheitliche Dokumentation im Prüfungsordner.

3   Bewertung

Durch die dargestellten externen Effekte – insbesondere der Corporate Gover-
nance-Entwicklungen – erfolgt seit einigen Jahren eine Neupositionierung der
Internen Revision, bei der geeignete Normen zur Beurteilung ihrer Angemessenheit zunehmend an Bedeutung gewinnen.[63]

Für die Revision gibt es eine berufsständische Norm, die die Gewähr für die Beachtung gesetzlicher Vorgaben und kapitalmarktorientierter Anforderungen bietet und
darüber hinaus durch den Kodex der Berufsethik[64] und die Darstellung verbindlicher Grundprinzipien[65] einen Rahmen für die Verantwortung interner Revisoren
schafft. Damit existiert bereits eine Grundlage für die Erfüllung von Compliance-
anforderungen. Es liegt also nahe, die Funktionsfähigkeit der Internen Revision,
ihre S-OX-Konformität und ihr compliance-gemäßes Arbeiten anhand dieser
Norm, den Standards des Institute of Internal Auditors, zu überprüfen.

Wichtig ist die konkrete Ausgestaltung der notwendigen Prozesse, die ganz
wesentlich die Qualität und Wirksamkeit dieser Anforderungen determiniert.
Durch eine externe Überprüfung dieser Prozesse lässt sich – durch einen unabhängigen Dritten – nachweisen, ob die entwickelten Abläufe und Verfahren sowie
deren Implementierung wirksam und „state-of-the-art" sind. Hiermit wird deutlich,
dass eine Zunahme der Compliance- und der damit einhergehenden Dokumentationsanforderungen nicht zwangsläufig zu immer neuen Kontrollen führen muss,
sondern dass die Orientierung an vorhandenen Prüfungsmechanismen ausreichend
und ebenso zielführend sein kann.

Grundvoraussetzung hierfür ist allerdings eine sorgfältige und nachvollziehbare
Dokumentation jeder einzelnen Tätigkeit im Rahmen der Planungs- und Prüfungsprozesse sowie die Schaffung geeigneter Instrumente (Regelungen, Prozesse und
prozessunterstützende Tools, Strukturierungsmechanismen und Formulare), um
eine standardisierte Arbeitsweise und deren transparente Kontrolle zu ermöglichen.

Die dargestellte Vorgehensweise kann darüber hinaus auch dem Prüfungsausschuss
als Leitfaden dienen, wenn es um die Bewertung der Funktionsfähigkeit und Wirksamkeit der Internen Revision gemäß § 107 (3) AktG geht.

---

[63]   Vgl. Ameling, T./Bantleon, U.: Handbuch der Internen Revision – Grundlagen, Standards, Berufs-
       stand, Berlin 2007, S. 81.

[64]   Durch den „Code of Ethics" soll eine von ethischen Grundsätzen geprägte Kultur im Berufsstand
       der internen Revisoren gefördert werden.

[65]   Attribut- und Ausführungsstandards des Institute of Internal Auditors, siehe dazu Kapitel 2.

4 Übersicht der Anforderungen und Dokumente

Beispiel für wichtige Elemente der Compliance-Anforderungen an die Interne Revision

Nr	Anforderung	Möglicher Nachweis durch
1	**IIA Standards** Die Revision arbeitet analog zu den Standards des Institute of Internal Auditors (IIA) und des jeweiligen nationalen Institutes für Interne Revision.	Verpflichtungserklärungen aller Mitarbeiter zu den IIA-Standards
2	**Geschäftsauftrag (Charter)** Es gibt ein von der Geschäftsleitung verabschiedetes Regelwerk (Geschäftsauftrag/Charter), das Aufgaben, Rechte und Pflichten der Revision dokumentiert.	Geschäftsauftrag der Internen Revision
3	**Revisionshandbuch (Audit Manual)** Es gibt ein von der Internen Revision verabschiedetes Revisionshandbuch, das die Tätigkeiten und Prozesse der Revision im Unternehmen darstellt.	Revisionshandbuch inkl. Prozessdarstellung
4	**Vorstand/Geschäftsleitung und Audit Committee (Board and AC)** Die Interne Revision ist unmittelbar der Geschäftsleitung unterstellt. Der Leiter der Internen Revision hat unmittelbaren Zugang zum Audit Committee (AC).	Geschäftsauftrag der Internen Revision Unternehmensorganigramm
5	**Datenschutz (Privacy)** Die besonderen Anforderungen, denen die Interne Revision hinsichtlich Datenschutz und Datensicherheit unterliegt, sind in einer mit dem Datenschutzbeauftragten abgestimmten Konzeption dokumentiert, deren Beachtung bei den Prüfungen gewährleistet ist.	Datenschutzkonzept Datensicherheitskonzept Checkliste zur Information/ Beteiligung des Datenschutzbeauftragten

Nr	Anforderung	Möglicher Nachweis durch
6	**Organisatorische Unabhängigkeit (Organizational Independence)** Die Interne Revision ist organisatorisch unabhängig von anderen Funktionen im Unternehmen. Sie trägt gegenüber den geprüften Bereichen keine operative Verantwortung.	Geschäftsauftrag der Internen Revision Unternehmensorganigramm
7	**Prüfungs- und Beratungsrecht (Unrestricted Access)** Die Interne Revision hat ein uneingeschränktes Prüfungs- und Beratungsrecht.	Geschäftsauftrag der Internen Revision
8	**Interne Qualitätssicherung (Internal Quality Assurance)** Eine stetige Qualitätskontrolle ist im Prozess implementiert.	Ordnungsgemäßes Führen der Prüfungsordner Berichtsbegleitbogen
9	**Externe Qualitätssicherung (External Quality Assurance)** Es existieren externe Qualitätselemente, mit deren Hilfe die Qualität der Revision einer unabhängigen Überprüfung unterzogen wird.	Abschlussbericht EQA Auszug Jahresrevisionsbericht
10	**Qualifikation (Qualification)** Die Mitarbeiter sind für ihre Aufgaben fachlich und persönlich ausreichend qualifiziert und bilden sich fort.	Zertifikate über CIA, CISA, usw. Personalentwicklungskonzept
11	**Jahresrevisionsprogramm (Anual Audit Planning)** Es gibt einen standardisierten, risikoorientierten Planungsansatz für die Jahresrevisionsprogramm-Planung. Zusätzlich führt die Revision Ad-hoc-Prüfungen durch.	Revisionshandbuch & Planungsprozess Quartalsberichte Dokumentation Gremienbeschlüsse Lückenlose Dokumentation der Planung
12	**Genehmigung JRP (Approval AAP)** Die Planung wird mit der Geschäftsleitung abgestimmt, dem Abschlussprüfer kommuniziert und durch der Geschäftsleitung genehmigt.	Dokumentation Gremienbeschlüsse Memo über die Vorstellung des Jahresrevisionsprogramms (JRP) beim Wirtschaftsprüfer

Nr	Anforderung	Möglicher Nachweis durch
13	**Budget** Es existiert eine angemessene quantitative und qualitative Sach- und Personalausstattung.	Budgetplanung und -freigabe
14	**Prüfungsdurchführung (Conduct of Audits)** Die Prüfung vor Ort werden nach einem standardisierten Verfahren durchgeführt.	Prozessdarstellung Ordnungsgemäßes Führen der Prüfungsordner
15	**Dokumentation (Documentation)** Die Prüfungstätigkeit und die Ergebnisse werden durch ordnungsgemäßes Führen der Arbeitspapiere lückenlos und nachvollziehbar dokumentiert.	Ordnungsgemäßes Führen der Prüfungsordner Berichtsbegleitbogen
16	**Revisionsbericht (Audit Reports)** Die Kommunikation der Prüfungsergebnisse erfolgt in standardisierter Form.	Musterprüfungsbericht Ordnungsgemäßes Führen der Prüfungsordner
17	**Berichterstattung (Reporting)** Es erfolgt eine regelmäßige Information an den Vorstand über die Revisionsaktivitäten.	Quartalsberichte Jahresrevisionsbericht
18	**Maßnahmenverfolgung (Tracking of Actions)** Die Umsetzung der vereinbarten Maßnahmen unterliegt einem standardisierten Monitoring mit Eskalationsprozess.	Prozessdarstellung Ordnungsgemäße Dokumentation der Maßnahmenverfolgung

Literaturverzeichnis

Ameling, T./Bantleon, U.: Handbuch der Internen Revision – Grundlagen, Standards, Berufsstand, Berlin 2007

Committee of Sponsoring Organizations of the Treadway Commission (COSO): Internal Control – Integrated Framework, Jersey City 1994

Fahrion, H.-J. und Rust, D.: Auswirkungen des Sarbanes-Oxley Act auf die Arbeit der Internen Revision – Vor dem Hintergrund aktueller Entwicklungen im Rahmen des deutschen Corporate Governance Systems, in: Lück, W. (Hrsg.): Anforderungen an die Interne Revision – Grundsätze, Methoden, Perspektiven, Berlin 2009

Glaum, M., Thomaschewski, D., Weber, S.: Die Vorschriften zur Einrichtung und Dokumentation eines internen Kontrollsystems nach Section 404 Sarbanes-Oxley Act: Umsetzung durch deutsche Unternehmen, in: Zeitschrift für internationale und kapitalmarktorientierte Rechnungslegung 2006

Lück, W. (Hrsg.): Risikomanagementsystem und Überwachungssystem. KonTraG: Anforderungen und Umsetzung in der betrieblichen Praxis. Band 5 der Schriftenreihe des Universitäts-Forums für Rechnungslegung, Steuern und Prüfung, Karlsruhe 2001

Paetzmann, K.: Bedeutung der Internen Revision im Rahmen der Reformbestrebungen zur Verbesserung der Corporate Governance, in: Freidank, C.-C., Peemöller, V. H. (Hrsg.): Corporate Governance und Interne Revision, Berlin 2008

Schoberth, J.: Compliance und Revision, in: Lück, W. (Hrsg.): Anforderungen an die Interne Revision – Grundsätze, Methoden, Perspektiven, Berlin 2009

The Institute of Internal Auditors (IIA) (Hrsg.): Internationale Standards für die berufliche Praxis der Internen Revision 2009, Wien 2009

Risk-Control Assurance: Die Rolle der Internen Revision

Prof. T. Flemming Ruud, PhD, WP(N), Dr. oec. HSG Michèle F. Rüdisser, Daniela Schmitz, lic. oec. publ.

1   Einführung

Die Entwicklungen der vergangenen Jahre stellen Unternehmen im Jahr 2010 vor neue Herausforderungen. Die Auswirkungen der Finanz- und Wirtschaftskrise haben nicht zuletzt auch Schweizer Unternehmen stark gebeutelt: Auftragsrückgänge, Gewinneinbrüche und Wertberichtigungen haben ihnen zugesetzt. Die Erfahrungen aus den vergangenen Jahren zeigen, dass diese negativen Auswirkungen oft durch wesentliche Schwachstellen im Risikomanagement sowie in der Internen Steuerung und Kontrolle begründet werden können.

In der Schweiz ist die Aufgabenteilung im Unternehmen partiell gesetzlich geregelt.[1] So bestimmt Artikel 716a des Obligationenrechts (OR)[2] die *unübertragbaren* und *unentziehbaren* Aufgaben des Verwaltungsrats.[3]

---

[1]   International wird zwischen den zwei folgenden Verwaltungsratsmodellen unterschieden: Zum einen das *Trennungsmodell* (Geschäftsführung und Überwachung des Unternehmens sind durch zwei eigenständige Organe getrennt, bspw. Deutschland mit Vorstand und Aufsichtsrat), zum anderen das *Vereinigungsmodell* (ein einziges Organ nimmt Geschäftsführungs- und Überwachungsaufgaben wahr mit Aufgabenteilung in Ausschüssen, bspw. USA mit Board of Directors und Management Board). Der Schweizer Verwaltungsrat enthält Elemente aus beiden Modellen. Gemessen am deutschen System erfüllt der Verwaltungsrat sowohl Strategie-Aufgaben im Sinne der Vorstandsfunktion als auch Überwachungsaufgaben gemäss der Aufsichtsratsfunktion. Für eine ausführliche Gegenüberstellung sei auf Müller-Stewens/Brauer (2009), S. 457-464, verwiesen.

[2]   Das Schweizer Obligationenrecht (OR) entspricht dem Handelsgesetzbuch (HGB) in Deutschland.

[3]   Die *Unübertragbarkeit* bezeichnet das Delegationsverbot an eine untergeordnete Instanz, bspw. an die Geschäftsleitung. Die *Unentziehbarkeit* untersagt der Generalversammlung etwaige Aufgaben dem Verwaltungsrat zu entziehen.

Darin ist der Verwaltungsrat nicht nur verantwortlich für die Oberleitung der Gesellschaft, sondern u. a. auch verpflichtet, die Festlegung der Organisation zu bestimmen, für die Ausgestaltung der Finanzkontrolle und der Finanzplanung zu sorgen und die Oberaufsicht über die mit der Geschäftsführung betrauten Personen zu führen.[4]

Seit dem 1. Januar 2008 ist der Verwaltungsrat gemäss Artikel 663b Ziff. 12 OR zudem verpflichtet, im Anhang zur Jahresrechnung Angaben über die Durchführung einer Risikobeurteilung offen zu legen. Indirekt trägt der Verwaltungsrat damit die Verantwortung für ein dem Unternehmen angepasstes Risikomanagement sowie für die Interne Steuerung und Kontrolle. Die operativen Aufgaben delegiert er meist an die Geschäftsleitung und das Linienmanagement (*First Line of Defense – Risk Ownership and/or Risk Taking*). In der Identifikation, Beurteilung und Handhabung der Risiken werden die Geschäftsleitung und das Linienmanagement von verschiedenen spezialisierten Aktivitäten, z. B. der Risikomanagement-Abteilung, dem Controlling, dem Qualitätsmanagement oder der Compliance-Funktion, unterstützt (*Second Line of Defense – Risk Control*). Diese spezialisierten Steuerungs- und Kontrollaktivitäten wirken andauernd und sind prozessabhängig. In der Regel sind sie der Geschäftsleitung unterstellt. Denen gegenüber stehen prozessunabhängige Prüfungsaktivitäten, wie die Interne Revision. Sie unterstützen den Verwaltungsrat, indem sie die Angemessenheit und die Wirksamkeit der verschiedenen Aktivitäten beurteilen und Verbesserungen vorschlagen (*Third Line of Defense – Risk Assurance*).[5] Abbildung 1-1 zeigt beispielhaft eine entsprechende Unterteilung.

Es wird deutlich: Verschiedene Steuerungs-, Kontroll- und Prüfungsaktivitäten nehmen Aufgaben mit Bezug zum Risikomanagement sowie zur Internen Steuerung und Kontrolle – Risk-Control – wahr. Überdies werden aufgrund neuer gesetzlicher Entwicklungen und allgemeiner Regulierungsbestreben laufend zusätzliche Aktivitäten aus den Bereichen der Risk Control und der Risk Assurance implementiert. Dabei besteht in einer solchen Situation die Gefahr einer schlechten Abstimmung und Zusammenführung der verschiedenen Aktivitäten. Eine solche Abstimmung ist komplex und stellt eine Herausforderung für die Unternehmen dar. Bei genauerer Betrachtung spiegelt sich die *Risk-Control Challenge* wider.

---

[4] Vgl. Rüdisser (2009), S. 25-34.
[5] Vgl. Ruud et al. (2009b), S. 176.

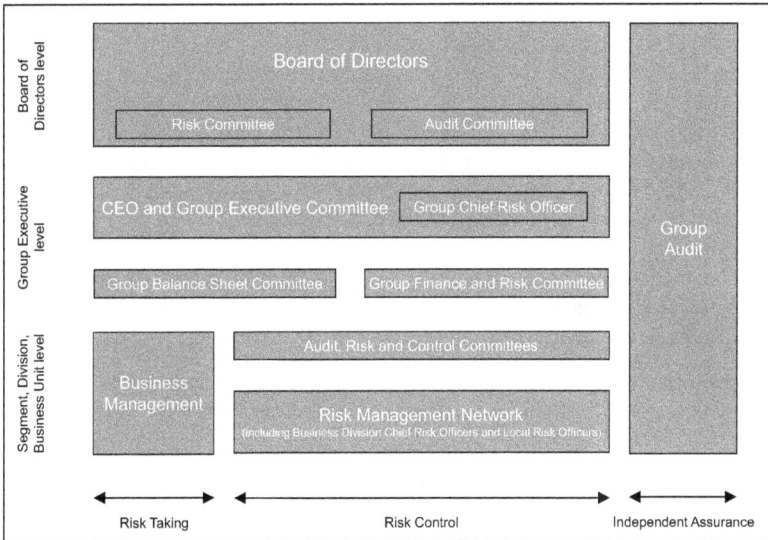

Abb. 1-1: *Different Lines of Defense*[6]

2 Risk-Control Challenge

In ihrer Untersuchung zu den Ursachen der Wertberichtigungen der UBS AG im Zuge der Subprime-Krise kommt die Eidgenössische Bankenkommission (EBK) zu folgendem Schluss:

> *„Zusammenfassend muss das System der Datenerhebung zur Erfassung der relevanten Risiken aus heutiger Sicht als unzulänglich beurteilt werden. Es produzierte zwar eine Vielzahl von Informationen, war aber nicht geeignet, die zur Früherkennung der Gefahr wesentlichen Faktoren hervorzuheben".*[7]

Trotz des unvorhersehbaren Ausmasses der Subprime-Krise sind, aus Sicht der EBK, insbesondere die Strategie-, die Geschäfts- und die Kontrollprozesse der Bank für die Schwachstellen in der Risikoerfassung verantwortlich. Namentlich nennt die EBK ein „unkritisches Vertrauen in die bestehenden Mechanismen zur Risikoerfassung", ein verzerrtes „Rollenverständnis der Kontrolleure", „einzelne Unzulänglichkeiten im Aufbau von Prozessen und Systemen" sowie das „Versagen der Risikomessungs- und Risikosteuerungssysteme" rückblickend als schwerwiegende Versäumnisse der Bank.[8]

---

[6]   Zurich Financial Services Group, Jahresbericht 2008, S. 93.

[7]   Vgl. EBK (2008), S. 2.

[8]   Vgl. EBK (2008), S. 2.

Wie hier am Beispiel der Schweizer Grossbank zeigt sich die Risk-Control Challenge relativ häufig in der unternehmerischen Praxis. Die zahlreichen Aktivitäten, die am Risikomanagement sowie an der Internen Steuerung und Kontrolle beteiligt sind, tragen zur gemeinsamen Erfüllung vorab definierter Unternehmensziele bei. Daraus ergeben sich oftmals Parallelen und Überschneidungen bei der Erfüllung der Aufgaben. Allerdings wird eine entsprechende Abstimmung und/oder Zusammenführung der einzelnen Steuerungs-, Kontroll- und Prüfungsaktivitäten meist nicht ausreichend berücksichtigt. Erschwerend kommen ein unterschiedlicher Wissens- und Erfahrungsstand, verschiedenartige Kompetenzen und eine lückenhafte Kommunikation hinzu. Die in die Prozesse involvierten Personen sehen sich dabei vielfach einem professionellen Wettbewerb gegenüber, was die Abstimmung und Zusammenführung der Aktivitäten zusätzlich beeinträchtigt.

In der Folge ergeben sich nicht nur Doppelspurigkeiten und ungenutzte Synergiepotentiale, sondern vor allem auch gravierende Lücken in den Steuerungs-, Kontroll- und Prüfungsprozessen.

Darüber hinaus ist gleichermassen darauf hinzuweisen, dass der Aspekt der *Steuerung* innerhalb der Aktivitäten nicht vernachlässigt werden darf. Der englische Begriff *Internal Control* beinhaltet nämlich nicht ausschliesslich die *Kontrolle*, also die wortgetreue Übersetzung des englischen Begriffs, sondern umfasst vor allem auch die *Steuerung* im Sinne der Gestaltung erwünschter Ereignisse. Als Folge des meist reduzierten Begriffsverständnisses wird der Fokus oft auf die aufdeckenden und korrigierenden Kontrollaktivitäten gelegt, anstatt ein Gleichgewicht mit den lenkenden und vorbeugenden Steuerungsaktivitäten anzustreben. Während Erstere sich in der Aufdeckung von bestehenden Mängeln und der Einleitung von entsprechenden korrigierenden Massnahmen verstehen, unterstützen Letztere ein erwünschtes Ergebnis bzw. verhindern ein unerwünschtes. Im Rahmen der Risk-Control Challenge ist dies insofern relevant, als dass sich durch den einseitigen Fokus gravierende Lücken ergeben können.[9]

Bei der Lösung der Risk-Control Challenge kann die Interne Revision den Verwaltungsrat und die Geschäftsleitung wesentlich unterstützen. Welche Aufgaben sie dabei wahrnimmt, wird nachfolgend eingehend erläutert.

3   Interne Revision als Risk-Control Assurer

Der Internen Revision kommt bei der Lösung der Risk-Control Challenge eine zentrale Rolle zuteil. Ausgehend von ihren Eigenschaften sowie ihren Aufgabenbereichen kann die Interne Revision als *Risk-Control Assurer* auftreten.

---

[9]   Vgl. Ruud/Rüdisser (2008), S. 33.

Auch wenn letztlich der Verwaltungsrat und die Geschäftsleitung für die wirksame Koordination und Abstimmung zwischen den verschiedenen Steuerungs-, Kontroll- und Prüfungsaktivitäten verantwortlich ist, liegt die Umsetzung häufig beim Leiter der Internen Revision.[10] So gibt die Interne Revision Informationen an andere interne und externe Stellen weiter, die ebenfalls überwachende und/oder beratende Aufgaben wahrnehmen, und koordiniert deren Tätigkeiten.[11]

Für eine wirksame Koordination kann die Interne Revision wie folgt vorgehen: Zunächst ermittelt die Interne Revision die verschiedenen am Risikomanagement sowie an der Internen Steuerung und Kontrolle beteiligten Aktivitäten.[12] Auf Basis dessen kann sie Doppelspurigkeiten, Lücken sowie ungenutzte Synergien identifizieren. Dies ermöglicht es der Internen Revision die Aktivitäten ganzheitlich zu koordinieren, abzustimmen und zusammenzuführen.[13] Dabei kann eine unterschiedlich intensive Abstimmung der verschiedenen Steuerungs-, Kontroll-, und Prüfungsaktivitäten angestrebt werden, welche je nach Gegebenheiten folgende Grade umfasst:

- *Koexistenz.* Zwischen den Aktivitäten besteht zwar ein Informationsaustausch, dies jedoch ausschliesslich hinsichtlich einzelner relevanter Aspekte.

- *Koordination.* Verschiedene relevante Informationen der Aktivitäten werden gezielt zusammengeführt, was eine erste Abstimmung der Aufgabengebiete erlaubt.

- *Kooperation.* Der Informationsfluss zwischen den Aktivitäten ist intensiv und es findet eine kontinuierliche Kommunikation statt. Die Aufgabengebiete werden kooperativ festgelegt und teilweise sogar gemeinsam durchgeführt.

- *Partnering.* Die Steuerungs-, Kontroll-, und Prüfungsaktivitäten arbeiten verzahnt, legen eine einheitliche Zielsetzung fest und erbringen ihre Aufgaben gemeinsam.[14]

Es ist jedoch festzuhalten, dass die Interne Revision nicht in jedem Fall einen maximalen Grad der Abstimmung (d. h. Partnering) zwischen den Aktivitäten anstreben muss. Vielmehr richtet sie sich im Rahmen der Abstimmung nach den spezifischen Gegebenheiten. In diesem Zusammenhang ist nochmals zu betonen, dass Kontrollaktivitäten andauernd und prozessabhängig wirken. Die Prüfungsaktivitäten dagegen sind prozessunabhängig und werden periodisch, situationsbezogen und schwerpunktwechselnd eingesetzt. Letztere beurteilen auch die Kontrollaktivi-

---

[10] Das Institute of Internal Auditors (IIA) hat mit dem International Practice Framework (IPPF) eine strukturelle Grundlage für die Tätigkeit des Internen Revision geschaffen. Dabei werden zwei Verbindlichkeitskategorien unterschieden: *verbindlich* und *ausdrücklich empfohlen.* Als Elemente derer sind an dieser Stelle die verbindlichen *IIA-Standards* sowie die ausdrücklich empfohlenen *Practice Advisories* (PA) zu nennen.

[11] Vgl. IIA-Standard 2050.

[12] Vgl. PA 2050-2, welcher dazu das so genannte „Assurance Mapping" empfiehlt.

[13] Vgl. PA 2050-2.

[14] Vgl. Ruud et al. (2009a), S. 66.

täten. Eine Koordination und Abstimmung mit der Internen Revision selbst kann daher nur soweit erfolgen, dass in jedem Fall deren Unabhängigkeit und Objektivität gewahrt bleibt.

In Abbildung 3-1 sind die unterschiedlichen Aktivitäten vor dem Hintergrund der Risk-Control Challenge beispielhaft dargestellt. In diesem Zusammenhang ist nochmals zu betonen, dass Steuerungs- und Kontrollaktivitäten andauernd und prozessabhängig wirken. Zum einen die prozessabhängigen Steuerung- und Kontrollaktivitäten (*Kreise*) sowie andererseits die prozessunabhängigen Prüfungsaktivitäten (*Pfeile*). Letztere beurteilen auch die Steuerungs- und Kontrollaktivitäten. Wie beschrieben, sind Überschneidungen und Doppelspurigkeiten zu erkennen.

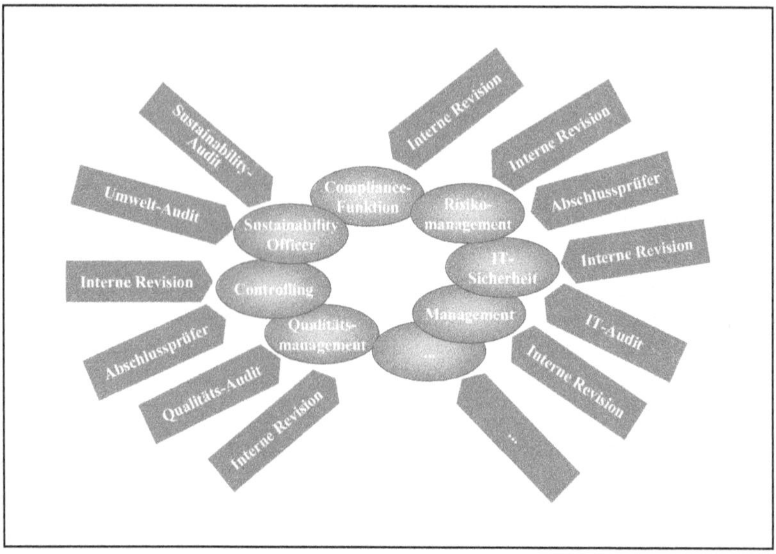

Abb. 3-1: *Unterschiedliche Aktivitäten bei der Risk-Control Challenge*

4 Wegweisende Entwicklungen

Die Interne Revision trägt insofern zu einer Lösung der Risk-Control Challenge bei, als dass sie die verschiedenen Steuerungs-, Kontroll- und Prüfungsaktivitäten zentral abstimmt und damit als *Risk-Control Networker* auftritt. Zusätzlich unterstützt sie den Verwaltungsrat und die Geschäftsleitung durch ihre Rolle als *Global Assurer*. Dadurch vermag sie es, im Rahmen einer *integrierten Assurance* die Wirksamkeit aller am Risikomanagement sowie an der Internen Steuerung und Kontrolle beteiligten Aktivitäten gesamthaft zu beurteilen.

Kernaufgabe der Internen Revision ist die Beurteilung der Governance-, der Risiko-management- sowie der Internen Steuerungs- und Kontrollprozesse.[15] Da innerhalb eines Unternehmens eine Vielzahl an Aufgaben mit Bezug zum Risikomanagement sowie zur Internen Steuerung und Kontrolle wahrgenommen werden, muss die Interne Revision die Beteiligung der einzelnen Aktivitäten jeweils explizit in ihre Beurteilung einbeziehen. Durch eine umfassende Berücksichtigung kann die Interne Revision schliesslich eine ganzheitliche Beurteilung des Risikomanage-ments sowie der Internen Steuerung und Kontrolle (und damit auch der Gover-nance-Prozesse) vornehmen.[16]

Eine wesentliche Herausforderung der Internen Revision in ihrer Rolle als *Global Assurer* besteht dabei in der ganzheitlichen Beurteilung des Risikomanagements sowie der Internen Steuerung und Kontrolle auf Basis vieler Einzelbeurteilungen.[17] Diese sind das Ergebnis der Aufgaben verschiedener Aktivitäten und sind beispiels-weise auf interne Prüfungen, Self-Assessments, Evaluationen oder Arbeiten zurück-zuführen. Für die Interne Revision gilt es nun, die Einzelbeurteilungen, einschliesslich ihrer eigenen Beurteilungen, zusammenzuführen, abzuwägen und darauf bauend ein Gesamturteil zur Wirksamkeit des Risikomanagements sowie der Internen Steuerung und Kontrolle zu formulieren. Durch diese ganzheitliche Beurteilung der Steuerungs-, Kontroll- und Prüfungsaktivitäten einerseits und damit der Gesamtwirksamkeit des Risikomanagements sowie der Internen Steuerung und Kontrolle andererseits, trägt die Interne Revision abermals zur Lösung der Risk-Control Challenge bei.

Es zeigt sich: Die Interne Revision kann dem Unternehmen eine ganzheitliche *inte-grierte Assurance* bieten. Sowohl durch eine zentrale Abstimmung der jeweiligen Aktivitäten als auch durch eine umfassende Beurteilung des Risikomanagements sowie der Internen Steuerung und Kontrolle. Dadurch wiederum leistet die Interne Revision einen wesentlichen Beitrag zur Wirksamkeit der Governance-Prozesse. Adressat der integrierten Assurance ist in erster Linie der Verwaltungsrat, der für das Risikomanagement sowie die Interne Steuerung und Kontrolle verantwortlich ist. Die Interne Revision kann ihm dank der integrierten Assurance eine angemes-sene (jedoch keine absolute) Zusicherung über die Gesamtwirksamkeit des Risiko-

---

15   Vgl. IIA-Standard 2100.
16   Vgl. PA 2050-2.
17   Vgl. PA 2130-1.

managements sowie der Internen Steuerung und Kontrolle bieten. Gleichzeitig kann sie ihm diesbezügliche Schwachstellen aufzeigen und Verbesserungsvorschläge unterbreiten.

Für die Unternehmen kann es wegweisend sein, ob die Interne Revision ihre Rolle angemessen wahrnehmen kann. Gemäss den IIA-Standards 1110 und 1111 ist die Interne Revision – zumindest unter Schweizer Gegebenheiten – direkt dem Verwaltungsrat zu unterstellen. Durch diese hohe organisatorische Eingliederung hat sie einen Überblick über die verschiedenen Aktivitäten, die im Unternehmen am Risikomanagement sowie an der Internen Steuerung und Kontrolle beteiligt sind. Zudem kennt sie diese aus ihrer eigenen Prüfungs- und Beratungstätigkeit und ist in der Lage, diesbezügliche Ineffizienzen, d. h. Doppelspurigkeiten, Steuerungs-, Kontroll- und Prüfungslücken sowie ungenutzte Synergien, auszumachen. Darüber hinaus qualifiziert sich die Interne Revision nicht zuletzt aufgrund ihrer Verpflichtung zu Fachkompetenz und beruflicher Sorgfaltspflicht.[18]

5 Schlussbetrachtung

Wirtschaftlich schwierige Zeiten stellen grosse Anforderungen an das Risikomanagement sowie an die Interne Steuerung und Kontrolle eines Unternehmens. Die Erfahrungen der vergangenen Jahre 2008 und 2009 haben gezeigt, dass in dieser Hinsicht oft gravierende Schwachstellen in den Unternehmen existieren. Steuerungs-, Kontroll- und Prüfungsaktivitäten werden dabei häufig nicht ausreichend in ihrer Gesamtheit betrachtet und beurteilt. Die *Risk-Control Challenge* zeigt auf, dass verschiedene Aktivitäten – auch solche die zahlreiche Parallelen und Überschneidungen aufweisen – nahezu isoliert voneinander bestehen.

Gleichwohl dürfen diese Entwicklungen Unternehmen nicht davon abhalten, Lehren aus den Geschehnissen der vergangenen Jahre zu ziehen. So kann die Interne Revision bei der Lösung der Risk-Control Challenge eine zentrale Rolle übernehmen. Als *Risk-Control Assurer* vermag sie es, die verschiedenen am Risikomanagement sowie an der Internen Steuerung und Kontrolle beteiligten Aktivitäten zentral abzustimmen. Des Weiteren kann sie als *Risk-Control Networker* und *Global Assurer* verschiedene Aktivitäten, und damit einhergehend das Risikomanagement sowie die Interne Steuerung und Kontrolle, in ihrer Gesamtheit beurteilen. Dadurch ist die Interne Revision schliesslich in der Lage, den Verwaltungsrat und die Geschäftsleitung durch eine *integrierte Assurance* ganzheitlich zu unterstützen.

Der Internen Revision ist aufgrund dessen auch im Jahr 2010 und den nachfolgenden Jahren verstärkte Bedeutung zuzumessen. Mit ihren Empfehlungen zur Verbesserung des Risikomanagements sowie der Internen Steuerung und Kontrolle kann sie einen wesentlichen Beitrag leisten, damit ein Unternehmen auch in wirtschaftlich schwierigen Zeiten leistungs- und konkurrenzfähig bleibt.

---

[18] Vgl. IIA-Standards 1210 und 1220.

Literaturverzeichnis

Eidgenössische Bankenkommission (EBK), Subprime-Krise: Untersuchung der EBK zu den Ursachen der Wertberichtigungen der UBS AG, Bern 2008.

Institut für Rechnungswesen, und PricewaterhouseCoopers AG, Wie schneiden Sie ab – Studie über Kontroll- und Prüfungsaktivitäten bei mittelgrossen Unternehmen, Spitälern und Hochschulen in der Schweiz, Zürich 2008.

Institute of Internal Auditors, International Professional Practices Framework, Altamonte Springs, Florida 2009.

Moeller, Robert, Brink's Modern Internal Auditing, 7th edition, New York 2009.

Müller-Stewens, Günter, und Brauer, Matthias, Corporate Strategy & Governance, Stuttgart 2009.

Ruud, T. Flemming, Friebe, Philipp, Schmitz, Daniela, und Rüdisser, Michèle F., Leitlinie zum Internen Audit, 2., überarbeitete und erweiterte Auflage, Zürich 2009a.

Ruud, Flemming, Friebe, Philipp, und Isufi, Shqiponja, Entwicklungen in der Internen und Externen Revision unter Berücksichtigung mittelgrosser Unternehmen, in: Hail, Luzi, Pfaff, Dieter (Hrsg.), Rechnungslegung und Revision in der Schweiz, Zürich 2009b.

Ruud, T. Flemming, und Rüdisser, Michèle F., Wie Unternehmen ausser Kontrolle geraten können, Neue Zürcher Zeitung, 26./27. Januar 2008, Zürich 2008.

Ruud, T. Flemming, und Jenal, Ladina, Internal Control, Der Schweizer Treuhänder, Nr. 12/04, Zürich 2004.

Rüdisser, Michèle F., Boards of Directors at Work: An Integral Analysis of Nontransferable Duties under Swiss Company Law from an Economic Perspective, Dissertation no. 3651, Universität St. Gallen, St. Gallen 2009.

Umsetzung des Artikels 41 der 8. EU-Richtlinie in den EU-Mitgliedstaaten

Internationaler Vergleich und Implikationen für die Interne Revision

Wissenschaftlicher Beirat des Deutschen Instituts für Interne Revision

Prof. Dr. Anne d'Arcy (Universität Lausanne),
Prof. Ulrich Bantleon (Duale Hochschule Baden-Württemberg),
Prof. Dr. Alexander Bassen (Universität Hamburg),
Prof. Dr. Anja Hucke (Universität Rostock),
Prof. Dr. Annette Köhler (Universität Duisburg-Essen),
Prof. Dr. Burkhard Pedell (Universität Stuttgart).

Die Verfasser danken dem European Confederation of Institutes of Internal Auditing, dem Deutschen Institut für Interne Revision e.V. sowie Dr. Peter Dörfler (Volkswagen AG) für ihre Unterstützung.

1   Hintergrund und Motivation

Als regulatorische Reaktion auf zahlreiche Finanzskandale wurden von nationalen und internationalen Standardsettern in den letzten Jahren viele Instrumente der Corporate Governance eingeführt, erweitert und verschärft. Dabei waren erwartungsgemäß insbesondere Themen der externen Governance, wie z. B. Ausweispflichten, Haftung der Leitungs- und Aufsichtsorgane oder auch die Abschlussprüfung betroffen.[1] Mit Artikel 41 der 8. EU-Richtlinie[2] adressiert der europäische Gesetzgeber erstmalig das Verhältnis zwischen einem regulatorisch neu geschaffenen Aufsichtsgremium, dem Prüfungsausschuss, und Komponenten der internen Governance: dem internen Kontrollsystem, der Internen Revision und dem Risikomanagementsystem. Danach hat der Prüfungsausschuss oder das ihn ersetzende Verwaltungs- oder Aufsichtsorgan als Ganzes „die Wirksamkeit des internen Kontrollsystems, gegebenenfalls des internen Revisionssystems, und des Risikomanagementsystems des Unternehmens zu überwachen."[3] Dies gilt für Unternehmen von öffentlichem Interesse.[4] Die Transformation dieser Richtlinie in nationales Recht sollte gemäß Artikel 53 Absatz 1 Satz 1 vor dem 29. Juni 2008 abgeschlossen worden sein.

Ziel des Beitrags ist es, den derzeitigen Stand der Transformation von Artikel 41 Absatz 2b der 8. EU-Richtlinie (insbesondere das Verhältnis zwischen dem Prüfungsausschuss und der Internen Revision) in den EU-Mitgliedstaaten aufzuzeigen und zu analysieren. Dabei werden nationale Besonderheiten herausgearbeitet und ihr Einfluss auf die Funktion der Internen Revision untersucht. Zu diesem Zweck wurde eine fragebogenbasierte Vorgehensweise gewählt. Hierbei wurden die nationalen Institute für Interne Revision, die Mitglied des europäischen Dachverbandes für Interne Revision (European Confederation of Institutes of Internal Auditing (ECIIA))[5] sind, um Angaben zur gesetzlichen Umsetzung von Artikel 41 der

---

[1]   Exemplarisch sei hier für Deutschland auf das Gesetz über die Offenlegung von Vorstandsvergütungen (VorstOG, 2005), das Gesetz zur Unternehmensintegrität und Modernisierung des Anfechtungsrechts (UMAG, 2005), das Transparenzrichtlinie-Umsetzungsgesetz (TUG, 2007), auf das Gesetz zur Begrenzung der mit Finanzinvestitionen verbundenen Risiken (Risikobegrenzungsgesetz, 2008) sowie auf das Gesetz zur Angemessenheit der Vorstandsvergütung (VorstAG, 2009) hingewiesen.

[2]   Richtlinie 2006/43/EG DES EUROPÄISCHEN PARLAMENTS UND DES RATES vom 17. Mai 2006 über Abschlussprüfungen von Jahresabschlüssen und konsolidierten Abschlüssen, zur Änderung der Richtlinien 78/660/EWG und 83/349/EWG des Rates und zur Aufhebung der Richtlinie 84/253/EWG des Rates, Amtsblatt der Europäischen Union v. 9.6.2006, L157/87-107, im Folgenden 8. Richtlinie.

[3]   8. Richtlinie, Artikel 41 Abs. 2b.

[4]   Gemäß Artikel 2 Ziffer 13 der 8. Richtlinie legen die Mitgliedstaaten die genaue Definition eines Unternehmens von öffentlichem Interesse national fest. Dabei handelt sich um Unternehmen, deren Wertpapiere zum Handel auf einem geregelten Markt eines Mitgliedstaates zugelassen sind, Kreditinstitute, Versicherungsunternehmen sowie sonstige Unternehmen, die aufgrund der Art ihrer Tätigkeit, ihrer Größe oder der Zahl ihrer Beschäftigten von erheblicher öffentlicher Bedeutung sind.

[5]   Eine vollständige Liste der ECIIA Mitgliedsinstitute ist unter www.eciia.org verfügbar.

8. Richtlinie und zur aktuellen Praxis in Bezug auf Corporate Governance, Prüfungsausschüsse und Interne Revision gebeten.

Durch die Erhebung der nationalen Besonderheiten wird ein Überblick über die Bandbreite der Ausgestaltungsmöglichkeiten in den EU-Mitgliedsstaaten geschaffen. Die länderübergreifende Analyse erlaubt die Ableitung von Aussagen zum Einfluss unterschiedlicher Faktoren auf die Gestaltungsparameter der Internen Revision und deren Wechselwirkungen. Die Ergebnisse dieser Studie tragen zur wissenschaftlichen Fundierung der Internen Revision bei.

2   Beschreibung der Stichprobe

Im Winter/Frühjahr 2009 wurden alle 32 Institute angeschrieben, die zum damaligen Zeitpunkt Mitglied des ECIIA waren.[6] Dabei handelt es sich um Institute aus EU-Mitgliedsstaaten oder Staaten, die sich bei der Ausgestaltung der Corporate Governance-Systeme an EU-Recht orientieren. Der Untersuchung liegen 15 auswertbare Fragebögen zugrunde, davon 13 aus EU-Mitgliedsstaaten.[7] Die Rücklaufquote beträgt damit 47 %. Gemessen am Bruttoinlandsprodukt deckt diese Untersuchung 75 % der Wirtschaftskraft der Europäischen Union ab.

3   Ergebnisse

3.1   Nationale Transformation der Richtlinie

Obwohl die Vorgaben der 8. Richtlinie in den EU-Mitgliedstaaten bereits vor dem 29. Juni 2008 hätten transformiert sein müssen, geben 40 % der Befragungsteilnehmer an, dass Artikel 41 noch nicht umgesetzt worden sei (Stand: Februar 2009). Neue Entwicklungen, die sich im Rahmen von Gesetzesentwürfen zu diesem Zeitpunkt bereits abzeichneten, wurden in den Antworten der Institute berücksichtigt.[8] Dieses Ergebnis steht in Einklang mit eigenen Untersuchungen der Europäischen Kommission zum Umsetzungsstand der 8. Richtlinie insgesamt.[9]

---

[6] Dies umfasst nicht Bosnien-Herzegowina als 33. Mitgliedsinstitut, das zu Beginn der Erhebung noch kein Mitglied war.

[7] Dabei handelt es sich um Aserbeidschan, Belgien, Dänemark, Deutschland, Estland, Frankreich, Großbritannien und Irland, Litauen, Niederlande, Polen, Spanien, Tschechien, Türkei, Ungarn sowie Zypern.

[8] Dies gilt beispielsweise für die Änderungen des HGB und AktG durch das BilMoG.

[9] Vgl. Europäische Kommission (2009).

3.2   Struktur der Verwaltungs- und Aufsichtsorgane sowie Rolle des Prüfungsausschusses

Die inhaltliche Ausgestaltung des Verhältnisses zwischen Aufsichts- bzw. Verwaltungsorgan einerseits und Interner Revision andererseits dürfte auch von der Organisation des Aufsichts- bzw. Verwaltungsorgans abhängen. Der EU-Rechtsrahmen sieht grundsätzlich zwei Formen von Corporate Governance-Systemen vor. Im einstufigen Verwaltungsratssystem (one tier system) ist die Management- und Überwachungsfunktion in einem Organ zusammengefasst. Innerhalb des Organs werden die einzelnen Funktionen arbeitsteilig nach abhängigen und unabhängigen Mitgliedern verteilt. Dagegen wird die Trennung zwischen Management- und Überwachungsfunktion im zweistufigen Vorstands-/Aufsichtsratssystem (two tier system) explizit auf Organebene vollzogen.[10]

Mit einem Anteil von 66 % dominiert in den Staaten der an unserer Studie teilnehmenden Institute das zweistufige Corporate Governance-System. In drei Staaten (Litauen, Tschechien, Zypern) ist das zweistufige System nur für bestimmte Unternehmen vorgeschrieben. Aus diesem Grund können bei einzelnen Fragen, die Mehrfachantworten zulassen und die zwischen den beiden Corporate Governance-Systemen differenzieren, Summen von über 100 % entstehen.

In 80 % der teilnehmenden Staaten bestehen gesetzliche Verpflichtungen zur Einrichtung eines Prüfungsausschusses. Davon gilt in 58 % dieser Staaten die Einrichtungsverpflichtung uneingeschränkt. In den anderen Fällen ist die Pflicht von verschiedenen Kriterien, wie z. B. Rechtsform, Branche (z. B. Finanzdienstleistungen) oder Trägerschaft (z. B. öffentliche Pensionsfonds) abhängig. Ausgenommen sind stets mittlere bzw. kleine nicht kapitalmarktorientierte Unternehmen. Nur in Deutschland, Großbritannien/Irland und Polen besteht keine gesetzliche Pflicht zur Einrichtung eines Prüfungsausschusses. Dort kann grundsätzlich das Gesamtgremium, also der Aufsichtsrat bzw. Verwaltungsrat, diese Aufgaben übernehmen. Lediglich in Großbritannien/Irland, der einzigen Region, in der diese Option mit einem einstufigen Governance-System verbunden ist, dürfte aufgrund regulatorischer Vorgaben die Einrichtung eines Prüfungsausschusses in der Regel gegeben sein.

80 % der Staaten der Stichprobe sehen bereits Regelungen bezüglich der Anforderungen an Prüfungsausschussmitglieder vor. In Polen und den Niederlanden fehlen diese Regelungen, weil dort zum Zeitpunkt der Erhebung Artikel 41 der 8. Richtlinie noch nicht in nationales Recht umgesetzt worden war. Aserbeidschan regelt diesen Bereich nicht. Nach Aussagen der Befragten stellen sich die Anforderungen für Prüfungsausschussmitglieder wie folgt dar (vgl. Abbildung 3-1):

---

[10]   Beide Aufgaben werden im Aktiengesetz jeweils explizit übertragen – die Leitung und Vertretung dem Vorstand (§§ 76-78 AktG), die formelle und materielle Prüfung dem Aufsichtsrat (§ 111 AktG).

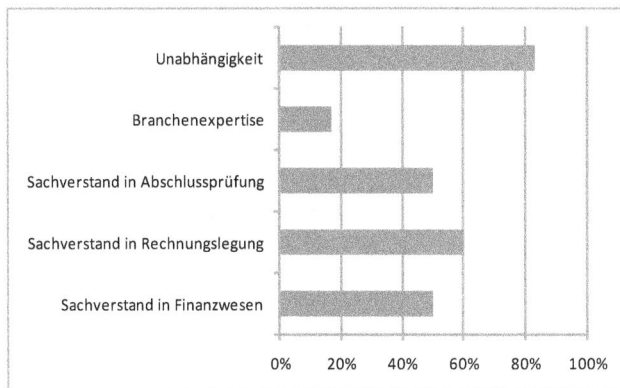

Abb. 3-1: Anforderungen an Prüfungsausschussmitglieder
(Anzahl der Nennungen in Prozent; N = 15)

Nach vollständiger Umsetzung der 8. Richtlinie in allen Mitgliedstaaten müssten mindestens die Anforderungen hinsichtlich des Sachverstands in Finanzwesen, Rechnungslegung beziehungsweise Abschlussprüfung sowie der Unabhängigkeit bei mindestens einem Prüfungsausschussmitglied verlangt sein.

Die Mehrzahl der Staaten der Stichprobe sieht keine Publizitätspflichten hinsichtlich des Prüfungsausschusses vor. Nach Aussagen der Institute ist es jedoch Best Practice, über die Zusammensetzung und Tätigkeit des Prüfungsausschusses im Rahmen der jährlichen Publizität zu berichten.

3.3   Internes Kontrollsystem

Artikel 41 Absatz 2b der 8. Richtlinie sieht vor, dass der Prüfungsausschuss bzw. das ihn ersetzende Organ die Wirksamkeit des Internen Kontrollsystems überwacht. Implizit ergibt sich hieraus eine Pflicht zur Einrichtung eines Internen Kontrollsystems. Gleichwohl werden in der Richtlinie keinerlei Mindestanforderungen an dessen Ausgestaltung formuliert. Insbesondere ist die Einrichtung einer Internen Revision oder eines Risikomanagementsystems im Sinne der Richtlinie nicht zwingend vorgeschrieben.[11]

In knapp drei Viertel der Fälle ist die Einrichtung eines Internen Kontrollsystems für bestimmte Unternehmen gesetzlich verankert. Dies gilt in keinem Fall für mittelgroße oder große Unternehmen, die nicht kapitalmarktorientiert sind. Erfasst werden hingegen Finanzdienstleister und andere Unternehmen von öffentlichem

---

[11]   Davon sind supranationale oder nationale Regelungen, die eine Pflicht zur Einrichtung einer Internen Revision oder eines Risikomanagementsystems für bestimmte Unternehmen vorsehen, unberührt. Zu nennen wäre z. B. § 25a Abs. 1 KWG zu besonderen organisatorischen Pflichten von Kreditinstituten.

Interesse. Gegen den Wortlaut der Richtlinie sieht beispielsweise Großbritannien eine Comply-or-explain-Regel vor.

Die Implementierung eines Internen Kontrollsystems obliegt nach Aussagen der Institute in der Praxis überwiegend dem Management. Nur vereinzelt wird diese Aufgabe durch den Aufsichtsrat wahrgenommen. Vergleichbares gilt für den laufenden Betrieb eines Internen Kontrollsystems, der vor allem bei den großen Industrienationen in alleiniger Verantwortung des Managements gesehen wird. Dagegen sieht etwa die Hälfte der befragten Institute das Management auch in der Verantwortung, das Interne Kontrollsystem zu überwachen. Hier werden zwar zunehmend auch die Kontrollgremien in die Pflicht genommen. Allerdings spiegelt die gegenwärtige Praxis noch nicht den Verpflichtungsgrad wider, der sich aus Artikel 41 Absatz 2b der 8. Richtlinie ergibt.

Auch wenn die Richtlinie die Überwachung der Wirksamkeit des Internen Kontrollsystems durch den Prüfungsausschuss verlangt, stehen für diese Aufgabe nur in Ausnahmefällen Beurteilungskriterien zur Verfügung. Genannt werden von den Instituten beispielsweise der Turnbull Report und das COSO Rahmenwerk.[12] In Litauen gibt es diesbezüglich Hinweise des Finanzministeriums. Diese Ergebnisse zeigen, dass diese Vorgabe der Richtlinie auf nationaler Ebene keine Konkretisierung erfahren hat und deshalb praktische Umsetzungsfragen noch ungelöst sind. Um praktikable Handlungsempfehlungen herausbilden zu können, könnten an dieser Stelle besonders die Institute für Interne Revision meinungsbildend tätig werden.

Derzeit muss in lediglich 40 % der betrachteten Staaten gegenüber Dritten über das Interne Kontrollsystem berichtet werden. Die Pflichten reichen von einem Hinweis über die Durchführung eines Review bis zur Beschreibung der Bestandteile des Internen Kontrollsystems und Aussagen zur Wirksamkeit.

3.4   Interne Revision

Artikel 41 Absatz 2b der 8. Richtlinie sieht eine Interne Revision zwar nicht zwingend vor. Doch gilt es allgemein als Best Practice, eine Interne Revision als wichtigen Bestandteil des Internen Kontrollsystems implementiert zu haben.[13] Daher überrascht es nicht, dass 57 % der befragten Institute eine Interne Revision als unabdingbaren Bestandteil des Internen Kontrollsystems erachten, 36 % messen ihr eine übergeordnete Bedeutung zu. Lediglich ein Institut stuft die Interne Revision als weniger bedeutend ein (vgl. Abbildung 3.2).

---

[12]   Der Turnbull Report von 1999 (Internal Control: Guidance for Directors on the Combined Code) stellt Grundsätze für die Durchführung interner Kontrollen unter dem Combined Code im Vereinigten Königreich auf und wurde im Jahr 2005 überarbeitet (vgl. Financial Reporting Council, www.frc.org). COSO (The Committee of Sponsoring Organizations of the Treadway Commission) in den USA hat im Jahr 1992 ein Rahmenmodell für den Aufbau des Internen Kontrollsystems entwickelt, welches im Jahr 2004 ergänzt wurde (für weiterführende Informationen vgl. www.coso.org).

[13]   Vgl. Arbeitskreis "Externe und Interne Überwachung der Unternehmung" (2006), S. 225.

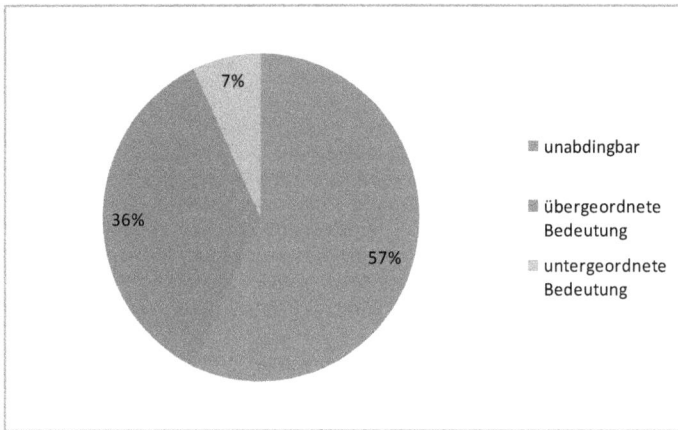

Abb. 3-2: Einschätzung der Bedeutung der Internen Revision innerhalb des Internen Kontrollsystems (N = 14)

Als wesentliche Aufgaben der Internen Revision sehen die befragten Institute mit jeweils gleich hoher Bedeutung die Überwachung des Internen Kontrollsystems, Anschluss- und Auftragsprüfungen sowie Compliance-Prüfungen (vgl. Abb. 3-3). Diese Ergebnisse stehen in Einklang mit früheren Erhebungen auf nationaler und internationaler Ebene.[14] Am Ende der Skala finden sich die Prüfung der Finanzberichterstattung sowie die Analyse und Optimierung von Geschäftsprozessen. Insofern lässt sich die Fokussierung der Kontrollen auf die Finanzberichterstattung, wie sie der US-amerikanische Sarbanes-Oxley Act of 2002[15] vorsieht, mit diesen Aussagen nicht bestätigen.

In Analogie zu den Ergebnissen zur Implementierung des Internen Kontrollsystems ist auch die Implementierung der Internen Revision vorwiegend Aufgabe des Managements. Lediglich vereinzelt wird von den Instituten eine Verantwortlichkeit bei den Kontrollgremien gesehen. Vergleichbares gilt für die Sicherstellung der Funktionsfähigkeit der Internen Revision, die vor allem bei den großen Industrienationen in alleiniger Verantwortung des Managements gesehen wird. Die Überwachung der Internen Revision liegt hingegen bereits heute nach der Einschätzung der Institute mit einer Ausnahme bei den Kontrollgremien.[16]

---

[14]   Vgl. Deutsches Institut für Interne Revision (2005); DIIR/IIA Austria/SVIR (Hrsg.) 2008, S. 13. ECIIA (2008), S. 73ff.

[15]   Vgl. Sec. 404 'Management assessment of internal controls' des Sarbanes-Oxley Act of 2002, One Hundred Seventh Congress of the United States of America (Hrsg.), http://www.law.uc.edu/CCL/ SOact/ soact.pdf, Download am 08.09.2009; vgl. bspw. Möller (2004).

[16]   Dies deckt sich mit den Ergebnissen einer europäischen Expertenbefragung von Hahn/Quick/ Mandre (2008, S. 703), in welcher die Überwachungsaufgabe klar beim Prüfungsausschuss gesehen wird.

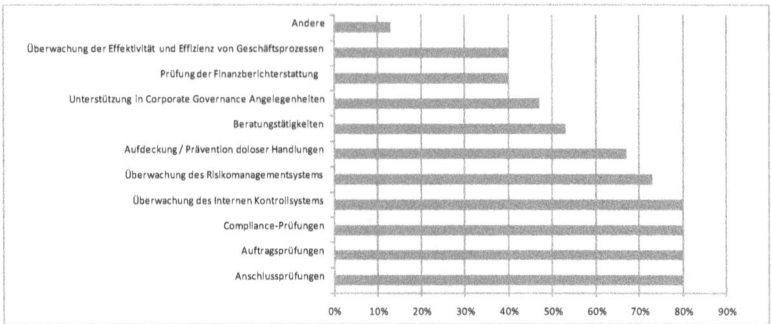

Abb. 3-3: *Einschätzung der wesentlichen Aufgaben und Verantwortlichkeiten der Internen Revision (N = 15)*

Die Befragung zeigt, dass der Interne Revisor zunehmend nicht nur an seine Auftraggeber, d. h. Management bzw. Vorstand, berichtet, sondern auch an die Kontrollgremien, insbesondere an den Prüfungsausschuss. Die Interne Revision trägt aus Sicht fast aller befragten Institute vor allem dadurch zur Effektivität der Prüfungsausschusstätigkeit bei, dass sie die Mitglieder über zentrale Probleme und das Risikoumfeld des Unternehmens auf dem Laufenden hält. Nach Angaben von knapp drei Viertel der Institute informiert die Interne Revision den Prüfungsausschuss über relevante Risiken und Risikomanagementstrategien sowie über neue Entwicklungen der Corporate Governance und Compliance.

Rund die Hälfte der Institute sieht konkrete Möglichkeiten zur Messung der Effektivität der Internen Revision. Diese kann beispielsweise im Rahmen eines Quality Assessment ermittelt werden, das in der Regel auf nationalen und internationalen Standards beruht.[17]

Derzeit muss etwa in der Hälfte der betrachteten Staaten über die Interne Revision gegenüber Dritten berichtet werden, z. B. durch einen entsprechenden Hinweis im Rahmen der jährlichen Publizität.

4   Zusammenfassung und Ausblick

Die Staaten der an dieser Studie teilnehmenden Institute decken drei Viertel der Wirtschaftskraft der Europäischen Union ab; damit erlaubt dieser Beitrag aussagefähige Schlussfolgerungen zum Stand der Umsetzung des Artikels 41 der 8. EU-Richtlinie. Lediglich 60 % der Institute geben an, dass **Artikel 41** bereits **umgesetzt** wurde; dieses Ergebnis deckt sich mit dem Umsetzungsreport der Europäischen Union, nach dem Artikel 41 an der Spitze derjenigen Artikel der 8. Richtlinie steht, die bislang noch am wenigstens umgesetzt wurden.

---

[17]   Vgl. Deutsches Institut für Interne Revision (2002) und (2007).

Im Hinblick auf die grundlegende Ausgestaltung der Corporate **Governance-Systeme** lässt sich feststellen, dass das zweistufige System (two tier system) mit einem Anteil von zwei Dritteln dominiert. Gesetzliche Verpflichtungen zur Einrichtung eines Prüfungsausschusses bestehen in vier Fünfteln der teilnehmenden Staaten; nur in Deutschland, Großbritannien/Irland und Polen ist dies nicht der Fall. Überwiegend existieren auch Regelungen zu den Anforderungen an Prüfungsausschussmitglieder, wobei die Unabhängigkeit der Mitglieder am häufigsten genannt wurde.

Die Einrichtung eines **Internen Kontrollsystems** ist in drei Viertel aller Fälle vorgeschrieben. Die Überwachung des Internen Kontrollsystems ist dagegen noch in relativ geringem Umfang verbindlich geregelt, womit in diesem Punkt noch eine relativ große Umsetzungslücke bei Artikel 41 Absatz 2b besteht. Auch stehen Beurteilungskriterien für die Überwachung des Internen Kontrollsystems bislang nur in Ausnahmefällen zur Verfügung. Es besteht demzufolge eine Chance für die Institute für Interne Revision, aktiv bei der Entwicklung von Gestaltungsempfehlungen mitzuwirken.

Die Einrichtung einer **Internen Revision** ist zwar durch Artikel 41 Absatz 2b nicht explizit vorgeschrieben, sie hat sich aber ganz überwiegend als Best Practice etabliert. Als Aufgabenschwerpunkte der Internen Revision werden am häufigsten folgende Punkte genannt: Compliance-Prüfungen, Auftragsprüfungen und Anschlussprüfungen sowie Überwachung des Internen Kontrollsystems und des Risikomanagementsystems. Dies gibt den Instituten für Interne Revision Hinweise darauf, in welchen Bereichen möglicherweise Schwerpunkte für die Weiterentwicklung von Konzepten und Instrumenten zu setzen sind. Während die Implementierung einer Internen Revision vorwiegend als Aufgabe des Managements gesehen wird, liegt die Überwachung nahezu ausnahmslos bei den Kontrollgremien. Hierfür werden Instrumente benötigt, welche die Effektivität der Internen Revision messen. Die Messbarkeit wird überwiegend positiv eingeschätzt. Hier könnten beispielsweise Instrumente, die für die Durchführung eines Quality Assessments entwickelt wurden, Anwendung finden.[18] Im Hinblick auf die entsprechende Anwendung durch die Kontrollgremien besteht nach unserem Eindruck gleichwohl noch erheblicher Umsetzungsbedarf.

Mit diesen Ergebnissen gibt der Beitrag einen ersten deskriptiven Überblick über den Stand der Umsetzung des Artikels 41 der 8. Richtlinie. Um Aufschlüsse über die Einflüsse verschiedener Faktoren auf die Ausgestaltung der Corporate Governance und insbesondere des Internen Kontrollsystems und der Internen Revision sowie über Wechselwirkungen zwischen diesen zu gewinnen, sind weitergehende Analysen erforderlich.

---

[18]   So beispielsweise der QA-Leitfaden. Vgl. Deutsches Institut für Interne Revision (2007).

Literaturhinweise

Arbeitskreis "Externe und Interne Überwachung der Unternehmung" der Schmalenbach-Gesellschaft für Betriebswirtschaft e.V., Best Practice für die Interne Revision, in: Der Betrieb 59. Jahrgang, 2006, Heft 5, S. 225-229.

Deutsches Institut für Interne Revision e.V. (IIR), IIR-Revisionsstandard Nr. 3 – Qualitätsmanagement in der Internen Revision, in: Zeitschrift für Interne Revision, 2002, S. 214-224.

Deutsches Institut für Interne Revision e.V. (IIR) (Hrsg.), Die Interne Revision – Bestandsaufnahme und Entwicklungsperspektiven, Berlin 2005.

Deutsches Institut für Interne Revision e.V. (IIR), Leitfaden zur Durchführung eines Quality Assessments (QA), 2. überarbeitete Auflage, September 2007, verfügbar auf der Webseite des Deutschen Instituts für Interne Revision, http://www.diir-2009.de/fileadmin/zertifizierung/qa/downloads/QA_Leitfaden_deutsch.pdf, Download am 07.09.2009.

DIIR/IIA Austria/SVIR (Hrsg.), Die Interne Revision in Deutschland, in Österreich und in der Schweiz 2008.

Europäische Kommission, Scoreboard on the transposition of the Statutory Audit Directive (2006/43/EC) from 1st May 2009, verfügbar auf der Website der Europäischen Kommission, http://ec.europa.eu/internal_market/auditing/docs/dir/090501scoreboard_en.pdf, Download am 07.09.2009.

European Confederation of the Institutes of Internal Auditors (ECIIA), Common Body of Knowledge: A State of the Art of the Internal Audit Profession in Europe, April 2008.

Hahn, Ulrich / Quick, Reiner / Mandre, Sharan, Corporate-Governance-Frameworks und Interne Revision – Europäische Regelungsmodelle, in: Der Schweizer Treuhänder, 9/2008, S. 695-706.

Moeller, Robert R., Sarbanes-Oxley and the new internal auditing rules, Hoboken NY, Wiley, 2004.

Qualitätscontrolling in Geschäftsprozessen bei Finanzdienstleistungsinstituten

Univ.-Prof. Dr. Dr. h. c. mult. Horst Wildemann

1   Ausgangssituation und Zielsetzung

Eine Herausforderung bei der Implementierung von neuen Geschäftsprozessen ist die nachhaltige und langfristige Sicherung der erzielten Verbesserungen.[1] Häufig verfallen Mitarbeiter in alte Verhaltenmuster und gewohnte Arbeitsabläufe zurück und gefährden die erreichten Fortschritte. Durch ein praxisorientiertes und kurzfristig umsetzbares Qualitätsmanagementsystem kann dies vermieden werden. Kostensenkungen werden so langfristig gesichert.

Dies erfordert Transparenz im Geschäftsprozessmanagement. Die Schaffung dieser notwendigen Transparenz und die Verankerung des Qualitätscontrollings in der Bank- und Finanzdienstleistungsorganisation erfordert die Entwicklung eines informationsorientierten und handlungsorientierten Qualitätsmanagementsystems. Weiterhin wird ein Instrumentarium zur Lenkung des Organisationsgeschehens erarbeitet. Das Aufzeigen des Qualitätszustandes, um Schwachstellen zu erkennen, ist ebenfalls zwingend erforderlich. Basierend hierauf ist es möglich, Qualitätsverbesserungsmaßnahmen einzuleiten und kontinuierlich zu verfolgen. Dies dient

---

[1]   Vgl. Wildemann (2010b), S. 38.

nicht nur der Motivation aller Mitarbeiter zur Qualitätsleistung, sondern auch der Förderung des Prozessverständnisses und Prozesscontrollings.

Zur langfristigen Sicherstellung von leistungsfähigen Geschäftsprozessen und deren kontinuierlicher Verbesserung ist folglich die Entwicklung eines zielgerichteten Qualitätsmanagements erforderlich.[2]

Die **Zielsetzungen der Entwicklung** lauten im Einzelnen:

* Entwicklung eines pragmatischen und benchmarkingfähigen Qualitätsmanagementsystems und

* Sicherstellung einer angemessenen und dauerhaften Prozessqualität von Geschäftsprozessen.

Zur Modellentwicklung sind übergreifend **Leitlinien** eines Qualitätsmanagementsystems aufzustellen. Diese Leitlinien dienen der zielgerichteten Ausgestaltung des Qualitätsmanagementsystems:[3]

1. *Durchgängigkeit:* Es ist sicherzustellen, dass das Qualitätsmanagementsystem in der gesamten Institutsorganisation durchgängig Einsatz findet. Ein ganzheitliches Qualitätsbewusstsein und Qualitätsdenken bei jedem einzelnen Mitarbeiter ist erforderlich.

2. *Planung, Steuerung und Kontrolle:* Ein ganzheitliches Qualitätsmanagementsystem basiert auf einer systematischen Vorgehensweise. Das Qualitätsmanagement der Geschäftsprozesse erfordert neben dem reinen Prüfen eine Planung und Dokumentation der aufgetretenen Schwachstellen sowie der zur Reduzierung der Schwachstellen eingeleiteten und durchgeführten Maßnahmen.

3. *Kundenorientierung:* Ein Qualitätsmanagementsystem ist ein wichtiges Element zur langfristigen und nachhaltigen Verbesserung der Kundenorientierung. Die Messung der Qualität der Produkte und Leistungen erfolgt vor allem im Banken- und Finanzdienstleistungsbereich an der Zufriedenheit der Kunden.[4] Durch eine Verbesserung der Qualität wird eine nachhaltige Steigerung der Kundenzufriedenheit erreicht.

4. *Zielgerichteter Methodeneinsatz:* Der zielgerichtete Methoden- und Instrumenteeinsatz ist die Grundlage für ein erfolgreiches Qualitätsmanagement. Aus einem Methodenbaukasten sind spezifisch einzelne Methoden auszuwählen, die institutsindividuell ausgestaltet werden müssen und zielgerichtet einzusetzen sind.

---

[2]   Vgl. Wildemann (2010a), S. 11.
[3]   Vgl. Holzner (2006), S. 109ff.
[4]   Vgl. Wildemann (2010c), S. 15.

5. *Messbarkeit und Wirkungstransparenz:* Die Messbarkeit der Prozessabläufe ermöglicht die Identifikation von Schwachstellen. Durch die Schaffung von Transparenz werden Schwachstellen erkannt und es können gezielt Maßnahmen ergriffen werden.

6. *Verhaltensbeeinflussung:* Durch das kontinuierliche Qualitätsmanagement und die Bewusstmachung der Notwendigkeit eines schlanken und fehlerfreien Prozesses ist die Verankerung des Qualitätsgedankens in der Organisation möglich.

2 Entwicklung des Qualitätsmanagementsystems für Geschäftsprozesse

Die Prozessqualität bei Banken und Finanzdienstleistern wird durch Kennzahlen und Key-Performance-Indikatoren an zentralen Messpunkten ermittelt und muss an die Prozessabläufe geknüpft sein. Dies beinhaltet die Festlegung der Zielausrichtung der bestimmten Kennzahl und der Messmethodik zur Erhebung. Erst eine einheitliche und eindeutige Definition von Kennzahlen ermöglicht sowohl einen internen Vergleich als auch ein externes Benchmarking mit ähnlichen Instituten.

Mit dem kontinuierlichen Controlling der Prozessqualität werden die Robustheit der Prozesse und deren Reproduzierbarkeit sichergestellt. Zur nachhaltigen, langfristigen Qualitätsverbesserung sind die Entwicklungen der Prozesszeiten und Prozessfehler über den Zeitverlauf zu überwachen und zu steuern.[5] Andernfalls kommt es lediglich zu zeitlich begrenzten Verbesserungseffekten und nicht zu nachhaltigen Verhaltensveränderungen in der Organisation.

Die Übereinstimmung von Verantwortung und Beeinflussbarkeit muss im Qualitätsmanagementsystem verankert sein. Eine nicht eindeutige Zuordnung der Verantwortung der Qualitätsergebnisse führt zu fehlendem Qualitätsbewusstsein.

Die Basis eines erfolgreichen Qualitätsmanagementsystems stellen die drei Gestaltungsfelder *Qualitätscontrolling-Messsystem, Qualitätscontrolling-Organisation* und *Qualitätscontrolling-Steuerung* dar.[6]

Das QC-Messsystem dient der Schaffung von Transparenz über die Prozessperformance und dem Aufzeigen von notwendigem Handlungsbedarf. Um den ermittelten Handlungsbedarf in Maßnahmen umzusetzen und eine nachhaltige Verbesserung der Qualität zu erreichen, ist die tiefgehende Verankerung des Qualitätsgedankens in der Organisation erforderlich. Die Institutionalisierung des Qualitätsgedankens ist Inhalt des Gestaltungsfelds QC-Organisation. In diesem Gestaltungsfeld erfolgen die Beobachtung der Qualitätsentwicklung sowie die

---

5   Vgl. Schwegmann, Laske (2005), S. 163, 172 und Speck, Schnetgöke (2005), S. 185.

6   Vgl. Fröhlich, Götzl, Wildemann (2009), S. 121ff.

Ableitung von Präventionsmaßnahmen. Die QC-Steuerungsinstrumente beinhalten unterstützende State-of-the-Art-Instrumente und Methoden zur institutsweiten Verbesserung des Qualitätsgedankens und der Orientierung des Instituts an der notwendigen Prozessqualität.

2.1 Qualitätscontrolling-Messsystem

Bestandteil des Gestaltungsfelds „QC-Messsystem" ist ein Kennzahlen- und Messsystem für die zu überwachenden Prozessabläufe. Basis des QC-Messsystems bildet eine pragmatische Erhebung der Kennzahlenwerte, um die Anwenderfreundlichkeit sicherzustellen.[7] Die Darstellung der definierten Kennzahlen zur Messung der Prozessperformance erfolgt in einem Kennzahlenkatalog und soll in der Auswertung und Visualisierung durch eine IT-Lösung unterstützt werden. Durch die Erhebung und Auswertung der definierten Kennzahlen ist eine Leistungsmessung der Prozesse im Institut möglich.[8]

In der Ausgestaltung des erarbeiteten Qualitätscontrolling-Messsystems finden folgende Aspekte Berücksichtigung:

• Einsatz eines Kennzahlensystems zur Sicherung der Prozessqualität und Prozessperformance über das gesamte Institut und die einzelnen Organisationsbereiche.

• Auswertungen nach Prozesstypen und Prozessvarianten sowie nach einzelnen Organisationsbereichen und über verschiedene Zeiträume hinweg.

• Einsatz objektiv messbarer und damit vergleichbarer Kennzahlen.

• Einsatz von Schwellenwerten, die als Zielvorgaben gelten und Handlungen/ Maßnahmen auslösen, falls sich eine Überschreitung der definierten Schwellenwerte zeigt.

• Sicherstellung einer aufwandsarmen, schnellen und einfachen Erhebung und Auswertung der Kennzahlen.

Zur systematischen Betrachtung der Kennzahlen sind passende Darstellungs- und Auswertungsformen zu definieren sowie die Ebenen der Empfänger der Berichte zu definieren und in deren Entwicklung zu berücksichtigen.

Die definierte *Kennzahlensystematik* lässt sich grundsätzlich in die drei Faktoren Mengen, Zeiten und Fehler untergliedern:

• Das *Mengengerüst* stellt die Basis für die Vergleiche zwischen den einzelnen Prozessen dar. Es kann so ein grundsätzlicher Überblick über die Bedeutung eines Prozesses oder einer Prozessvariante gewonnen werden.[9]

---

[7] Vgl. Wildemann (2010b), S. 26ff.

[8] Vgl. Schwegmann, Laske (2005), S. 163, 172 und Speck, Schnetgöke (2005), S. 185.

[9] Vgl. Fröhlich, Götzl, Wildemann (2009), S. 123.

- Um den Faktor *Zeit* zu erfassen, ist eine Untergliederung in die reine Bearbeitungszeit, die Durchlaufzeit und die Liegezeit erforderlich. Die Bearbeitungszeit ist die Zeit, welche real für die Erledigung einer Tätigkeit erforderlich ist. Sie ist zu differenzieren nach verschiedenen Prozessabschnitten sowie nach dem Gesamtprozess. Die Durchlaufzeit ist die Zeit zwischen dem Start einer Tätigkeit und dem Start einer nächsten Tätigkeit bzw. dem Ende des Prozesses. Sie umfasst die Bearbeitungszeit und die Liegezeit und ist meist kundenrelevant, da sie die Wartezeit des Kunden bis zu einer festen Zusage/Vertragsunterzeichnung bestimmt.

- Ein zusätzlicher Faktor ergibt sich durch die in einem bestimmten Zeitraum entstandenen *Fehler* für eine definierte Fehlerart oder Fehlerkategorie. Die Fehlerquote verdeutlicht die Fehleranfälligkeit, also die Robustheit eines Prozesses. Sie ist im Zusammenhang mit der absoluten Fehlermenge ein Indikator für Handlungsbedarf im Rahmen der Prozessgestaltung.

Zur Interpretation der Qualitätscontrollingkennzahlen sind Schwellenwerte zu definieren, welche die institutsindividuelle Beurteilung des Wertes einer Kennzahl ermöglichen. Schwellenwerte sind feste Vorgaben, die in das Messsystem integriert werden müssen. Abweichungen von Schwellenwerten müssen konkrete Handlungen auslösen, die die zukünftige Erreichung des festgelegten Wertes sicherstellen.

Zusätzlich sind *Service-Level-Agreements* zu vereinbaren. Service-Level-Agreements stellen eine bindende Vereinbarung zwischen zwei Organisationseinheiten[10] im Rahmen einer definierten internen Kunden-Lieferanten-Beziehung dar. Zweck von Service-Level-Agreements ist die transparente und controllingfähige Gestaltung wiederkehrender Aufträge. Das Service-Level-Agreement ist i. d. R. wechselseitig gestaltet und dient zur Optimierung der auftretenden Schnittstelle. Beispielhafte Inhalte eines Service-Level-Agreements sind zu erfüllende Zeitvorgaben oder die Auftragsqualität.

Zur *Auswertung und Darstellung der ermittelten Qualitätscontrollingkennzahlen* können unterschiedliche Formen gewählt werden. Diese Auswertungen sind zwingend notwendig, um die Förderung und Nachhaltigkeit der Standardisierung im Prozess darzustellen. Zunächst ist eine grundsätzliche Management-Summary erforderlich, welches die wesentlichen Informationen zusammengefasst darstellt. Neben dieser aggregierten Form ist es notwendig, ausführliche Darstellungen zu wählen, um einzelne Details ermitteln zu können. Dies erlaubt eine konkrete Analyse von Fehlern zur gezielten Ableitung von Handlungsfeldern und konkreten Maßnahmen sowie Methoden und Instrumenten zur Fehlerprävention.

Das Qualitätscontrolling-Messsystem ist auf verschiedene *Empfängerebenen* auszurichten. Insbesondere bei der Gestaltung des Reports ist die Ebene, für die ein Bericht erzeugt wird, zu berücksichtigen, um den entsprechenden Detaillierungsgrad der dargestellten Kennzahlen sinnvoll wählen zu können:[11]

---

[10] Vgl. Haller (2005), S. 132.

[11] Vgl. Fröhlich, Götzl, Wildemann (2009), S. 124.

1. Ebene: Vorstand,

2. Ebene: Regionalleiter, Organisationsleiter,

3. Ebene: Filialleiter,

4. Ebene: Gruppenleiter und

5. Ebene: Mitarbeiter.

Die erarbeiteten Kennzahlen sind für jeden der einzubeziehenden Geschäftsprozesse und Prozessvarianten zu dokumentieren, in einem Kennzahlenkatalog zu
erfassen und ausführlich zu beschreiben.

Um eine genaue Nachvollziehbarkeit der durch die Kennzahl erhaltenen Werte zu
gewährleisten, ist eine eindeutige Definition jeder erarbeiteten Kennzahl anhand
einer Formel hinterlegt. Die detaillierte Darstellung der Performance-Kennzahlen
ermöglicht eine gezielte und prozessspezifische Ableitung von Handlungsbedarfen
und Maßnahmen zur Verbesserung der Prozessperformance.

2.2 Qualitätscontrolling-Organisation

Die QC-Organisation dient der operativen Steuerung und Verantwortung von zuvor
definierten Abläufen im Rahmen einer Kunden-Lieferanten-Beziehung. Ziel ist es,
durch die organisatorische Verankerung in den Banken und Finanzdienstleistungs-
instituten die Prozessqualität und -effizienz nachhaltig zu steigen. Hierzu ist der
Einsatz verschiedener Gestaltungsbausteine möglich.

Es ist zu empfehlen, *Prozessverantwortliche* zu bestimmen,[12] die die Linienverant-
wortung und Qualitätsanforderung der Abläufe verbinden und die kontinuierlichen
Optimierung der Prozesse aktiv fördern. Die Einführung von Prozessverantwortlichen hat die Verbesserung des Fachbereich-übergreifenden Qualitätsverständ-
nisses zum Ziel. Prozessverantwortliche sind Know-how-Träger, Key-User und
Ansprechpartner für Kollegen. Der Prozessverantwortliche übernimmt bereichsintern
und bereichsübergreifend Koordinationsaufgaben für den verantworteten Prozess.
Die Übernahme von Verantwortung beinhaltet beispielsweise die Identifikation von
Optimierungsbedarfen und Optimierungsmöglichkeiten im Prozess. Des Weiteren
dient der Prozessverantwortliche durch die Einbringung von Expertenwissen aus
dem operativen Tagesgeschäft als Berater für die Instituts-Organisation bei der
kontinuierlichen Verbesserung und Neugestaltung von Prozessabläufen.[13] Durch
das Konzept des Prozessverantwortlichen werden Informationsdefizite an organisatorischen Schnittstellen vermindert und Abteilungsgrenzen überwunden. Es wird
sichergestellt, dass der jeweilige zugeordnete Prozess kontinuierlich überwacht
wird.[14]

---

[12] Vgl. Wildemann (1996a), S. 26.

[13] Vgl. Fröhlich, Götzl, Wildemann (2009), S. 126.

[14] Vgl. Wildemann (1996a), S. 17.

Weiterhin können *Prozesszirkel* einberufen werden. Diese stellen einen funktionsübergreifenden Arbeitskreis dar, dessen Aufgabe in der gezielten Verbesserung der Abläufe liegt. Im QC-Zirkel werden Maßnahmen zur Senkung der Prozessfehler oder zur Verbesserung der Prozesszeiten erarbeitet. Die Beauftragung des QC-Zirkels kann je nach Organisation beispielsweise vom Top-Management oder auch von Fachabteilungen erfolgen. Ziel ist die Erarbeitung von Lösungen von insbesondere fachbereichsübergreifenden Qualitäts-Themen. Dazu ist der QC-Zirkel als ein fest in die Organisation implementiertes Gremium auszugestalten, welches prozessorientiert und funktionsübergreifend wirkt. Als eine Ausprägungsform des QC-Zirkels ist die Qualitätsstunde zu sehen.[15]

Die *Qualitätsstunde* stellt ein Instrument dar, um kurzfristig Qualitätsprobleme zu lösen und schnell umsetzbare Verbesserungsansätze zu erarbeiten. Die Qualitätsstunde ist eine Qualitätsrunde, die für die Lösung kleinerer Qualitätsprobleme einberufen wird und deren Ablauf vorab fest definiert und terminiert ist. Merkmal der Qualitätsstunde ist die regelmäßige, 1-stündige Sitzung mit einem fest definierten Ablauf. Für die Ergebnisdokumentation der Sitzung sind ebenfalls formale Standards festgelegt. Wichtig ist die Einbindung der Lösungskapazität aller Betroffenen/Beteiligen. Die Qualitätsstunde setzt sich zusammen aus funktionsübergreifenden Projektteams auf operativer Ebene. Hier steht die Problemlösungsorientierung im Vordergrund. Es können mehrere Gruppen nebeneinander bestehen. Dies ermöglicht die langfristige Sicherung eines kontinuierlichen Verbesserungsprozesses.

Qualitätsberichte bilden den Input für die QC-Sitzungen und erfordern eine Fokussierung auf die jeweiligen Empfänger der Information. Durch die QC-Berichte können verschiedene Qualitätskennzahlen zunächst ausgewählt werden. Abhängig von der Ausprägung der jeweiligen Kennzahl und dem gewünschten Soll-Wert werden basierend auf diesem Ergebnis der konkrete Handlungsbedarf abgeleitet und Maßnahmen zur Verbesserung bestimmt. QC-Berichte dienen zur Selektion und visuellen Aufbereitung von Qualitätskennzahlen. Auf Basis der dargestellten Ergebnisse kann unter Verwendung von QC-Berichten Handlungsbedarf abgeleitet werden.

QC-Sitzungen ermöglichen grundsätzlich eine Verankerung der Bedeutung der Prozessqualität innerhalb der Institutsstrategie. Zur Beschleunigung und zur nachhaltigen Verbesserung der Prozessqualität ist eine Erweiterung um QC-Themen in den Managementsitzungen von hoher Bedeutung. QC-Berichte bilden den Input für QC-Sitzungen und erfordern je nach Teilnehmerkreis eine inhaltliche Fokussierung auf die Empfänger. QC-Sitzungen verankern die Bedeutung der Prozessqualität innerhalb der Institutsstrategie.

---

[15] Vgl. Fröhlich, Götzl, Wildemann (2009), S. 127.

2.3   Qualitätscontrolling-Steuerung

Im Rahmen der QC-Steuerung werden bewährte Methoden und Instrumente des Qualitätsmanagements aus der Industrie auf die Banken und Finanzdienstleistungsinstitute übertragen. Zur optimalen Gestaltung der Steuerung und Förderung der Prozesse ergibt sich ein Methodenbaukasten. Neben der Visualisierung von Zielerreichungsgraden stellen das Ranking zur Ermittlung der besten, aber auch der schlechtesten Performance und Anreizprogramme zur Motivation der Mitarbeiter Methoden zur Qualitätssteuerung dar.

Zunächst ist zu definieren, in welcher Form Qualitätsdaten *visualisiert* und veröffentlicht werden sollen. Hierbei ist eine Unterscheidung in einzelne, detailliert veröffentlichte Kenngrößen und aggregierte Darstellungen von Themenübersichten möglich. Es ist das Medium für eine Veröffentlichung festzulegen. Die Veröffentlichung kann beispielsweise im unternehmenseigenen Intranet oder in Papierform an markanten Kommunikationspunkten („Schwarzes Brett") erfolgen. Zur Darstellung der Ergebnisse eignen sich besonders Visualisierungstafeln oder Ranglisten.[16]

Anreizprogramme zur Qualitätssteuerung stellen ein in der Regel zeitlich begrenztes Qualitätsverbesserungsinstrument dar. Sie dienen der Fokussierung von Themenschwerpunkten und der kurzfristigen Steigerung des Qualitätsbewusstseins. Anreizprogramme zur Qualitätssteuerung folgen dem Prinzip der Motivation durch Belohnung und durch Kommunikation des Erfolgs und können sowohl durch monetäre als auch durch nicht-monetäre Anreize bestimmt sein. Bei der Durchführung eines solchen, zeitlich begrenzten Projekts ist eine Unterstützung durch das Management erforderlich. Ebenso müssen grundsätzlich objektiv messbare und vergleichbare Kriterien zur Bewertung herangezogen werden, um die Motivation der teilnehmenden Mitarbeiter aufrecht zu erhalten.

Das *Ranking* dient der Gegenüberstellung und dem Vergleich von Qualitätskennzahlen zwischen einzelnen Institutsbereichen. Ein Ranking muss monatlich auf unterschiedlichen Ebenen, beispielsweise auf der Filialebene, stattfinden. Ein „(Filial-) Ranking" stellt ausgewählte Performance-Indikatoren zwischen einzelnen Institutsbereichen dar und sollte in regelmäßigen Zeitabständen erfolgen.[17] So können in das Ranking z. B. die Fehlerquote und der Vertriebserfolg einfließen. Mit dem Ranking wird der interne Wettbewerb gefördert und das Leistungsniveau einzelner Bereiche wird vergleichbar und transparent. Ziel ist die Stärkung des internen Wettbewerbs und die Nutzung des Vergleichs für die Verteilung von Anreizen wie beispielsweise Boni zwischen den Rankingteilnehmern. Grundsätzlich erfolgt eine regelmäßige Veröffentlichung des Ranking. Es empfiehlt sich, zusätzlich das Ranking in einzelne Berichte einzubinden, die den entsprechenden Vorgesetzten (Filialleiter, Bereichsleiter, Vorstand) periodisch vorgelegt werden.

---

[16]   Vgl. Wildemann (1996b), S. 946ff.

[17]   Vgl. Fröhlich, Götzl, Wildemann (2009), S. 130.

Für die Akzeptanz und damit den Erfolg der erläuterten Methoden und Instrumente in der Praxis ist die Erzielung von Quick-Wins von besonderer Bedeutung. Dieser Erfolgsfaktor ist bei der konkreten Ausgestaltung des Konzepts in der Praxis zu berücksichtigen.

3 Empirische, fallstudienbezogene Begründung des Modells

Ein Test des entwickelten Konzepts erfolgte in fünf Instituten:

- Institut 1: Es handelt sich um ein Institut mit einer Bilanzsumme von 550 Mio. EUR und 10 Geschäftsstellen/Filialen.

- Institut 2: Es handelt sich um ein Institut mit einer Bilanzsumme von 810 Mio. EUR und 25 Geschäftsstellen/Filialen.

- Institut 3: Es handelt sich um ein Institut mit einer Bilanzsumme von 2.600 Mio. EUR und 29 Geschäftsstellen/Filialen.

- Institut 4: Es handelt sich um ein Institut mit einer Bilanzsumme von 727 Mio. EUR und 24 Filialen/Geschäftsstellen.

- Institut 5: Es handelt sich um ein Institut mit einer Bilanzsumme von 3.500 Mio. EUR und über 40 Filialen/Geschäftsstellen.

Die Untersuchung der Ausgangssituation des Finanzdienstleistungsinstituts wurde charakterisiert durch die Prozessabläufe innerhalb des Finanzdienstleistungsinstituts, vorherrschende Rechtliche Rahmenbedingungen und die Möglichkeit der Prozessunterstützung sowie der Auswertung der Prozessperformance durch die IT.

Die Ausgangssituation zeigt in allen Instituten einen erhöhten Zeitbedarf für die einzelnen Prozessabläufe und eine hohe Anzahl der im Geschäftsprozess vorhandenen Schnittstellen. Es liegen Fehlerquoten von bis zu 50 Prozent vor. Die hohen Fehlerquoten führen zu umfangreichen Nachfragen und einer hohen Anzahl an Rückschleifen. Es wurde ein eher geringer Standardisierungsgrad in den Prozessabläufen festgestellt. Die institutsinterne Durchführung von Geschäftsprozessen orientiert sich an Eckpunkten. Die Ausgestaltung der Prozesse im Detail erfolgt zwischen verschiedenen Mitarbeitern oftmals unterschiedlich. Eine Standardisierung und Vereinheitlichung in den Abläufen bietet noch erhebliches Potenzial.

Zur Kennzahlendefinition auf Gesamtbank- und Filialebene im Rahmen des Gestaltungsfelds „QC-Messsystem" erfolgt eine Unterscheidung von Geschäftsprozessen im Aktiv-Bereich und Geschäftsprozessen im Passiv-Bereich. Die institutsindividuelle Auswahl von Kennzahlen aus dem definierten und einheitlichen Kennzahlenkatalog zeigt, dass der Schwerpunkt hierbei im Aktiv-Bereich liegt.

Institut	Individuelle Kennzahlen	
Institut 1	Aktiv-Prozesse	131
	Passiv-Prozesse	99
Institut 2	Aktiv-Prozesse	165
	Passiv-Prozesse	21
Institut 3	Aktiv-Prozesse	169
	Passiv-Prozesse	0
Institut 4	Aktiv-Prozesse	24
	Passiv-Prozesse	15
Institut 5	Aktiv Prozesse	5
	Passiv Prozesse	0

Abb. 3-1: *Kennzahlenauswahl der Institute*

Die Kennzahlenauswahl beinhaltet neben der Messung der Stückzahlen und der Zeit vor allem die Beobachtung der Fehlerwerte. Fehlerkennzahlen stellen etwa 65 Prozent der ausgewählten Kenngrößen dar. Die Messung der Fehler sowohl in Fehlerhauptkategorien als auch in Detailfehlerkategorien erlaubt bereits nach der ersten durchgeführten Erhebung der Kennzahlen eines Monats die gezielte Bestimmung der Fehlerursache und der Ableitung von Maßnahmen zur Fehlerreduzierung. Bereits im Rahmen der nächsten Auswertung wurde eine deutliche Reduzierung der Fehlerquote von bis zu 25 Prozent sichtbar. Über mehrere Monate hinweg ergibt sich eine sukzessive Reduzierung der Fehlerquote und damit eine erhebliche Verbesserung von Bearbeitungs- und Durchlaufzeiten der einzelnen Geschäftsprozesse.

Die Ausgestaltung der „**QC-Organisation**" zeigt, dass insbesondere die Einführung von Prozessverantwortlichen, die Durchführung von Prozesszirkel/QC-Zirkel, die Erstellung von QC-Berichten und das Einberufen von QC-Sitzungen in allen Instituten von hoher Bedeutung sind.

Da der Prozessverantwortliche ein nicht zu vernachlässigender Erfolgstreiber sowohl bei der Identifikation als auch bei der Umsetzung von Qualitätsmaßnahmen ist, ist es besonders relevant, dass ein fachlich erfahrener Mitarbeiter ausgewählt wird. Der Prozessverantwortliche muss Unterstützung und Beratung bei Veränderungen und Ausgestaltung von Prozessabläufen bieten können und für neue Ideen und Prozessverbesserungen aufgeschlossen sein. Eine wesentliche Herausforderung ist es, die Aufgabe so zu vergeben, dass diese parallel zum Tagesgeschäft durchgeführt werden kann. Es ist eine Funktionserweiterung und gegebenenfalls Entlastung von weiteren, zusätzlichen Aufgaben erforderlich. Es ist empfehlenswert, die Aufgaben einer Prozessverantwortung in der Zielvereinbarung des Mitarbeiters zu berücksichtigen. Wesentliche Erfolgsfaktoren bei der Einführung eines Prozessverantwortlichen sind die Einbindung des Prozessverantwortlichen in die bestehende Organisationsstruktur und die eindeutige Abgrenzung der Kompetenzen des Prozessverantwortlichen.

Die Durchführung von Prozesszirkeln erfolgt sinnvollerweise in einem Kernteam von 4-6 Mitarbeitern. Abhängig von den aktuell zu bearbeitenden Themen ist eine fallweise Ergänzung um Spezialisten zielführend. Ein erfolgreicher Einsatz eines Prozesszirkels erfordert dessen fachübergreifende Zusammensetzung. Auch ist sicherzustellen, dass auf eine Unterstützung durch Vorstand, Filialen und Organisationsbereich bei der Lösung zurückgegriffen werden kann. Es hat sich gezeigt, dass ein regelmäßiger Ergebnisreview zu durchgeführten Qualitätsverbesserungsmaßnahmen ebenfalls wesentlicher Erfolgsfaktor ist. Die Mitarbeiter des Prozesszirkels sollten folgende Fähigkeiten aufweisen: Bereitschaft, Prozessveränderungen und Prozessabläufe in Frage zu stellen, hohes Qualitätsverständnis, Kreativität in der Problemlösung, hohe Kommunikationsfähigkeit, Teamfähigkeit und analytisches Verständnis. Die Wahrnehmung der Aufgaben und Funktionen erfolgt parallel zum Tagesgeschäft. Um eine Überlastung der beteiligten Mitarbeiter zu vermeiden, ist im Rahmen der Einführung eines Prozesszirkels der notwendige Kapazitätsbedarf festzulegen und in die Aufgaben der beteiligten Mitarbeiter zu integrieren. Eine wesentliche Herausforderung ist die institutsorientierte, aber auch handlungsorientierte Vergabe von Kompetenzen. Dennoch sind die Kompetenzen des Prozesszirkels eindeutig zu definieren. Es ist empfehlenswert, dass dem Prozesszirkel die Gestaltungsfreiheit bei der Erarbeitung von Lösungsoptionen zu den zu bearbeitenden Qualitätsthemen eingeräumt wird sowie die Kompetenz besteht, die identifizierten Einzelmaßnahmen zu Qualitätsproblemen im Institut umzusetzen.

Der Einsatz einer Qualitätsstunde zur Lösung „kleinerer Qualitätsstandards" basiert vor allem auf der konsequenten Einhaltung des standardisierten Phasenablaufs, der Einhaltung der Zeitvorgaben sowie der standardisierten Dokumentation der Ergebnisse. Es bietet sich folgende Aufteilung an:

- Phase 1 (5 Minuten):

  Problemanalyse/Ist-Datenanalyse, Definition von Messgrößen, Problem zur Lösung im Workshop auswählen

- Phase 2 (20 Minuten):

  Ursachenanalyse, Identifizierung der Bedeutung der Ursachen zum Auftreten des Problems, Festlegung der Hauptursachen

- Phase 3 (5 Minuten):

  Ideenfindung, Erarbeitung von Lösungsansätzen

- Phase 4 (20 Minuten):

  Ausgestaltung der Lösungsansätze, Umsetzung kurzfristiger Maßnahmen, Erstellung Maßnahmenplan, Präsentation der Ergebnisse

Auch die Qualitätsstunde erfordert eine fachübergreifende Zusammensetzung der
Mitarbeiter. So werden die betroffenen Fachbereiche und Mitarbeiter bei der Pro-
blemanalyse und -lösung einbezogen. Dies fördert die Akzeptanz des Qualitätsmanagementsystems in der Organisation. Abhängig von der Themenstellung einer
Qualitätsstunde kann diese Zusammensetzung jedoch variieren. Durch die Vorgabe
einer 1-stündigen Sitzung und die Standardisierung ist der Ablauf genau vorgeschrieben und der Ressourcenbedarf begrenzt. Wesentliche Erfolgsfaktoren sind
der Einsatz eines standardisierten Formblatts zu Verbesserungsvorschlägen, ein
standardisiertes Sitzungsprotokoll, die Anwendung eines Maßnahmenplans und die
regelmäßige Prüfung der Ergebnisse anhand eines Ergebnisreviews.

Der Darstellung der wesentlichen Kennzahlen auf Qualitätsberichten wird von den
Pilotinstituten eine hohe Bedeutung beigemessen. Qualitätsberichte basieren auf
den im QC-Messsystem ausgewählten Kennzahlen. Eine Herausforderung ist es,
die Qualitätsberichte in die bereits bestehende allgemeine Berichtssystematik der
Institute zu integrieren sowie den Detaillierungsgrad der jeweiligen Berichte festzulegen. Um dies zu lösen, ist zunächst ein Abgleich der Qualitätsberichte mit der
bestehenden Berichtssystematik erforderlich. Bestehende Berichte werden einerseits ergänzt, können andererseits aber auch teilweise abgelöst werden. Die Festlegung des Detaillierungsgrads der Kennzahlen in den Berichten ist an der jeweiligen
Empfängerebene auszurichten: Für den Vorstand und die Bereichsleiter sind Kern-
kennzahlen zunächst ausreichend. Die Filialleiter fordern alle Berichte, die die
eigene Filiale betreffen.

Bei der Ausgestaltung von QC-Sitzungen ist auf die bereits im Institut bestehende
Sitzungsstruktur zu achten. Aus Kapazitätsgründen ist es oftmals sinnvoll, keine
neuen, eigenständigen QC-Sitzungen einzuberufen, sondern das Thema Qualität in
bereits bestehende Sitzungen detailliert zu verankern. Eine Erweiterung bereits
bestehender Sitzungen wie beispielsweise der Vorstandsbesprechung, Bereichslei-
terrunde, Abteilungsleiterrunde oder Geschäftsstellenbesprechung um einen gesonderten Agendapunkt „Qualitätsmanagement" zeigte sich erfolgreich. Abhängig von
der Ebene der QC-Sitzung bilden wiederum verschiedene QC-Berichte den Input.
Die gezielte Einbindung des Themas Qualität in die Managementsitzungen betonen die Bedeutung einer hohen Prozessqualität und fördern die Verbreitung des
ganzheitlichen Qualitätsgedankens in der Organisation.

Institut	Umsetzung der Methoden „QC-Organisation"	Bedeutung des Methodeneinsatzes
Institut 1	Prozessverantwortliche	●
	Prozesszirkel/QC-Zirkel	◐
	Qualitätsstunde	◔
	QC-Berichte	●
	QC-Sitzungen	●
Institut 2	Prozessverantwortliche	◐
	Prozesszirkel/QC-Zirkel	◔
	Qualitätsstunde	◔
	QC-Berichte	●
	QC-Sitzungen	●
Institut 3	Prozessverantwortliche	●
	Prozesszirkel/QC-Zirkel	●
	Qualitätsstunde	◔
	QC-Berichte	●
	QC-Sitzungen	●
Institut 4	Prozessverantwortliche	●
	Prozesszirkel/QC-Zirkel	●
	Qualitätsstunde	◔
	QC-Berichte	◐
	QC-Sitzungen	◐
Institut 5	Prozessverantwortliche	◔
	Prozesszirkel/QC-Zirkel	●
	Qualitätsstunde	◔
	QC-Berichte	◔
	QC-Sitzungen	◔

● Hohe Bedeutung   ◐ Mittlere Bedeutung   ◔ Geringe Bedeutung

Abb. 3-2: Bedeutung des Methodeneinsatzes „QC-Organisation"

Für die **„QC-Steuerung"** ist insbesondere die Einführung eines Rankings von besonderer Bedeutung. Anreizprogrammen wird eine mittlere Bedeutung in den einzelnen Instituten zugewiesen.

Institut	Umsetzung der Methoden „QC-Steuerung"	Bedeutung des Methodeneinsatzes
Institut 1	Ranking	●
	Anreizprogramme	◐
	Visualisierung	◕
Institut 2	Ranking	◕
	Anreizprogramme	◕
	Visualisierung	◕
Institut 3	Ranking	◕
	Anreizprogramme	◕
	Visualisierung	◕
Institut 4	Ranking	◐
	Anreizprogramme	◐
	Visualisierung	◕
Institut 5	Ranking	◕
	Anreizprogramme	◕
	Visualisierung	◕

● Hohe Bedeutung   ◐ Mittlere Bedeutung   ◕ Geringe Bedeutung

Abb. 3-3: *Bedeutung des Methodeneinsatzes „QC-Steuerung"*

Durch die Einführung eines kontinuierlichen Prozesscontrollings in den durchgeführten Geschäftsprozessen sowie die Ableitung und Umsetzung von Qualitätsmaßnahmen wird eine erhebliche Verbesserung in den Prozesszeiten und
Prozessfehlern erreicht. Es erfolgt eine Reduzierung der Fehlerquote von bis zu 80
Prozent sowie eine Verkürzung der Bearbeitungszeit von bis zu 30 Prozent.

4 Zusammenfassung und Fazit

Ein Qualitätsmanagementsystem bei Banken und Finanzdienstleistern kann zur langfristigen und nachhaltigen Verbesserung der Kundenorientierung und Kostenposition beitragen. Eine automatische Erhebung von Qualitätskennzahlen erlaubt Service-Level-Agreements, Kompetenzregelungen und die Einhaltung von Managementvorgaben. Stichprobenprüfungen bis hin zu Vollerhebungen von Prozessperformancekennzahlen können gezielt gesteuert und überwacht werden. Die Einhaltung definierter Organisationsregeln und Prozessabläufen wird erreicht. Ein Qualitätsmanagementsystem bewirkt eine langfristige Sicherstellung von leistungsfähigen Geschäftsprozessen und deren kontinuierlicher Verbesserung. Die Schaffung von Transparenz über die Prozessqualität ist eine Voraussetzung zur kontinuierlichen Organisationsentwicklung. Der interne Vergleich oder ein externes Benchmarking ist möglich. Durch die Überwachung von Prozesszeiten und Prozessfehlern im Zeitverlauf werden frühzeitig Fehlentwicklungen aufgedeckt. Es können gezielte Präventionsmaßnahmen ergriffen werden. Auch werden Verhaltensveränderungen bei Mitarbeitern ausgelöst und die „Lernende Organisation" gefördert. Eine Verbesserung der Kundenzufriedenheit und Steigerung der Kundenbindung ist effizient.

Literaturhinweise

Fröhlich, U.; Götzl, S.; Wildemann, H. (2009): VR-Process – Kundenorientierte Optimierung der Geschäftsprozesse. Berlin, München: BVR.

Haller, S. (2005): Dienstleistungsmanagement: Grundlagen, Konzepte, Instrumente. Wiesbaden: Gabler.

Holzner, D. (2006): Zur Wirtschaftlichkeit von Qualitätsmanagementsystemen. München: TCW Transfer-Centrum.

Schwegmann, A.; Laske, M. (2005): Istmodellierung und Istanalyse. In: Becker, J.; Kugeler, M.; Rosemann, M. (Hrsg.): Prozessmanagement: Ein Leitfaden zur prozessorientierten Organisationsgestaltung. Berlin: Springer. S. 155-184.

Speck, M.; Schnetgöke, N. (2005): Sollmodellierung und Prozessoptimierung. In: Becker, J.; Kugeler, M.; Rosemann, M. (Hrsg.): Prozessmanagement: Ein Leitfaden zur prozessorientierten Organisationsgestaltung. Berlin: Springer. S. 185-220.

Wildemann, H. (1996a): Geschäftsprozessorganisation in indirekten Bereichen. In: Wildemann, H. (Hrsg.): Geschäftsprozessorganisation. München: Kommission Produktwirtschaft. S. 13-41.

Wildemann, H. (1996b): Visualisierung als Controlling-Instrument. In: Neue Organisationsformen im Unternehmen, S. 946-952.

Wildemann, H. (2010a): Controlling. Leitfaden für das Controlling von Unternehmensstrukturen, Geschäftsprozessen und als Frühwarnsystem. 17. Auflage. München: TCW Transfer-Centrum (TCW Leitfaden).

Wildemann, H. (2010b): Finanzdienstleister – Leitfaden zur Implementierung schlanker Prozesse und Strukturen. 8. Auflage. München: TCW Transfer-Centrum (TCW Leitfaden).

Wildemann, H. (2010c): Qualitätscontrolling. Leitfaden zur qualitätsgerechten Planung und Steuerung von Geschäftsprozessen. 16. Auflage. München: TCW Transfer-Centrum (TCW Leitfaden).

Nachhaltigkeit in der Implementierung von Strategien und Verbesserungsprogrammen

Dr. Udo Jung

1 Nachhaltige Veränderung – der Maßstab für erfolgreiche Implementierung

Programme zur Steigerung der Unternehmens-Performance sind für die meisten Unternehmen natürlich kein Neuland. Gerade in der Krise sind viele Unternehmen geradezu gezwungen, ihre Performance durch interne Programme zu steigern. Und viele Unternehmen haben gezeigt, wie sich durch solche Programme die Krise erfolgreich meistern lässt. Allerdings muss daran erinnert werden, dass sich der Erfolg solcher Programme zur Verbesserung der Unternehmens-Performance erst nach dem Abschluss der eigentlichen Projektphase erkennen und bewerten lässt. Notwendig ist also vor allem die Nachhaltigkeit dieser Verbesserungsprogramme statt einmaliger Hauruckaktionen bzw. einmaliger Verbesserungseffekte, deren Wirkung nach vermeintlichem Abschluss der Implementierung wieder erodiert. Ziel muss die Verankerung eines sich selbst tragenden Veränderungs- und Verbesserungsprozesses sein. Eine dauerhafte Wertsteigerung muss dabei immer auch die Ansprüche aller relevanten Stakeholder – nicht nur der Anteilseigner – berücksichtigen und muss sich auf nachhaltigen Wettbewerbsvorteilen gründen. Grundsätzlich geht es darum, dass die Unternehmensführung das Heft des Handelns in die eigene Hand bekommt. Dies kann nur gelingen, wenn die Unternehmen einen umfassenden Ansatz zur systematischen Wertsteigerung entwickeln und durchsetzen.

2 Nachhaltige Top-Performer: Bausteine des Erfolgs

The Boston Consulting Group untersucht seit über einem Jahrzehnt die im Blick auf nachhaltige Wertsteigerung erfolgreichsten Unternehmen der Welt und veröffentlicht die Ergebnisse im jährlich erscheinenden Value Creators Report.[1] Dieser Report erschien dieses Jahr zum elften Mal. Ausgehend von der Analyse von 6.300 börsennotierten Unternehmen werden branchenspezifische und branchenübergreifende Wertsteigerungshebel analysiert und „Königswege" zur nachhaltigen Wertsteigerung an konkreten Unternehmensbeispielen vorgestellt. Es ist kein Zufall, dass sich unter den Top Ten der Top-Performer über die Jahre hinweg sehr unterschiedliche Unternehmen – und viele immer wiederkehrende Namen – finden. Die Fähigkeit, den Unternehmenswert nachhaltig zu steigern und den steigenden Erwartungen immer wieder von neuem gerecht zu werden, ist weder an bestimmte Branchen noch Wettbewerbsbedingungen oder Konjunktursituationen gebunden. Die zurückliegende Dekade führt vor Augen, dass nachhaltige Wertsteigerung sowohl in Boom- wie in Doom-Zeiten möglich ist. Erfolgreiche Unternehmen sind – mit Blick auf die Indikatoren für einen bevorstehenden Abschwung – gleichermaßen in der Lage, Krisenphasen zu ihrem Vorteil zu nutzen wie einen allgemeinen Aufschwung.

Die Vermutung, dass die besten Wertschaffer mehr gemeinsam haben als die wiederholten Top-Platzierungen im jährlichen TSR-Ranking, hat BCG dazu veranlasst, die Besonderheiten dieser Unternehmen eingehender zu analysieren. Die Ergebnisse liegen einem integrierten Gesamtkonzept zur nachhaltigen Wertsteigerung zugrunde.[2] In folgender Abbildung werden die zentralen Erfolgsbausteine für nachhaltige Wertsteigerung grafisch dargestellt.

---

[1]   Eric Olsen, Frank Plaschke, Daniel Stelter: *Searching for Sustainability – Value Creation in an Era of Diminished Expectations. The 2009 Value Creators Report,* Oktober 2009

[2]   Vergleiche dazu ausführlich Udo Jung, Carsten Kratz, André Kronimus, Alexander Roos: *Performance Upgrade: Nachhaltige Wertsteigerung. Ein Focus Report der Boston Consulting Group,* September 2008

Wertschaffung / TSR-Ziel erreichen

Performance- Perspektive	Corporate Finance- Perspektive	Kapitalmarkt- Perspektive	
Produktivität und Wachstum steigern, Kapitaleinsatz reduzieren	Geschäftsfelder und Finanzmittel optimal managen	Investorenbasis und externe Erwartungen aktiv steuern	Mitarbeiter mobilisieren

Veränderungen
verankern (PMO)

Baselining – Startpunkt verstehen und Marschrichtung klären

Integriertes Konzept zur nachhaltigen Wertsteigerung

2.1 Richtung geben: Startpunkt verstehen und Marschrichtung klären

Die Abbildung verdeutlicht, dass jeder Ansatz zur nachhaltigen Wertsteigerung zunächst einer klaren Zieldefinition bedarf. Nur: Wann ist ein Unternehmen erfolgreich? Wie lässt sich messen, ob es seinem Anspruch gerecht wird und in seiner Wertsteigerung gut, sehr gut – oder sogar ein Top-Performer ist? Auf die Frage, welche Kennzahl im Unternehmensalltag für eine möglichst pragmatische, dennoch präzise Messung und Steuerung der Wertsteigerung verwendet werden soll, gibt es unterschiedliche Antworten. Entscheidend ist aber weniger die Frage, welche Kenngröße genau verwendet werden soll, als vielmehr die Frage, wie der Unternehmenswert nachhaltig – gemessen an der zugrunde gelegten Kenngröße – gesteigert werden kann. Eine von vielen Unternehmen verwendete Kenngröße ist dabei der Total Shareholder Return. Der TSR beschreibt die Rendite für die Eigenkapitalgeber, also deren relative Wertsteigerung. Im Gegensatz zu Profitabilitäts- und Renditegrößen berücksichtigt der TSR sämtliche Hebel der Wertsteigerung.

Die Antwort auf diese Frage bedarf zunächst einer realistischen Bestimmung des Status quo. Wo stehen wir in unserem Unternehmen heute mit unserer Leistung, mit unserer Wertsteigerung? Im Blick auf die Erwartungen, im Blick auf den weltweiten Wettbewerb? Welche Anforderungen können wir auf Grundlage unserer heutigen Pläne erfüllen? Welche müssen wir erfüllen, um im Wettbewerb mitzuhalten – oder besser noch, um einen Schritt voraus zu sein? Erst auf Basis einer solchen Analyse und „Baseline" kann die Unternehmensführung die gesamte Marschrichtung festlegen und ein angemessenes, ambitioniertes Wertsteigerungsziel für das Unternehmen definieren. Dies ist die notwendige Voraussetzung, wenn es anschließend darum geht, Ziele für einzelne Geschäfte abzuleiten und darauf aufbauend die geeigneten Maßnahmen zu entwickeln und umzusetzen.

Das Wertsteigerungsziel für das Gesamtunternehmen ist der Ausgangspunkt, um daraus die Ziele für die einzelnen Geschäfte abzuleiten. Selbstverständlich müssen bei der Zielableitung auch die Charakteristika der einzelnen Geschäfte berücksichtigt werden, wie ihr Risikoprofil, ihr Wachstumspotenzial und ihre strukturelle Profitabilität. Es wäre falsch, von zwei Geschäften, die sich hinsichtlich ihres Risikos unterscheiden, den gleichen TSR zu fordern. Genauso wäre es unpassend, von einem Geschäft mit geringerem Wachstumspotenzial – aufgrund des Marktumfelds – die gleiche Wertsteigerung aus Wachstum zu fordern wie von einem wachstumsstärkeren Geschäft.

Schließlich ist es entscheidend, dass die Ziele mit der Strategie und der Portfoliorolle der Geschäfte übereinstimmen. So muss von einem als Wachstumstreiber identifizierten Geschäft eine überdurchschnittliche Wertsteigerung aus dem Wachstum, nicht jedoch aus kurzfristig überschüssigem Cashflow gefordert werden. Umgekehrt sollte ein als „Cash Cow" eingestuftes Geschäft nicht den Großteil seiner Wertsteigerung aus Wachstum erbringen müssen.

Aus der von BCG im erwähnten Value Creators Report jahrelang durchgeführten Untersuchung der Top-Performer, die sich kontinuierlich in der Spitzengruppe der besten Wertschaffer platzieren, wird deutlich, dass sie vor allem die beiden bislang skizzierten Schritte exzellent beherrschen: Sie definieren zunächst das dem Unternehmen und seinem Potenzial insgesamt angemessene, ambitionierte, aber machbare Wertsteigerungsziel und übersetzen es sodann für jeden Geschäftsbereich in individuell angemessene Einzelziele.[3] Damit schaffen sie die Grundlage, um die unterschiedlichen Wertsteigerungsfaktoren ihrer Geschäfte konsequent auf das gemeinsame, übergeordnete Ziele auszurichten. Entscheidend ist dabei auch die Verzahnung von Geschäftsstrategien mit der Portfoliorolle von Geschäften – etwa als Wachstumstreiber, als „Finanzierer" für andere Geschäfte oder als zu restrukturierendes Geschäft – und der damit verbundenen Zuordnung von Budgets und bereichsspezifischen Zielen.

2.2 Maßnahmenerarbeitung durch das operative Management

Auf Grundlage dieser Zieldefinitionen für das Gesamtunternehmen müssen dann geeignete Maßnahmen entwickelt werden: Dabei sind die in der Abbildung grafisch dargestellten „drei Säulen" zu berücksichtigen: ein eng geführtes Performance-Management, eine sinnvolle Steuerung des Portfolios und der Finanzmittel und die Berücksichtigung der Investorenperspektive. Wie Einzelmaßnahmen an einzelnen Stellen greifen, in ihrer Wirkung auf das gesamte Unternehmen jedoch beschränkt sind, so können Wertsteigerungsmaßnahmen auf jeder der drei Perspek-

---

[3]   Vergleiche dazu Jochen Röpke: *Die Strategie der Innovation. Eine systemtheoretische Untersuchung der Interaktion von Individuum, Organisation und Markt im Neuerungsprozess*, Freiburg 1977

tiven einzeln ansetzen. Doch erst mit ihrer Integration in ein übergreifendes Gesamtkonzept addieren sich die Effekte zu einem nachhaltigen Performance-Upgrade: der Fähigkeit, sich unter den weltweit besten Wertschaffern auf Dauer zu platzieren.

Im Zusammenhang mit der Maßnahmenentwicklung gilt im Unternehmen die ursprünglich für den juristischen Bereich von dem Staatsrechtler Martin Kriele entwickelte Regel einer „Umkehr der Beweislast".[4] Das heißt: Die Beweislast trägt grundsätzlich derjenige, der eine Veränderung durchsetzen will, nicht derjenige, der die Veränderung ablehnt.

Die zur Zielerreichung erforderlichen Maßnahmen werden zudem idealerweise bottom-up durch das operative Management erarbeitet. Gleichfalls ist es die Aufgabe des operativen Managements, die Voraussetzungen zu benennen, um die geforderten Ziele durch Maßnahmen hinterlegen zu können, falls diese Voraussetzungen nicht gegeben sein sollten. Mitarbeitern und Linienmanagement muss die Möglichkeit eröffnet werden, ihre spezifische Sichtweise sowie ihre Erfahrungen vor Ort einzubringen, um die erforderlichen Realisierungsvoraussetzungen zu benennen und die in ihrem Aufgabenbereich liegenden Beiträge zum Gesamtziel zu leisten. Die Maßnahmenentwicklung erfolgt also sehr stark in Bottom-up-Richtung während die Zielableitung letztendlich eine Top-down-Entscheidung auf Grundlage einer realen Markt- und Wettbewerbsperspektive ist – wenn auch unter Berücksichtigung von bottom-up generiertem Input.

Welche Maßnahmen im Kontext nachhaltiger Wertsteigerungsprogramme nun konkret für die „drei Säulen" zu empfehlen sind, muss für jedes einzelne Unternehmen konkretisiert werden. Prinzipiell gilt aber, dass es einige bewährte Erfolgshebel gibt: Was die „Säule" der Performance-Perspektive angeht, so ist zwar richtig, dass die genauen Umsatz-, Kosten- und Kapitalhebel in ihrer präzisen Ausgestaltung natürlich immer industriespezifisch bzw. auch unternehmensspezifisch sind. So unterscheiden sich die Kostenhebel eines kapitalintensiven Chemieunternehmens von denen eines personalintensiven Dienstleistungsunternehmens sehr deutlich. Die drei Hebel Kostensenkung, Umsatzsteigerung und Verbesserung der Kapitalproduktivität haben jedoch industrieübergreifend Gültigkeit. Insbesondere die sogenannten „weichen" Erfolgsfaktoren einer nachhaltig wirksamen Implementierung sind größtenteils industrieübergreifend relevant.

Die drei grundsätzlichen Hebel sind jeweils im Wissen um die Industrie und das individuelle Unternehmen genauer zu spezifizieren. Die „Säule" der Corporate–Finance-Perspektive sollte das Geschäftsportfolio, die Kapitalstruktur und die Dividendenpolitik optimal managen. Die „Säule" der Kapitalmarkt-Perspektive sollte die Investorenbasis und externe Erwartungen aktiv steuern. Die erläuterte Festlegung von Portfoliorollen für einzelne Geschäfte stellt dabei ein wichtiges Bindeglied zwischen den drei Säulen Performance-, Corporate-Finance- und Kapitalmarkt-Perspektive dar.

---

4   Vergleiche dazu exemplarisch Martin Kriele: *Grundprobleme der Rechtsphilosophie*, Münster 2003

2.3 Realisierungsvoraussetzungen schaffen – Mitarbeiter mobilisieren

Im Bereich der nachhaltigen Wertsteigerung laufen jedoch die bislang dargestellten Schritte der Zieldefinition und der Maßnahmenentwicklung ins Leere, wenn die entscheidende Realisierungsvoraussetzung fehlt: die Mobilisierung der Mitarbeiter. Nachhaltige Wertsteigerung ist kein einmaliger Schnellschuss aus der Hüfte, sondern im Idealfall ein sich selbst tragender Veränderungsprozess, dessen wiederkehrendes Ergebnis permanente Verbesserungen sind.

Ein Unternehmen in der Wertsteigerung kontinuierlich auf den vorderen Rängen zu platzieren, kann nur dann gelingen, wenn auch die entsprechenden Realisierungsvoraussetzungen zur erfolgreichen Umsetzung der entwickelten Maßnahmen gegeben sind. Dabei sind zwei Faktoren entscheidend: Einerseits muss das Unternehmen sicherstellen, dass alle Beteiligten in der Lage und bereit sind, die Ziele und Maßnahmen des Wertsteigerungsprogramms mitzutragen und ihren individuellen Beitrag dazu zu leisten. Darüber hinaus gilt es dafür zu sorgen, dass sämtliche Einzelmaßnahmen und -beiträge im Verbesserungsprozess ineinandergreifen und sich zum übergeordneten Ziel nachhaltiger Wertsteigerung addieren.

Die Motivation und das Management der Mitarbeiter im Rahmen eines ambitionierten Wertsteigerungsprogramms als sogenannten „weichen" Faktor zu vernachlässigen oder nur am Rande zu positionieren, kann „harte" Konsequenzen, gemessen in Zielerfüllung und Zahlen, nach sich ziehen.

Zur Steigerung des Mitarbeiterengagements müssen demnach alle „weichen" und „harten" Faktoren im HR-Management berücksichtigt werden. Die objektiven, „harten" Faktoren umfassen Ziele, Verantwortlichkeiten, Leistungsorientierung und Führungskompetenzen, während die subjektiven, „weichen" Faktoren sich aus Ambitionen, Zusammenarbeit, Anerkennung und persönlicher Führung zusammensetzen. Jede Seite besteht somit aus vier Faktoren, die jeweils paarweise die beiden Seiten einer Medaille bilden. Diese vier Medaillen sind im Einzelnen:

Ziele und Ambitionen

Um das Engagement der Mitarbeiter für ein nachhaltiges Wertsteigerungsprogramm zu erhöhen, muss die Unternehmensführung einerseits Ziele konkret und konsistent definieren, kommunizieren und vorleben. Andererseits muss sichergestellt werden, dass die Mitarbeiter mit ihren persönlichen Ambitionen diese Ziele verstehen, zu diesen Zielen stehen und sehen, dass die Führungsmannschaft vorangeht. Solche gemeinsamen Werte und Vorstellungen über die Unternehmensziele sind Grundvoraussetzungen für Identifikation und Engagement, die über eine reine Ausführung der Vorgaben hinausreichen.

Verantwortlichkeiten und Zusammenarbeit

Eine klare Zuordnung von Aufgabenbereichen, ein Verständnis, wie die eigene Leistung zum Erfolg des Programms und des Unternehmens beiträgt, und Prozesse, die bereichs- und funktionsübergreifende Zusammenarbeit fördern, sind Voraussetzungen, damit der Einzelne seine Fähigkeiten optimal im Team und für das Gesamtunternehmen einsetzen kann. Gleichzeitig müssen die Mitarbeiter aber auch motiviert sein, im Rahmen des nachhaltigen Wertsteigerungsprogramms und darüber hinaus zusammenzuarbeiten. Hierfür sind mehrere Elemente bedeutsam, nicht zuletzt ausreichende Möglichkeiten, die eigenen Talente einzubringen, die deutliche Wahrnehmung, dass die eigene Meinung wertgeschätzt wird, und ein Vertrauensverhältnis zwischen den Mitarbeitern. Nur wenn beide Seiten optimal ausgestaltet sind, ist die Gesamtleistung der Mannschaft und die gegenseitige Wertschätzung am höchsten – trotz oder gerade wegen sehr herausfordernder Zielsetzungen.

Leistungsorientierung und Anerkennung

Eine weitere Dimension, die das Engagement der Mitarbeiter maßgeblich beeinflusst, ist das Zusammenspiel von Leistungsorientierung und persönlicher Anerkennung. Auf der Leistungsseite gilt es sicherzustellen, dass die Vergütung klar an die Leistung gekoppelt ist und schlechte individuelle Leistungen nicht toleriert werden. Die konsequente Ausrichtung des nachhaltigen Wertsteigerungsprogramms auf messbare Zielgrößen bildet hierbei die ideale Basis für ein Performance-Management- und Vergütungssystem für alle Mitarbeiter. Auf der persönlichen Anerkennungsseite müssen die Karrieremöglichkeiten für die Mitarbeiter attraktiv sein, die Entlohnungssysteme tatsächlich zu Höchstleistungen anspornen und gut funktionierende Teams die ihnen zustehende Anerkennung erhalten. Monetäre Anreize sind jedoch bei weitem nicht alles: Die große Bedeutung nichtmonetärer Anerkennung, die klar artikulierte Wertschätzung für jeden einzelnen Mitarbeiter – und zwar über den rein „funktionalen Beitrag" der Mitarbeiter hinaus – wird auf Basis unserer Erfahrungen nach wie vor in vielen Unternehmen deutlich unterschätzt.

Führungskompetenzen und persönliche Führung

Alle Mitarbeiter werden nur dann ihren besten Beitrag bei der Umsetzung des nachhaltigen Wertsteigerungsprogramms liefern, wenn sie zeitnah sorgfältiges Feedback und Anerkennung für ihre Leistung bekommen, wenn sie Hilfe und Unterstützung erhalten, um sich weiterzuentwickeln, und wenn Entscheidungen, die sie betreffen, erläutert und begründet werden. Neben diese objektiven Faktoren treten gleichberechtigt wiederum entsprechende subjektive Faktoren der persönlichen Führung. So ist es wichtig, dass die Mitarbeiter darauf vertrauen können, dass sich ihre Vorgesetzten um ihr Wohlergehen kümmern, dass ihr Feedback ebenfalls erwünscht und gehört wird und dass ihre Zusammenarbeit mit anderen Abteilungen und Bereichen gefördert wird.

Die Mobilisierung der Mitarbeiter zur erfolgreichen Umsetzung des nachhaltigen Wertsteigerungsprogramms erfolgt grundsätzlich in drei Schritten. Zuerst gilt es zu identifizieren, in welchen Bereichen welche Leistungs- und Motivationsfaktoren besonders schwach ausgeprägt sind und wo Maßnahmen somit den höchsten Beitrag zur Zielerreichung bzw. Wertsteigerung liefern können. Darauf aufbauend sind dann die erfolgversprechendsten Interventionsmöglichkeiten auszuwählen und diese schließlich in einem abgestimmten Vorgehen umzusetzen.

Eine Grundlage zur Identifikation der bestehenden Schwachstellen kann ein von BCG entwickeltes und in zahlreichen Projekten erprobtes Diagnosewerkzeug bieten. Es adressiert alle acht Faktoren des Mitarbeiterengagements und enthält unter anderem entsprechende Fragebogen, die von einem repräsentativen Querschnitt der Mitarbeiter bzw. allen Mitarbeitern ausgefüllt werden. Die Auswertung der Befragungsergebnisse liefert dann direkt einen Aufschluss darüber, welche Leistungs- und Motivationsfaktoren im Unternehmen besonders gut und welche besonders schwach ausgeprägt sind. Die Auswertung kann selbstverständlich auf Geschäfts- oder Abteilungsebene heruntergebrochen werden und liefert so detaillierte Auskunft, in welchem Bereich welche Defizite vorliegen. Die Interpretation der Ergebnisse wird dabei maßgeblich durch eine mit dem Fragebogen verbundene Datenbank, die mehr als 150.000 Datenpunkte aus mehr als 400 Projekten beinhaltet, unterstützt. Auf Grundlage der Datenbank können die Ergebnisse direkt auch mit relevanten Benchmarks, z. B. aus der gleichen Industrie, verglichen werden. Die Ergebnisse zeigen dabei häufig eines von zwei Mustern: Entweder zeigt sich ein durchgehendes Defizit auf der Leistungs- oder Motivationsseite über die Faktoren hinweg oder ein gleichmäßiges Leistungs- und Motivationsdefizit in einem speziellen Faktorpaar. In diversifizierten Konzernen mit mehreren unterschiedlichen Geschäften sehen die Mitarbeiter beispielsweise überdurchschnittlich häufig Schwächen bei Leistungsorientierung und Anerkennung. Viele Mitarbeiter sind hier der Ansicht, dass schlechte individuelle Performance nicht ausreichend sanktioniert wird, sondern die Mitarbeiter stattdessen nur auf die üblichen „Abschiebebahnhöfe" versetzt werden. Gleichzeitig kritisiert ein Großteil der Mitarbeiter, dass die Vergütungssysteme nicht konsequent genug an die Leistung gekoppelt sind und damit nicht ausreichend nach Leistung differenzieren bzw. es an Wertschätzung und Anerkennung für überdurchschnittliche Beiträge mangelt.

Nachdem die identifizierten Schwachstellen in eine Rangordnung gebracht worden sind, gilt es für die dringendsten Defizite Lösungen zu erarbeiten und diese in einem abgestimmten Gesamtkonzept zusammenzufassen. Hierbei wird es häufig zu einer Kombination von unternehmensweiten und bereichsspezifischen Maßnahmen kommen. Defizite im Bereich „Ziele" treten z. B. häufig bereichsübergreifend auf, weil die Kommunikation im Unternehmen allgemein wie im Hinblick auf das Wertsteigerungsprogramm nicht funktioniert. Folglich sind hier auch unternehmensweite Maßnahmen angeraten – z. B. eine „Roadshow", die die Gesamtziele und Einzelziele des nachhaltigen Wertsteigerungsprogramms überzeugend erläutert und begründet. Schwächen im Bereich „persönliche Führung" sind hingegen selten im gesamten Unternehmen verbreitet, sondern eher in einem bestimmten

Geschäft oder bestimmten Abteilungen ausgeprägt, in denen es den Führungskräften nicht gelingt, die Mitarbeiter auch persönlich im Prozess der nachhaltigen Wertsteigerung zu motivieren. Solche Schwächen können kurzfristig durch eine entsprechende Schulung der betroffenen Führungskräfte angegangen werden, langfristig werden hierzu jedoch Veränderungen in der Führungskräfteentwicklung selbst oder sogar Führungswechsel erforderlich sein. Je nach identifiziertem Schwächenprofil wird eine Auswahl aus 14 prinzipiellen Maßnahmenpaketen getroffen, die dann jeweils in Abhängigkeit der individuellen Situation des Unternehmens ausgestaltet werden. Was heißt das? Während in einem Großkonzern eine Verbesserung der Kommunikation vermutlich durch eine eher formalisierte Roadshow realisiert werden wird, wird man ein Kommunikationsdefizit in einer einzelnen Abteilung oder einem kleinen Unternehmen eher durch eine verstärkte persönliche Kommunikation der Führungskräfte mit den Mitarbeitern adressieren.

Um die Mitarbeiter im Prozess einer nachhaltigen Wertsteigerung zu motivieren respektive sie darauf vorzubereiten, müssen die ausgewählten Maßnahmenpakete schließlich zeitnah umgesetzt werden. Dabei ist völlig klar, dass die Erarbeitung und Umsetzung des Programms zur nachhaltigen Wertsteigerung nicht erst nach Abschluss der Personalmaßnahmen beginnen kann. Im Gegenteil, das „harte" Programm zur nachhaltigen Wertsteigerung muss parallel durch „weiche" HR-Maßnahmen begleitet werden, bis sämtliche Hürden, die einer erfolgreichen Programmumsetzung im Wege stehen, ausgeräumt sind. Auch nach erfolgreicher Umsetzung der HR-Maßnahmen sollte das Monitoring der acht Faktoren daher nicht ganz zum Stillstand kommen. Zwar ist durch eine verbesserte Aufbau- und Ablauforganisation vielleicht die Voraussetzung auf der Leistungsseite für eine erfolgreiche Zusammenarbeit der Mitarbeiter gelegt worden; ob diese jedoch auch wirklich gelingt, hängt genauso stark vom Grundverständnis und Vertrauensverhältnis der Mitarbeiter auf der Motivationsseite ab, und diese Faktoren können sich über die Laufzeit eines Wertsteigerungsprogramms durchaus verändern.

Fraglos finden sich in jedem Unternehmen eine Vielzahl laufender Maßnahmen und Programme, die eine Leistungssteigerung der Mitarbeiter zum Ziel haben, von Qualifikationsprogrammen bis hin zu Incentivierungsmodellen. In vielen Fällen sind diese Maßnahmen jedoch nicht in eine Gesamtperspektive eingebettet, die eine klare Verbindung von einzelnen Maßnahmen und ihrer Wirkung, gemessen am Wertsteigerungsziel des Unternehmens, herstellt. Genauso fehlt es in der Regel an einem systematisch aufeinander aufbauenden Umsetzungsplan.

Um den optimalen Beitrag aller HR-Maßnahmen zur Umsetzung des Programms zur nachhaltigen Wertsteigerung sicherzustellen, sollten die Maßnahmen zu einem abgestimmten Interventionspfad zusammengefasst werden. Die Basis für die Festlegung des Pfades liefern hierbei wiederum die Ergebnisse der Mitarbeiterbefragung. Der Ausgangspunkt, die Abhängigkeiten zwischen den HR-Maßnahmen, der potenzielle Beitrag der Maßnahmen zur Wertsteigerung und die Prioritäten des Top-Managements bestimmen den einzuschlagenden Pfad. Liegen beispielsweise Defizite in den Bereichen „Leistungsorientierung" und „Anerkennung" vor, da kein vernünftiges Performance-Management-System existiert, so ist es offensichtlich, dass zunächst die Zielgrößen definiert werden müssen, an denen jeder Mitarbeiter gemessen werden soll. Dabei ist darauf zu achten, dass die Zielgrößen so gewählt werden, dass sie dem Einflussbereich des jeweiligen Mitarbeiters entsprechen – für den Produktionsleiter einer Business-Unit könnten dies z. B. Benchmarks bei den Produktionsstückkosten sein. Erst in einem nächsten Schritt kann dann sinnvollerweise ein darauf aufbauendes Vergütungssystem eingeführt werden und erst danach sollte dann die zusätzliche Förderung und Belohnung besonders gut funktionierender Teams angegangen werden.

3   Fazit

Die meisten Unternehmen haben in den vergangenen Jahren erfolgreich interne Programme zur Verbesserung der Unternehmens-Performance durchgeführt. Entscheidend ist jedoch die Nachhaltigkeit solcher Programme. Ob diese Nachhaltigkeit gewährleistet ist, zeigt sich meistens erst am Ende eines solchen Programms zur Performance-Steigerung. Ausgehend von der von BCG seit Jahren durchgeführten Untersuchung sogenannter Top-Performer hat BCG ein Modell für eine nachhaltige Wertsteigerung entwickelt (siehe Abbildung). Auf der Grundlage einer klaren Zielbestimmung umfasst dieses Modell die „drei Säulen" der Performance-Perspektive im engeren Sinne, der Corporate-Finance-Perspektive und der Kapitalmarkt-Perspektive. Alle diese Maßnahmen allein würden jedoch die Nachhaltigkeit des Wertsteigerungsprogramms noch nicht sichern. Die Conditio sine qua non eines nachhaltigen Wertsteigerungsprogramms besteht in der Mobilisierung der Mitarbeiter. Dabei müssen im HR-Management „harte" und „weiche" Faktoren berücksichtigt werden und zwar in vier Dimensionen: Ziele und Ambitionen, Verantwortlichkeiten und Zusammenarbeit, Leistungsorientierung und Anerkennung, Führungskompetenzen und persönliche Führung. Ein von BCG entwickelter Diagnosefragebogen kann diesbezügliche Schwachstellen identifizieren. Lösungen zur Behebung dieser Schwachstellen müssen unbedingt in eine Gesamtperspektive integriert werden, die eine klare Verbindung zwischen einzelnen HR-Maßnahmen und ihrer Wirkung, gemessen am Wertsteigerungsziel, herstellt. In unserer Fallarbeit beobachten wir, dass die meisten Unternehmen nicht an zu wenigen Projekten zur Wertsteigerung, sondern eher an zu vielen Projekten dieser Art leiden. Die Krise darf also nicht zu einem Projekt-Aktionismus führen. Notwendig ist eine fundierte Inventur der bestehenden Projekte: Welche Projekte sind Karteileichen? Welche sind nie implementiert worden und warum nicht? Was lässt sich aus diesem Misserfolg lernen? Dabei machen es sich viele Unternehmen zu einfach, indem sie die Schuldfrage allzu schnell personalisieren und einzelne Mitarbeiter für den Misserfolg verantwortlich machen. Eine Voraussetzung für nachhaltige Implementierungserfolge von Projekten zur nachhaltigen Wertsteigerung ist eine realistische Einschätzung der Fähigkeiten des Unternehmens und insbesondere der Führungskräfte sowie eine entsprechende Diagnose dieser Fähigkeiten *vor* Beginn der Implementierung.

Coopetition – Kooperationsstrategie für den Mittelstand

Neues Wettbewerbsmodell für Wirtschaftsprüfer, Steuerberater und Rechtsanwälte

Prof. Dr. Michael Henke,
WP Univ.-Prof. (em.) Dr. Prof. h.c. Dr. h.c. Wolfgang Lück

1 Kooperative Wettbewerbsbeziehungen (Coopetion) und KMU

Das neue Wettbewerbsmodell von **kooperativen Wettbewerbsbeziehungen (Coopetition)** ist durch die Kombination von **Kooperation (Cooperation)** und **Wettbewerb (Competition)** charakterisiert. Dieses Wettbewerbsmodell wird in der betriebswirtschaftlichen Strategielehre bei der seit Mitte der achtziger Jahre geführten Diskussion über Erscheinungsformen kollektiven strategischen Handelns vernachlässigt. Außerdem werden kleine und mittlere Unternehmen (KMU) in der Betriebswirtschaftslehre schon immer stiefmütterlich behandelt. Die beiden vernachlässigten Themenbereiche Coopetition sowie KMU werden nachfolgend zusammengeführt. Dabei wird geklärt, ob und wie KMU nach dem Beispiel der „Star Alliance" in der Airline-Industrie zusammenarbeiten können. Auf diese Weise sollen ein Beitrag zur Erklärung des neuen Wettbewerbsmodells geleistet und der Mittelstand, insb. die selbständigen Steuerberater, Rechtsanwälte und Wirtschaftsprüfer, für Coopetition als Kooperationsstrategie sensibilisiert werden.

Kleine und mittlere Unternehmen (KMU) haben in der Bundesrepublik Deutschland eine hohe wirtschaftliche Bedeutung. Allerdings sind viele mittelständische Unternehmen wegen der Globalisierung der Märkte und der damit verbundenen Konzentration großer Unternehmen in ihrer Existenz bedroht. Die Insolvenzanalyse verdeutlicht, dass von den Unternehmensinsolvenzen in den letzten Jahren hauptsächlich der Mittelstand betroffen ist.

Vor diesem Hintergrund sind vielfältige Problemstellungen zu lösen, insbesondere müssen kleinen und mittleren Unternehmen betriebswirtschaftliche Orientierungshilfen aufgezeigt werden. In der Diskussion über Überlebenshilfen für den Mittelstand stellt sich sowohl für die Wissenschaft als auch für die Praxis die spezielle Frage, ob Strategische Kooperationen – wie sie z. B. in letzter Zeit im mittelständischen Baustoffhandel zur Verstärkung der Einkaufsmacht eingegangen werden – geeignet sind, die Existenz kleiner und mittlerer Unternehmen zu sichern.

Unternehmenszusammenschlüsse in Form von Kooperationen werden gerade für bisher selbständige Wirtschaftsprüfer, Rechtsanwälte und Steuerberater zu einem immer wichtigeren Thema. Denn viele kleine und mittelgroße Vertreter dieser Berufsstände gelten aufgrund ihrer geringen Größe unter Branchenexperten zukünftig als allein nicht mehr wettbewerbsfähig.

Die immer schneller voranschreitende Konzentration großer Unternehmen zwingt in der marktwirtschaftlichen Ordnung kleine und mittlere Unternehmen, durch Kooperationsverträge ihre Wettbewerbsfähigkeit zu stärken und dadurch einer Verdrängung vom Markt zu begegnen. Sind Kooperationen aber tatsächlich eine geeignete strategische Handlungsoption für Wirtschaftsprüfer, Rechtsanwälte und Steuerberater, um auf die Gefährdungen durch die veränderten wirtschaftlichen Rahmenbedingungen (z. B. Stichworte Frühwarnsysteme, Risikomanagement, Chancenmanagement, Sarbanes-Oxley Act u. a.) erfolgreich reagieren zu können? Diese Frage soll im folgenden Beitrag besonders berücksichtigt werden. Dabei ist grundsätzlich zu klären, ob und wie die offensichtlich geringe Kooperationsbereitschaft und geringe Kooperationsfähigkeit von kleinen und mittleren Unternehmen gesteigert werden können.

2 Kooperationsbereitschaft von KMU

Die Bereitschaft zum Eingehen Strategischer Kooperationen ‚mit der Konkurrenz' ist insbesondere bei kleinen Familienbetrieben gering. Die Steigerung dieser Bereitschaft setzt generell zunächst einen Abbau von Kooperationshemmnissen voraus. Die Kooperationshemmnisse resultieren im Wesentlichen aus einem traditionellen unternehmerischen Selbstverständnis, aus der abschreckenden Wirkung einer Vielzahl von gescheiterten Kooperationen sowie aus der unzureichenden strategischen Ausrichtung vieler kleiner und mittlerer Unternehmen. Die Potentiale von Coopetition zum Abbau dieser Kooperationshemmnisse sind hoch: die Chancen von Coopetition zur Erhöhung der Kooperationsbereitschaft überwiegen die damit verbundenen Risiken deutlich.

Für Coopetition ist es von besonderer Bedeutung, ‚in Ergänzungen' zu denken: „In Ergänzungen denken ist eine andere Denkungsart über das Geschäft. Es geht dabei darum, Wege zur Vergrößerung des Kuchens zu finden, statt nur mit Konkurrenten um einen Kuchen hingenommener Größe zu streiten."[1] *Nalebuff / Brandenburger*, die den Coopetition-Begriff geprägt haben, folgen dabei einem spieltheoretisch fundierten Denken, mit dem Konkurrenzdruckvorteile und Kooperationstendenzen verbunden werden sollen; die Idee von ‚Geschäftsleben als Krieg' zwischen Wettbewerbern entspricht nicht immer der Realität.

Die Anbieter von Komplementen, von ergänzenden Produkten und Dienstleistungen werden von *Nalebuff / Brandenburger* als Komplementoren bezeichnet, die gemeinsam mit Lieferanten, Konkurrenten und Kunden das sog. Wertenetz eines Unternehmens bilden. Anbieter von Würstchen und Senf stellen ein einfaches Beispiel für Komplementoren dar. Zwischen den einzelnen Elementen eines Wertenetzes existieren differenzierte Beziehungen: ein Lieferant, ein Kunde und / oder ein Partner eines Unternehmens ist gleichzeitig auch Hauptkonkurrent. Zwei einfache Beispiele hierfür:

- zwei konkurrierende Biotechnologie-Unternehmen, die in der Wirkstoffentwicklung zusammenarbeiten;

- miteinander im Wettbewerb stehende Wirtschaftsprüfungsgesellschaften können bspw. bei der Aus- und Weiterbildung sowie bei der Betreuung ausländischer Mandanten kooperieren.

Die Beobachtung und die gleichzeitige Beachtung dieses ‚Geschäftsspiels' sind für die Wettbewerbsfähigkeit und für den wirtschaftlichen Erfolg eines Unternehmens von großer Bedeutung.

---

[1] Nalebuff, Barry J. und Adam M. Brandenburger: Coopetition – kooperativ konkurrieren. Mit der Spieltheorie zum Unternehmenserfolg. Aus dem Englischen von Hartmut J. H. Rastalsky. Frankfurt am Main und New York 1996, S. 26.

Fortschrittliche kleine und mittlere Unternehmen, die mit Wettbewerbern kooperieren, können acht Vorteile von Coopetition nutzen – die zumindest teilweise auch von Wirtschaftsprüfern, Rechtsanwälten und Steuerberatern erfolgreich realisiert werden können:

1. Kostensenkung.

2. Erschließung neuer Märkte.

3. Bessere Kapazitätsauslastung.

4. Gemeinsames Sourcing.

5. Partnerschaftliche Hilfe.

6. Kostenloses Benchmarking.

7. Know-how-Transfer und Know-how-Gewinn.

8. Erweiterung der Wertschöpfungskette.

Die Risiken bzw. Nachteile und Probleme von Coopetition (z. B. tief verwurzeltes Konkurrenzdenken, Angst vor Macht- oder Kontrollverlust, interne Probleme bei der Zusammenarbeit, Abhängigkeit vom dominierenden Partner), die als notwendige Kehrseite ihrer Chancen anzusehen sind, müssen präventiv berücksichtigt werden. Dadurch können die Chancen von Coopetition zur Erhöhung der Kooperationsbereitschaft kleiner und mittlerer Unternehmen vollständig genutzt werden.

Kleinen und mittleren Unternehmen wird bei einer sachlichen Auseinandersetzung mit dem Phänomen Coopetition sehr schnell klar, daß die Kooperationshemmnisse keine Gültigkeit mehr haben. Kleine und mittlere Unternehmen dürfen daher Strategische Kooperationen mit Wettbewerbern nicht mehr länger tabuisieren. Sie müssen vielmehr ein Verständnis für Coopetition entwickeln und dadurch ihre Bereitschaft zum Eingehen Strategischer Kooperationen steigern

3   Kooperationsfähigkeit von KMU

Die Bereitschaft zum Eingehen Strategischer Kooperationen in Form von Coopetition ist eine erste grundlegende Voraussetzung für eine erfolgreiche Zusammenarbeit kleiner und mittlerer Unternehmen. Die beteiligten Partner werden aber nur dann von einer Zusammenarbeit profitieren, wenn sie nicht nur kooperieren wollen, sondern auch kooperieren können. Eine zweite Voraussetzung für eine erfolgreiche Zusammenarbeit kleiner und mittlerer Unternehmen ist daher die Fähigkeit zur Umsetzung des Coopetition-Konzeptes beim Eingehen Strategischer Kooperationen. Diese Fähigkeit muß oft noch erlernt werden. Erst durch das Erlernen neuer Fähigkeiten werden Kooperationen auf eine zukunftsorientierte, strategische und wettbewerbssichernde Ebene gehoben.Die Geschäftsprozesse von Unternehmen sind durch einen tiefgreifenden Wandel gekennzeichnet. Aktuelle Entwicklungen machen insbesondere auch vor kleinen und mittleren Unternehmen nicht halt. Die Bündelung von Produkten und dazugehöriger Dienstleistungen zu einem Paket (sog. ‚komplexe Produkte') stellt in Zukunft eine der wichtigsten Marktchancen von kleinen und mittleren Unternehmen im Wettbewerb mit Großunternehmen dar. Solche Komplettlösungen können von kleinen und mittleren Unternehmen aber nur dann nach dem Motto ‚Alles aus einer Hand' angeboten werden, wenn sich diese Unternehmen ergänzen und partnerschaftlich kooperieren. Kleine und mittlere Unternehmen müssen daher das Coopetition-Konzept umsetzen und untereinander komplementäre Beziehungssysteme (vgl. Abb. 1) aufbauen. Komplementäre Beziehungen stellen dabei sowohl auf der Kundenseite als auch auf der Lieferantenseite einen Ansatzpunkt für die partnerschaftliche Zusammenarbeit von Wettbewerbern dar.

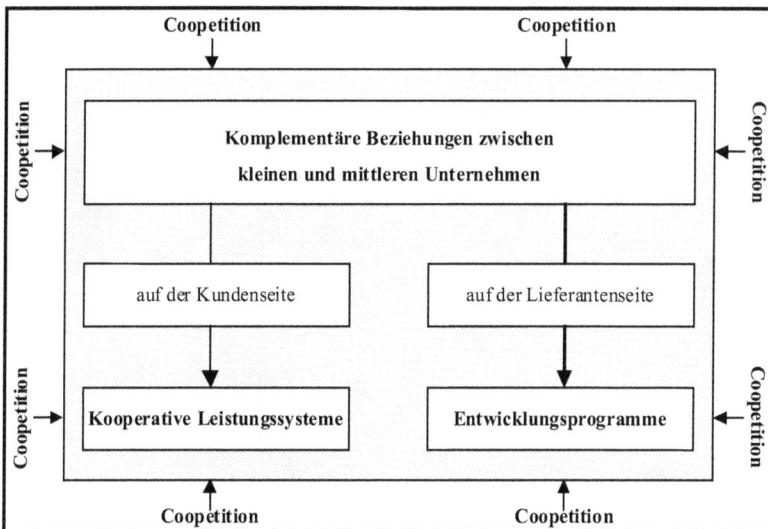

Abb. 3-1: *Komplementäre Beziehungssysteme unter den Bedingungen einer Coopetition bei KMU*

Kooperative Leistungssysteme verknüpfen bisher isolierte Einzelleistungen zu integrierten Lösungen. Solche Leistungssysteme können als ein Ansatz verstanden werden, mit dessen Hilfe Probleme von Kunden umfassender als bisher gelöst werden können. Der Kunde kann von einem integrierten Leistungssystem profitieren, das auf seine Bedürfnisse zugeschnitten ist und ihm Zugang zu ausgewiesenen Fachspezialisten verschafft. Die Coopetition-Partner können sich im Markt als Anbieter von ganzheitlichen Marktdienstleistungen positionieren und sich somit von den übrigen Wettbewerbern abheben.

Im Wertenetz von Unternehmen müssen unter den Bedingungen einer Coopetition kleiner und mittlerer Unternehmen auch die symmetrischen Rollen von Kunden und Lieferanten berücksichtigt werden: Wettbewerb kann sich sowohl auf der Seite der Nachfrager als auch auf der Seite der Anbieter vollziehen. Neben einem Wettbewerb um Kunden existiert ein Wettbewerb um Lieferanten. Viele Unternehmen sind dabei gleichzeitig Komplementoren in Entwicklungsprogrammen. Sie konzentrieren sich allerdings üblicherweise auf Kunden (‚Kunde als König') und vernachlässigen oft die Lieferanten. Viele Unternehmen begreifen angesichts abnehmender Wertschöpfungstiefen und zunehmender Bedeutung von Einkauf und Supply Management erst in letzter Zeit, daß komplementäre Beziehungen zu den Lieferanten genauso wichtig sind wie komplementäre Beziehungen zu den Kunden.

Kleine und mittlere Unternehmen können ihre Kooperationsfähigkeit dann steigern, wenn sie konzeptionelle Fähigkeiten, organisatorische Fähigkeiten und Management-Fähigkeiten für komplementäre Beziehungssysteme unter den Bedingungen einer Coopetition entwickeln (Abb. 3-2).

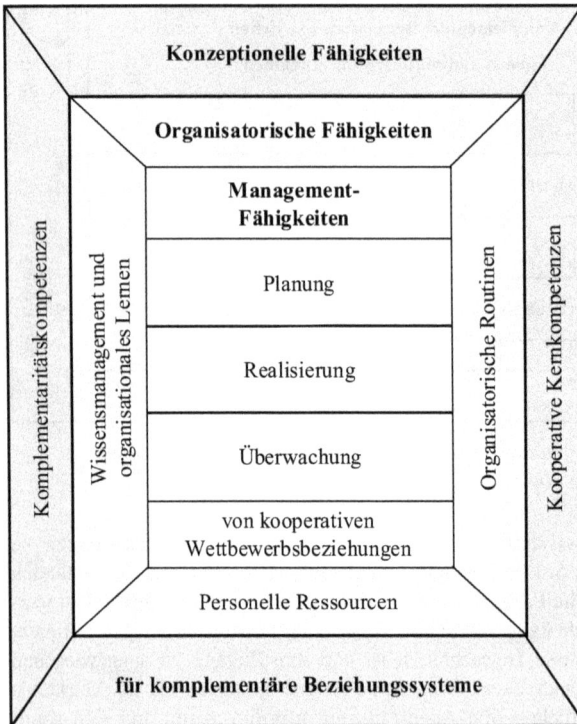

Abb. 3-2: *Fähigkeit zum Eingehen Strategischer Kooperationen in Form von Coopetition und ihre Ausprägungen*

4 Erfolgsaussichten von Coopetition im Mittelstand

Ein Beitrag zur Erklärung und Anwendung von Coopetition als Kooperationsstrategie für den Mittelstand erfordert auch Erfahrungswerte aus der Unternehmenspraxis. Am Lehrstuhl für Betriebswirtschaftslehre, Accounting – Auditing – Consulting der Technischen Universität München wurde deshalb eine Coopetition-Studie durchgeführt, deren Ergebnisse für den deutschen Mittelstand hochaktuell sind. Es wurden darin die möglichen Auswirkungen von Bereitschaft und Fähigkeit zum Eingehen Strategischer Kooperationen mit Wettbewerbern für zwei Branchen untersucht, die durch kleine und mittlere Unternehmen geprägt sind: die deutsche Brauwirtschaft und die deutsche Biotechnologie-Branche.[2]

Die empirischen Untersuchungsergebnisse zu Kooperationen im Wettbewerb der deutschen **Brauwirtschaft** verdeutlichen die schlechten Erfolgsaussichten von Coopetition aufgrund der unzureichenden Kooperationsbereitschaft und Kooperationsfähigkeit von Brauereien:

- Die deutsche Brauwirtschaft ist durch eine anhaltende Konzentration gekennzeichnet, die immer stärker durch die Globalisierung der Märkte angetrieben werden. Ausgangssituation und Entwicklungstendenzen zwingen Brauereien, Strategische Kooperationen einzugehen, um sich an die bisherigen und noch bevorstehenden großen Veränderungen in der Brauwirtschaft anzupassen.

- Die Kooperationssituation der deutschen Brauwirtschaft ist jedoch von der unzureichenden Kooperationsbereitschaft und Kooperationsfähigkeit von Brauereien geprägt.

- Die Erfolgsaussichten von Strategischen Kooperationen im Wettbewerb der deutschen Brauwirtschaft müssen vor dem Hintergrund der Kooperationsabsichten von Brauereien als äußerst negativ beurteilt werden. Die Unternehmensübernahmen und Unternehmensschließungen in der Brauwirtschaft werden sich aufgrund der unzureichenden Kooperationsbereitschaft und Kooperationsfähigkeit von Brauereien mit Wettbewerbern in Zukunft weiter fortsetzen.

Die empirischen Untersuchungsergebnisse zu Kooperationen im Wettbewerb der deutschen **Biotechnologie-Branche** belegen die guten Erfolgsaussichten von Coopetition aufgrund der vorhandenen Kooperationsbereitschaft und Kooperationsfähigkeit von Biotechnologie-Unternehmen:

- Die deutsche Biotechnologie-Branche konsolidiert sich vor dem Hintergrund von internationalem Konkurrenzdruck und Zeitwettbewerb. Ausgangssituation und Entwicklungstendenzen von Biotechnologie-Unternehmen bieten zahlreiche Ansatzpunkte für erfolgreiche Kooperationen in der Biotechnologie-Branche.

---

[2] Henke, Michael: Strategische Kooperationen im Mittelstand. Potentiale des Coopetition-Konzeptes für kleine und mittlere Unternehmen (KMU). Band 4 der Schriftenreihe Managementorientierte Betriebswirtschaft – Konzepte, Strategien, Methoden – Hrsg. Wolfgang Lück. Sternenfels 2003.

- Kooperationsbereitschaft und Kooperationsfähigkeit von Biotechnologie-Unternehmen sind in der deutschen Biotechnologie-Branche vorhanden. Gleichwohl können Biotechnologie-Unternehmen ihre Kooperationsbereitschaft und Kooperationsfähigkeit in Gegenwart und Zukunft noch steigern, indem sie sich insbesondere mit den für Kooperationen bedeutenden betriebswirtschaftlichen Sachverhalten intensiv auseinandersetzen.

- Die Erfolgsaussichten von Strategischen Kooperationen im Wettbewerb der deutschen Biotechnologie-Branche sind unter Berücksichtigung der Kooperationsabsichten von Biotechnologie-Unternehmen positiv zu beurteilen. Systemlösungen entlang der Wertschöpfungskette gemeinsam mit Wettbewerbern stellen aufgrund der Kooperationsbereitschaft und der Kooperationsfähigkeit von Biotechnologie-Unternehmen eine geeignete Möglichkeit dar, dem internationalen Konkurrenzdruck auf die Biotechnologie-Branche zu begegnen.

Der Branchenvergleich verdeutlicht den Zusammenhang von Kooperationsbereitschaft, Kooperationsfähigkeit und Kooperationserfolg:

Je höher die Bereitschaft und die Fähigkeit zum Eingehen Strategischer Kooperationen sind, desto besser sind die Erfolgsaussichten von Coopetition kleiner und mittlerer Unternehmen.

5   Zusammenfassung

Nutzung der Potenziale des Coopetition-Konzeptes zur Erhöhung von Kooperationsbereitschaft und Kooperationsfähigkeit im Mittelstand

Kleine und mittlere Unternehmen dürfen die Augen vor den empirischen Untersuchungsergebnissen nicht verschließen: sie müssen angesichts der Erfolgsbeiträge von Coopetition – sofern noch nicht vorhanden – eine ausreichende Kooperationsbereitschaft und Kooperationsfähigkeit anstreben. Diese Forderung ist unabhängig von der Branchenzugehörigkeit kleiner und mittlerer Unternehmen und betrifft dementsprechend nicht nur die Unternehmen der beiden untersuchten Branchen. So sollten sich beispielsweise auch die selbständigen Wirtschaftsprüfer, Rechtsanwälte und Steuerberater aufgrund ihrer Stärken und Schwächen gerade in wirtschaftlich schwierigen Krisenzeiten intensiv mit dem Thema „Coopetition" beschäftigen. Sie müssen ihre Bereitschaft und ihre Fähigkeit zum Eingehen Strategischer Kooperationen in Form von Coopetition steigern, um diese erfolgversprechende Handlungsoption im Wettbewerb nutzen zu können. Nur so können diese Berufsstände die Herausforderung „Netzwerke" annehmen und gestalten.

Coopetition leistet bei ausreichender Kooperationsbereitschaft und Kooperationsfähigkeit einen erfolgreichen Beitrag zur langfristigen Existenzsicherung kleiner und mittlerer Unternehmen. Die Auseinandersetzung mit dieser Kooperationsstrategie ist für den Mittelstand eine ,conditio sine qua non'!

Literaturhinweise

Buse, Hans P.: Kooperationen. In: Betriebswirtschaftslehre der Mittel- und Kleinbetriebe. Größenspezifische Probleme und Möglichkeiten zu ihrer Lösung. Hrsg. Hans-Christian Pfohl. 3. Aufl. Berlin 1997, S. 441-477.

Dowling, Michael: Im Spannungsfeld zwischen Wettbewerb und Kooperation: auf der Suche nach Begriffsabgrenzungen. In: Die Betriebswirtschaft 1999, S. 712-717.

Dowling, Michael und Christian Lechner: Kooperative Wettbewerbsbeziehungen: Theoretische Ansätze und Managementstrategien. In: Die Betriebswirtschaft 1998, S. 86-102.

Fisher, Lawrence M.: Preaching Love Thy Competitor. In: New York Times 29.03.1992, Section 3, p. 1 and 6.

Henke, Michael: Strategische Kooperationen im Mittelstand. Band 4 der Schriftenreihe Managementorientierte Betriebswirtschaft. – Konzepte, Strategien, Methoden – Hrsg. Wolfgang Lück. Sternenfels 2003.

Littig, Peter: Coopetition: Die Klugen vergrößern den Kuchen. Marktstudie zur Kooperation zwischen Wettbewerbern. Hrsg. DEKRA Akademie GmbH. Bielefeld 1999.

Lück, Wolfgang: Der Mittelstand als Motor der Wirtschaft. In: Band 2 der Schriftenreihe des Universitäts-Forums für Rechnungslegung, Steuern und Prüfung. Hrsg. Wolfgang Lück. Marburg 1993, S. 25-54.

Milgrom, Paul and John Roberts: The Economics of Modern Manufacturing: Technology, Strategy and Organization. In: The American Economic Review. Vol. 80 No. 3, June 1990, p. 511-528.

Nalebuff, Barry J. und Adam M. Brandenburger: Coopetition – kooperativ konkurrieren. Mit der Spieltheorie zum Unternehmenserfolg. Aus dem Englischen von Hartmut J. H. Rastalsky. Frankfurt am Main und New York 1996.

Prahalad, Combiatore K. and Gary Hamel: The Core Competence of the Corporation. In: Harvard Business Review. Vol. 68 No. 3, May-June 1990, p. 79-91.

Sjurts, Insa: Kooperation und Konkurrenz bei kollektivem strategischem Handeln. Anmerkungen zu Dowling/Lechner: „Kooperative Wettbewerbsbeziehungen: Theoretische Ansätze und Managementstrategien". In: Die Betriebswirtschaft 1999, S. 707-712.

Sjurts, Insa: Kollektive Unternehmensstrategie. Grundfragen einer Theorie kollektiven strategischen Handelns. Band 264 der Schriftenreihe Neue betriebswirtschaftliche Forschung. Wiesbaden 2000.

Autorenverzeichnis

RA WP StB Prof. Dr. Jochen Axer
Axer Partnerschaft
Rechtsanwälte Wirtschaftsprüfer Steuerberater, Köln

Prof. Dr. Dr. h.c. Jörg Baetge
Leiter des Forschungsteams Baetge an der Wirtschaftswissenschaftlichen
Fakultät der Westfälischen Wilhelms-Universität Münster

Prof. Ulrich Bantleon
Duale Hochschule Baden-Württemberg
Villingen-Schwenningen

Prof. Dr. Alexander Bassen
Universität Hamburg

WP StB Dr. Alexander Basting
Axer Partnerschaft
Rechtsanwälte Wirtschaftsprüfer Steuerberater, Köln

Henning Bosse
Leiter Audit Management im Bereich Group Internal Audit
Deutsche Telekom AG, Bonn

Prof. Dr. Anne d´Arcy
Universität Lausanne

WP StB Klaus Fischer
Deloitte & Touch GmbH, Wirtschaftsprüfungsgesellschaft
Lead Partner Forensic & Dispute Services, Düsseldorf

Prof. Dr. Michael Henke

Lehrstuhl für Financial Supply Management an der
European Business School (EBS)
Supply Chain Management Institute SMI
Research Director am SMI für Financial Supply Management
EBS Campus Wiesbaden

Prof. Dr. jur. Anja Hucke

Universität Rostock

RA Michael Hummelt

Deloitte & Touch GmbH, Wirtschaftsprüfungsgesellschaft
Manager Forensic & Dispute Services, Düsseldorf

Dr. Udo Jung

Senior Partner und Managing Director
Global Leader – Chemical Sector
Europaean Leader – Operations Practice
The Boston Consulting Group
Frankfurt

Dr. Thomas Knoll

Leiter Group Internal Audit
Group Risk Management / Insurance
Deutsche Telekom AG, Bonn

Prof. Dr. Annette Köhler

Universität Duisburg-Essen

Prof. (em.) Dr. Helmut Leipold

Philipps-Universität Marburg
Fachbereich Wirtschaftswissenschaften, Wirtschaftstheorie
Senior Fellow des „Marburg Center for Institutional Economics MCIE"
Marburg

Dr. jur. Nina Christiane Lück
Wissenschaftliche Mitarbeiterin
Lehrstuhl für Völkerrecht, Recht der EU und Internationale Beziehungen,
zugleich UNESCO Chair in International Relations
Technische Universität Dresden

WP Univ.-Prof. (em.) Dr. Prof. h.c. Dr. h.c. Wolfgang Lück
Technische Universität München
Fakultät für Wirtschaftswissenschaften, Lehrstuhl für Betriebswirtschaftslehre
Accounting – Auditing – Consulting, München

Dr. Thorsten Melcher
Rölfs WP Partner AG
Competence-Center Fraud · Risk · Compliance, Köln

Prof. Dr. Burkhard Pedell,
Universität Stuttgart

WP StB Dr. Norbert Roß
Ernst & Young GmbH, Wirtschaftsprüfungsgesellschaft
Senior Manager Professional Practice Group Germany – Switzerland – Austria
Frankfurt

Prof. T. Flemming Ruud, PhD, WP (N)
Universität Zürich
Institut für Rechungswesen und Controlling
Lehrstuhl für Wirtschaftsprüfung und Internal Audit, Zürich

Dr. oec. HSG Michèle Rüdisser
Universität Zürich
Institut für Rechungswesen und Controlling
Lehrstuhl für Wirtschaftsprüfung und Internal Audit, Zürich

Daniela Schmitz, lic. oec. publ.

Universität Zürich
Institut für Rechnungswesen und Controlling
Lehrstuhl für Wirtschaftsprüfung und Internal Audit, Zürich

Prof. Dr. Burkhard Schwenker

Vorsitzender der Geschäftsführung
Roland Berger Strategy Consultants Holding GmbH, Hamburg

WP StB Matthias Walz

Senior Manager Tax
PricewaterhouseCoopers AG
Wirtschaftsprüfungsgesellschaft, Stuttgart

Univ.-Prof. Dr. Dr. h.c. mult. Horst Wildemann

Technische Universität München
Fakultät für Wirtschaftswissenschaften
Lehrstuhl für Betriebswirtschaftslehre,
Unternehmensführung, Logistik und Produktion
und TWC Transfer-Centrum für
Produktions-Logistik und
Technologie-Management GmbH & Co. KG
München

WP StB Prof. Dr. Peter Wollmert

Ernst & Young GmbH, Wirtschaftsprüfungsgesellschaft
Geschäftsführer
Managing Partner Assurance Services Germany – Switzerland – Austria
Stuttgart

www.ingramcontent.com/pod-product-compliance
Lightning Source LLC
Chambersburg PA
CBHW060259220326
41598CB00027B/4160